KB192597

정신분석
생생한 존재로의 여정

새로운 분석적 감수성을 향해

Thomas H. Ogden 저 | 김정욱 역

COMING TO LIFE IN THE CONSULTING ROOM

TOWARD A NEW ANALYTIC SENSIBILITY

학지사

역자 서문

토마스 오그던(Thomas H. Ogden)은 현대 정신분석의 가장 중요한 사상가 중 한 명이다. 그는 정신분석 치료 과정을 환자와 분석가가 함께 만들어 가는 관계적이고 창조적인 과정이자 환자의 고통과 진실을 탐구하는 과정으로 이해한다.

이 책은 오그던이 2016년에서 2021년 사이 발표한 논문집이다. 오그던은 이 책에서 새로운 분석적 감수성, 분석적 사고의 존재론적 차원을 주장하고 있다. 그는 정신분석 이론과 실제에서 분리될 수 없는 두 가지 차원, 즉 인식론적 차원과 존재론적 차원이 있다고 주장한다. 인식론적 차원은 이해와 앎과 관련되며, 존재론적 차원은 존재하고 생성되어 가는 것과 관련된다. 존재론적 접근에서 치료 목표는 환자가 무언가를 이해하는 데 그치지 않고, 환자 스스로 창조적으로 발견하고, 더 온전히 살아있으며, 더 온전히 자기 자신으로 생성되어 가는 경험을 촉진하는 데 있다.

이 책은 분석가와 환자 사이의 관계를 새로운 방식으로 이해하려는 시도를 다룬다. 오그던은 정신분석 치료 과정을 분석가와 환자가 공동으로 새로운 경험을 만들어 가는 창조적인 장으로 기술한다. 치료 과정에서 분석가와 환자 모두가 상호작용을 통해 변화하고 성장하며, 새로운 의미와 정체성을 창조적으로 생성한다고 본다. 분석가로 생성된다는 것은 자신만의 분석적 스타일을 개발하는 것이고, 내담자와 그 순간에 진실한 어떤 경험을 말로 표현하는 것이다.

오그던의 글은 마치 시나 음악 같은 경험으로 다가온다. 그의 문장은 읽는 이의 내면에 울림을 주는 독특한 힘을 지니고 있다. 아마도 그가 오랜 기간 세미나에서 정신분석적 글뿐만 아니라 문학 작품을 참가자들과 함께 소리내어 읽고 나누었기 때문일 것이다. 이 책에 실린 논문들도 그런 과정들을 거쳐서 생성되어 나왔다.

정신분석 심리치료의 현장은 가공적이면서도 진실한 살아있는 정서적 경험의 공간이다. 그 안에 개인의 과거, 현재, 미래가 응축되어 있다. 상담 장면에서 어떤 사람들은 울면서 왜 우는지 알지 못한다. 슬퍼하지 못하거나 아파하지 못하는 경우도 있다. 자기 자신의 마음과 충분히 연결되지 못하고, 분열되고, 해리되어 있기 때문일 것이다. 이것은 충분히 살아있지 못한 마음이다.

비슷하게 어떤 사람들은 마치 감정이 통하지 않는 무생물, 로봇이나 AI나 좀비 같다. 감정이 살아있지 않고 차단되어 있기 때문이다. AI나 좀비는 우리 영혼의 피가 통하지 않는, 마비된, 죽은 부분을 표상하는 은유이다. 이러한 마음은 상담 공간에서 자유연상이나 레브리와 같은 상호 꿈꾸기를 통해 생생한 존재로 거듭날 수 있다. 꿈꾸기를 통해 그 존재를 되살려내고 생기를 되찾을 수 있다. 존재의 초라한 현실을 조증적인 방어로 외면하거나 부인하는 것이 아니라 그 정서적 현실을 수용하고 체험함으로써 다시 살아나고 생생해질 수 있다.

상담 슈퍼비전에서도, 상담자들이 너무 논리적으로 이차 과정적으로 사고하는 경향을 보일 때가 있다. 그러면 슈퍼바이저로서 나는 상담자들에게 좀 더 일차 과정 사고에 자신을 열어 보라고 한다. 내담자에 대해 꿈꾸기를 해 보라는 것이다. 이런 과정을 통해 서로가 좀 더 생생한 존재가 될 수 있는 공간이 열릴 수 있다. 우리가 누구인지, 어디로 가고 있는지, 그리고 자기 존재를 함께 찾아가는 과정이 상담이고 슈퍼비전이다.

오그던이 존재론적 접근과 인식론적 접근을 구분한 것은 중요하고 명쾌한 면이 있다. 하지만 인식론적 접근을 통해서도 환자가 창의적이 되고 더 생생한 삶을 살게 될 수 있다는 점에서 두 접근의 구분이 모호한 측면이 있다. 또한 존재론적 접근이 모호하고 배우기 어렵다는 느낌을 주기도 한다. 오그던의 접근을 기법적 관점에서 기존 개념으로도 충분히 설명할 수 있다는 주장도 있다. 오그던이 기법보다는 자발성과 진정성을 강조하였지만, 그의 접근이 많은 수련과 치료 경험을 통해서 내재화된 분석 기법과 전문적 판단에 기반했을 수 있다는 것이다.

그럼에도 이 책에서 오그던은 존재론적 측면을 강조함으로써 지나치게 분석적이 되거나 이해를 욕망하게 되는 것을 경계하게 한다. 우리는 자칫 개념에 매이거나 자기애적 욕망에 매이기 쉽기 때문이다. 이 책에서는 오그던의 글쓰기가 지닌 풍부함, 사고의 개방성과 명료성을 볼 수 있다. 그의 글은 우리의 생각을 자극하며, 치료적 접근에 대해 다시 돌아보게 만드는 힘이 있다.

나는 이 책을 번역하면서 오그던과 함께 꿈꾸기 경험을 한다고 느꼈다. 책을 읽으면서 여기에 나오는 인물을 직접 만나는 느낌이 들기도 하고, 나 자신이나 내담자가 떠오르기도 하며, 평소 읽지 않던

시를 읽게 되기도 하였다. 정신분석 심리치료는 환자와 분석가가 함께 만들어 가는 "살아있는 대화"이다. 책의 깊은 의미나 살아있는 의미를 제대로 전달하고 있는지 염려스럽지만, 이 책이 우리 모두 살아있는 대화를 하는 데 도움이 되기를 바란다.

끝으로, 정신분석을 공부하고 상담하는 과정에 만났던 모든 분에게 감사의 마음을 전하고 싶다. 그런 만남 하나하나의 경험이 모여서 꿈꾸기를 배울 수 있었다. 귀한 책을 출간해 주신 학지사 김진환 사장님, 한승희 부장님, 편집부 백소현 실장님에게도 깊은 감사의 마음을 전한다.

2025년 2월
역자 씀

저자 서문

이 책은 전체적으로 보면 현재 정신분석에서 떠오르는 새롭게 생성되는 분석적 감수성을 향한 움직임, 즉 분석 시간에 무엇이 일어나고 있는지에 대한 새로운 양질의 수용성과 반응성을 향한 움직임에 대해 이야기한다. 이러한 감수성은 환자와 분석가가 분석 과정에서 좀 더 충분히 생생하게 살아나는 마음 상태를 촉진한다. 이렇게 새로운 감수성은 두 가지 나눌 수 없는 분석적 생각하기와 실제 차원들의 상호작용에 반영된다. 이러한 차원 중 하나는, 나는 이것을 **인식론적 정신분석**이라 부르며(알아가기와 이해하기와 관련된다), 프로이트와 클라인에 의해 시작되고 발달되었다. 다른 하나인 **존재론적 정신분석**은(존재하기(being)와 생성되기(becoming)와 관련된다) 위니콧과 비온에 의해 개척되고 상세히 설명되었다(도입과 1장). 인식론에서 존재론으로 위니콧과 비온이 강조점을 옮긴 것은 정신분석 이론과 실제에서 혁명적 변화를 나타낸다. 존재론적 정신분석의 목표는 환자가 스스로 창조적으로 발견하고, 더 온전히 살아있고 더 온전히 자기 자신으로 존재하고 생성되는 경험을 촉진하는 것이다.

나는 2장과 4장에서 위니콧의 중요한 두 논문에 대한 내 자신의 "창조적 읽기"를 제시한다. 하나는 「어떤 반대에 대한 연구로 이끄는 소통하기와 소통하지 않기」(1963)이고, 다른 하나는 「동일시를 통한 대상 사용과 관계맺기」(1967)이다. 두 논문 다 경험에 "모든 현실감"이 부여받는 방식에 관심이 있다(1963, p. 184). 50년 전에 쓰인 이 논문들은 내가 이 책에서 관심을 가진 정신분석의 움직임에서 핵심적으로 중요하다.

3장과 5장은 내가 정신분석을 하는 방식에 대한 것이다. 여기서 나는 우리가 각 환자에 대해 정신분석을 창조해야 한다고 말할 때 무엇을 의미하는지 독자에게 제시하려고 한다. 나는 내가 자연스럽게 모든 내담자에게 다르게 말한다는 것을 알았다. 그것은 우리가 어머니나 아버지, 형제자매나 절친에게 자연스럽게 다르게 말하는 것과 마찬가지다. 역설적으로, 자연스럽게 말할 수 있으려면 상당한 분석 경험이 필요하다. 내가 환자에게 말할 때, 나는 아직 환자가 살아볼 수 없었던 삶의 측면을 경험하는 행위로서 환자에게 존재한다. 환자에게 말할 때, 나는 일어나고 있다고 느끼는 것을 기술하지 거의 설명하지 않는다. 나는 내가 "벗어나는 것(off-ness)"을 실패로 보지 않고 기회로 본다. 나는 분석을 환자와 분석가가 무의식적 수준에서 함께 창조하는 것으로 본다. 여기서 레브리가—깨어 있는 꿈꾸기가—필수적인 요소이다. 나의 꿈꾸기는 치료시간에 가장 살아있고, 가장 현실적이며, 가장 놀랍고, 가장 성장-촉진적이고, 가장 어렵고, 가장 고통스러운 어떤 부분들이다.

6장과 7장은 분석 이론의 두 가지 발전을 탐색한다: 마음의 탄생에 대한 분석적 개념의 변화 그리고 치료시간에 무엇이 일어나고 있는지를 직관하는 데 있어서 언어의 역할.

마음에 대한 분석적 이론에 관해서(6장), 나는 프로이트, 클라인, 페어베언이 발전시킨 마음 개념으로부터 위니콧과 비온이 발전시킨 것으로 이동하는 분석적 생각하기의 중대한 전환을 살펴본다. 프로이트와 클라인과 페어베언은 마음을 생각하기의 장치로 보았고, 위니콧과 비온은 마음을 경험하기의 행위에 자리 잡은 살아있는 과정으로 본다.

언어 사용의 역할과 관련해서, 분석적 대화의 "형태"는―그 연속성과 비연속성, 옆길로 새기와 논점 이탈은―환자와 분석가가 다른 어떤 방식으로 말할 수 없는 것을 소통하는 어떤 매개체가 된다(7장).

나는 이 책을 마무리하면서 독자들이 나와 함께 하나가 되어 여러 영역들을 이리저리 거닐면서 꿈꾸기와 경험하기, 존재하기와 생성되기가 중심 무대가 되게 하기를 초대한다. 이런 정신으로, 나는 먼저 로버트 프로스트와 에밀리 디킨슨의(8장) 시 읽기 경험을 계속했고, 다음으로 분석적 쓰기 경험을 제시했다.

참고문헌

Winnicott, D. W. (1963). Communicating and not communicating leading to a study of certain opposites. In *The Maturational Processes and the Facilitating Environment*. New York: International Universities Press, 1965, pp. 179-192.

Winnicott, D. W. (1967). The use of an object and relating through identifications. In *Playing and Reality*. New York: Basic Books, 1972, pp. 86-94.

차례

11

존재하기와 생성되기에 대한 노트

"**당**신은 커서 무엇이 되고 싶은 가?"라는 질문이 이제부터 이 책에서 이야기할 핵심이다. 이 질문은 직업 목표에 관한 질문처럼 보이지만, 사실 존재하기와 생성되기 상태의 가장 근본적인 측면에 관한 질문이다. "당신은 이제, 이 순간 누구로(어떤 사람으로) 존재하고 싶은가, 그리고 어떤 사람으로 생성되기 열망하는가?"

"큰다는 것"은 심리적 발달을 촉진하는 부모의 도움을 통해서만 달성할 수 있는 무의식적인 심리적 작업과 함께 의지의 힘을 필요로 한다. 성장하려는 욕구는 우리 안에 있는 강렬하고 끊임없는 힘을 구성하는데, 이러한 힘은 우리가 누구인지 그리고 어떤 사람으로 생성될 수 있을지 그 깊이와 폭을 확장시키려는 우리의 노력에 대한 내적 외적 제약의 벽에 대항해서 부딪칠 수 있게 한다. 우리가 싸워야 하는 이러한 내적 제약들, 현재 우리 성격의 한계들은 많고 다양하다. 우리 부모의 힘이 마술적으로 우리를 보호해 주리라는 믿음과 우리 자신에 대한 이상화된 모습을 달성하려는 마술적 힘에 대한 믿음을 버리기란 어렵다. 우리가 원치 않음에도 불구하고, 우리가 우리 자신의, 우리의 내적 외적 부모의, 우리의 사회 체계와 문화의 파괴적 측면이라 느끼는 것을 집요하게 붙잡고 있다는 것을 인식하는 것은 혼란스러운 일이다. 크는 것은, 좀 더 완전히 자기 자신이 되는 것은 우리가 단지 우리 부모의 건강한 그리고 병리적 측면에 대한 동일시를 붙잡지 않고 느슨하게 하는 것만이 아니라 "그 속에 있는 필수적인 것을 죽여야 한다는 것이다—한 방에 그리고 모든 면에서 죽이는 것이 아니라 죽이는 것에 기여해야 한다"(Loewald, 1979, p. 395).

우리가 이들 외적 내적 제약들에 부딪히면서, 두려움과 불안전감만 경험하는 것이 아니라 우리 부모의 관심, 가치, 두려움과 야망을 고칠(때로 뒤집을) 뿐만 아니라 그것들을 표현하는 방식을 고치거나 뒤집을 때 고양감을 경험할 수 있다. 우리는 아이들의 역할과 정체성에 영향을 미치고 현 세대의 성인 구성원으로서 우리 자리를 차지함으로써 기쁨과 만족과 승리의 감정을 경험한다. 현 세대는 무엇이 가치 있는 것인지 독자적인 견해와 이해(가령 음악, 춤, 문학, 과학에서), 이전에는 상상할 수 없었던 독자적인 예술 형식, 공정, 평등, 민주주의 및 기타 모든 도덕 체계에 대한 개념 그리고 경험할 수 있는 정서의 성질까지 갖춘 세대이다.

이 모든 것, 이러한 감정과 사고의 모든 범위는—기쁨과 승리감뿐만 아니라 고뇌와 자기회의까지도—크는 것의 격렬함에 수반되는 필수적이고 뗄 수 없는 형태이다.

"당신은 커서 어떤 사람이 되고 싶은가?"라는 질문을 살펴볼 때, 싶다(want)는 단어는 불가피하고도 우연의 문제인 태어난 상황에 의해 한계가 주어진다. 예를 들어, 어떤 의미에서 불가피한 것은, 우리 부모의 유전자의 상호작용의 산물인 우리는 태어난 가족의 구성원이 되고 우리 가족의 문화적 뿌리와 실제에 의해 영향을 받는다. 동시에 다른 관점에서 보면, 우리가 관계하는 부모의(대체로 우연히 만나 태아를 만들어 낸 부모의) 자식이 우리라는 건 순전히 우연의 문제이다. 불가피하다는 느낌은, 우리 삶의 상황을 살펴볼 수 있을 때, 또한 우리가 태어난 경제적, 사회적 상황에도 적용된다. 이런 관점에서, 우연은 그것의 모든 형태에서, 우리가 상상할 수 있는, 더 나아가 생성되고 "싶은"(열망하는), 사람의 종류의 한계를 결정하는 데 있어서 강력한 역할을 한다. 어떤 아이와 어른들은 부모의 성격의 한계와 그들이 태어난 사회적, 문화적, 경제적, 정치적 상황을 크게 초월할 수 있다. 이것은 그들이 그들의 정체성에 영향을 주고 새로운 정체성을 선택하고, 그렇게 하는 것이 뭔가 다른 사람으로 생성되는 것과 같고, 자기 존재를 지우는 것과 같다고 말하는 것이 아니다. 오히려, 내가 염두에 두는 것은 우리가 결코 외부 상황의 현실로부터 자유롭지 못한 반면, 완전히 상황의 노예는 아니라는 것이다.

이 질문의 복합성과 관련해서 떠오르는 한 환자가 있다. "당신은 커서 무엇이 [어떤 사람이] 되고 싶은가?" 그는 부모가 정서적으로 부재하고 서로를 상대로 전투를 벌이다 지친 가정에서 태어난 독자이다. 환자는 첫 시간에 내게 말했다. "나는 출세했어요." 분석 초기부터, M씨는 내가 별 가치가 없다고 무자비하게 나를 비난했다. 그는 "분석으로부터 아무것도 얻지 못하고 있었다." 그는 상담실을 떠날 때 계속해서 소리를 치는 버릇이 있었고, 떠나는 데 시간이 많이 걸렸다. 종종 1분이나 2분이나 3분씩 더 이야기하기도 했다. 이런 것이 1년 이상 계속되었다.

나는 이 환자에게 자신을 도와줄 수 있는 분석가를 자유롭게 찾아도 된다고 말하는 것을 규칙적으로 상상했다. 그러나 시간이 지나면서 나는 M씨를 좋아하고 존중하게 되었고, 분석이 결코 끝나지 않을 것이라는(왜냐하면 그의 환상에서는 결코 시작하지 않았으므로) 소망으로서 분석에서 아무런 진전이 없다는 그의 고집을 살펴보기 시작했다. 그는 (그의 말로 하면) "실제 분석에서 속는 것을" 거부하고 있었다. 내게 속는다는 감정은 다시 한번 그의 아동기를 빼앗기지 말아야 한다는 그의 고집이 무의식적으로 표현된 것으로 나는 받아들였다. 분석이 몇 년 지나고 나와 분석에 대한 비하가 심지어 그에게조차 진부해졌을 때, 나는 말했다. "당신이 마땅히 당신 것을—실제 분석을, 완전한 치료시간을—받기 전에 여기를 떠나기를 거부하는 것은 당신의 건강한 면이라 생각해요." M씨는 내가 자신을 놀리는지 물었다. 나는 말했다. "이 이상 진지할 순 없어요." 나에 대한 그의 격노에 대해 함께 이야기하면서, 또 그가 때로는 격노하는 것을 즐긴다는 것을 인정한 것도 이야기하면서, 그는 더 이상 그 동안 그가 했던 방식으로 치료시간을 늘리지 않았다(사실 우리 중 누구도 그것을 언급하지는 않았다).

나중에 우리가 함께 작업할 때, M씨는 드물지 않게 분석의 초기에 대해 이야기했다. 한 지점에서 그는 "유치했었어요."라고 말했다. 나는 대답했다. "나는 달리 생각해요. 당신이 아이였을 때 당신이 그럴 필요가 있었다고 말하고 싶어요."

나는 M씨가 나와의 관계에서 아동기의 한 형태를 경험하지 않고는 진정으로 성장할 수 없다는 것을 알아차렸다고 생각한다(비록 그는 그 상황을 이렇게 공식화할 수는 없었지만). 환자들과 작업해 온 경험으로 볼 때, 발달의 한 단계를 "건너뛰기란"(그것 없이 지나가기란) 불가능했다. 어떤 살아있는 생물도—식물이든 동물이든—그렇게 할 수 없었다. M씨는 겉모습만으로 "출세할 수" 있었다. 한 발달 단계를 "건너뛰는 것이" 불가능하다는 것은(M씨의 사례에서, 정서적으로 민감하고 반응적인 부모와 사는 아동기를 보내지 못한 것은) 모든 심리 발달 단계에 적용된다고 생각한다. 특정 발달 단계를 살지 못하면 이후 성장 경험이 급격하게 왜곡되거나 불가능해진다.

내 생각에, 증상 형성은 환자가 성장하고, 더 충분히 존재하게 되는 문제를 보류하는 수단이다. 증상이 이런 기능을 하는 개인들은—우리 모두 어느 정도 지니고 있다—성장에 있어 다음 단계를 밟는 것이 무엇을 의미하는지를 잘 모른다. 왜냐하면 그들 자신보다 더 발전된 존재 방식으로 그들에게 관여하는 돌봐주는 사람과의 경험이 충분하지 않기 때문이다. 이런 관점에서 볼 때, 환자들은 증상을 견고하게 유지하려 하고, 생각과 행동의 회로를 닫아버리는데, 달리 어떻게 할지 모르기 때문이다.

내 생각엔 환자가 증상을 집요하게 고집하는 것을 자기 자신에 집중하는 자기애적 만족으로 보는 것은 잘못된 것 같다("이차적 이득"이라고 비하적으로 말한다). 분석하는 분석가의 노력에 "저항하는" 것도 아니다. "분석이나 분석가를 죽이려는 것"도 아니다. 전이에서 일어나는 것으로부터 자기 자신을 격리시키기 위해 "심리적 은신처"로 들어가는 것도 아니다. 오히려, 나는 환자의 증상을 "그곳에 시체들이 묻혀 있다."는 결정적으로 중요한 표지로 본다. 즉, 마음과 몸에서 환자가 자기가 누구인지 그리고 어떻게 생성될 수 있는지에 대한 환자의 감각의 어떤 측면들이 추방되어 왔고 아마도 죽었을 수 있다(증상 형성에 대한 추가 논의는 Ogden과 Gabbard, 2010, 6장 참조).

살아서 묻혀 버린 자기의 측면들을 다루는 데 있어서, 분석가가 환자의 방어를 존중하는 것이 가장 중요하다. 방어를—환자의 증상에 관련된 것들을 포함해서—직접적으로 간접적으로 해치는 것은 성격의 표지, 그 "장소"를 모호하게 하거나 폄하하거나, 나아가 추방해버리는 것이다. 그곳에서는 존재하기 위한 싸움이 조용히 벌어지고 있다. "시체들이 살아서 묻혔지만 여전히 살아있다."는 목소리는 격렬하게 분노하고 두려워할 뿐만 아니라 구슬프다. 분석이 잘 진행될 때, 환자는 분석 후기에 이르러, 분석가의 도움에도 묻혀 있는 모든 시체들이, 환자 성격의 살아있고 현실적인 측면이 될 잠재력을 한때 지녔었는데, 자신이 누구인지 그리고 누구로 생성되고 있는지에 대한 감각을 되찾거나 재통합할 수(또는 처음으로 통합할 수) 없다는 것을 깨달음으로써 깊은 슬픔을 느낄 수 있다.

내가 여기서 말하는 "살아서 묻혀 버린 경험"은 억압이나 해리와는 같을 수 없고, 둘 다 심리적 장해 개념에 근거하는데, 이는 의식적 자각이나 심리적 통합의 성질 각각에서 생각과 감정을 박탈하는 것과 관련된다. 반면, 내가 여기서 말하고 있는 경험은 계속해서 만들어지고 있는 인간 과정으로서 살아있는 생생한 감각과 "현실감"을 상실하는 것을 의미한다(Winnicott, 1963, p. 184). 이것은 억압의 경우에서는 "수평적으로", 분열의 경우에서는 "수직적으로" 마음을 분할하는 것으로 심리 장애를 개념화하는 것과는 대조적이다.

극단적으로, 어떤 환자는 땅에 묻거나 되살릴 수 있는 "죽은 시체"조차 가질 수가 없는데, 왜냐하면 그들은 우선 살아서 태어나본 적이 없고, 유산되었기 때문이다. 이런 결과는 보통 유아기나 아동기에 심한 학대나 방임 때문이다. 환자 J씨는 첫 면접에서 내게 이야기하면서 울었다. "나는 치료나 분석을 여러 번 시도했어요. 매번 치료자나 내가 결국 포기했는데 아무것도 일어나지 않아서예요." 그녀가 자신의 부모가 그녀에게 유아기부터 시작해서 평생 무자비하고 미친 악의에 찬 공격을 했다는 말을 한 후, 나는 말했다." 당신은 이전

치료자들에게 말할 수가 없었을 거예요. 그들은 알지 못했거나 알았다고 해도 말할 수 없었을 거예요. 당신이 아동기에 죽었다는 것을요." 그녀는 흐느끼면서 말했다. "맞아요. 하지만 절망적이에요. 안 그래요? 내가 이미 죽었다면 뭘 할 수 있지요?" 나는 말했다. "당신은 '내가 뭘 할 수 있지요?'라는 식으로 질문을 해요. 당신이 오늘 말할 때 어디서도 '우리'라는 말이 없어요. 당신은 그 말이 무슨 뜻인지 진정으로 아는 것 같지 않아요."

J씨는 말했다. "나는 아무것이나 아무나라는 게 뭔 뜻인지 몰라요. 나는 늘 완전히 길을 잃어버려요. 심지어 내가 주차장이나 길거리에서 혼자 내 차를 찾을 때, 찾을 수가 없어요. 나는 방향 감각이 없어요. 나는 어디로 방향을 정해야 할지 기억이 없어요." 이것은 긴 분석의 시작이었고, 환자는 점차 자기 자신으로서 인식하고 경험하는 누군가로 생성될 수 있었다. 이런 일이 나와의 관계에서 처음으로 일어났다. "생성된다는 것"은 J씨에게 매우 고통스러운 인식을 포함하고 있다. 그것은 그녀가 죽었거나 아마도 좀 더 정확히는 결코 아이로서 살지 못했고, 그런 아이의 삶을 되살릴 수 없다는 인식이다. 그러나 그것이 의미하는 것이 그녀가 우리가 함께하는 작업을 통해 새로운 삶을 살 수 없다는 것은 아니다. 그녀는 느리지만 점차 내가 아닌 사람들과 어떤 삶을 경험할 수 있게 될 것이다.

심리적으로 죽었던(종종 루프스(결핵성 질병), 림프종, 발작 장애와 같은 생명을 위협하는 신체 질환을 지닌) 환자가 자신 내부의 죽은 유산된 시체를 내게 맡길 때 나는 영광으로 느낀다. 그들의 죽음은 제각기 목격될 필요가 있고(Polland, 2000), 새로운 성장이 우리 두 사람이 돌봐주는 장소에서 일어날 수 있기 전에 먼저 애도가 될 필요가 있다.

"당신은 커서(when) 무엇이 [어떤 사람이] 되고 싶은가?"라는 질문에서 조용한 단어인 when은 커지는 과정에서 또는 **형태로만** 커지는 것에 안주하기를 거부하는, 또는 커지기를 두려워하는, 또는 클 수 없다고 느끼는 과정에서 중요 역할을 한다. 우리 모두는 과거를 가리키는 그때와 미래를 가리키는 그때 사이에 있는 시간의 조각에 살고 있다. 그리고 우리는 우리가 특정한 방식으로 커지기에 적당한 때가 되면 그 순간을 감지해야 한다. 나는 "결정하다" 또는 "결심하다"와 반대로, "감지하다"는 단어를 사용했는데, 왜냐하면 성숙한 진전이란 자신의 마음과 의지를 가지고 있는 것처럼 느끼는 경험이기 때문이다. 그러한 "마음과 의지"가 보통 핵심이다. 하지만 그것은 잘못되기 쉽다. 그것이 흔들릴 때, 다른 사람의 도움이 결정적인데, 어떤 점을 넘어서서 생각하기 위해서는 최소한 두 사람이 필요하기 때문이다(Bion 1962; Ogden 2010). 생각하기는, 우리 모두에게, 우리의 성격의 한계 내에서 가능하며, 우리 자체로는, 그런 한계들을 초월하여 생각할 수 없다.

"큰다는 것"은 생애 모든 단계에서 힘들게 얻은 것이며, 성인기에 좀 더 충분히 자기 자신으로 생성되는 진전은 생애 초기 단계에 비해 측정하기가 쉽지 않다. 유아기, 아동기, 청소년기에, "진전"은 걷기와 말하기를 배우는 것, 어린이집과 유치원에 적응하기, 고등학교와 대학교 또는 다른 학교교육을 졸업하기 등과 같은 이정표에 의해 어느 정도 잴 수 있다. 성인으로서, 더 성숙하는 것은─존재하고 생성될 수 있는 사람으로 좀 더 존재하고 생성되는 것은─일차적으로 내적인 문제이다. 개인은 점점 더 스스로 변화를 감지하게 된다. 예를 들어 자신의 생각, 정서, 신체 감각에 더 완전히 존재할 수 있게 된다: 좀 더 사랑하고, 좀 더 인정이 많고, 좀 더 관대한 부모나 조부모로 생성되거나 또는 결혼이나 일에서 좀 더 깊고, 인간적으로 관여할 수 있고; 자신의 고유한 창조적인 잠재력을 발전시키고 그것에 구체화할 수 있는 형태를 발견하는 과정에서 적극적이 될 수 있고; 또는 보다 인간적인 가치체계와 윤리적 기준을 실천하는 데 더 전적으로 관여할 수 있게 된다 등등. 승진, 수상, 출판은 큰다는 것에 대한 아주 믿을 수 없는 측정수단이다. 종종 그런 사건들에 뒤따르는 공허감이나 무의미감은 한때 자신이 될 수 있을 것이라고 생각했던 사람으로 생성되는 것이 어렵다는 것을 적나라하게 밝히는 데 도움이 될 수 있다.

이와 관련해서 한 환자가 떠오른다. 당시 그는 50대 중반이었다. K씨는 자기 분야에서 가장 영예로운 상을 받았었다. 그는 살아오면서 늘 지녀왔던 우울감 때문에 분석을 시작했다. 그는 매우 "좋은 환자"였다. 신중하고 성찰적이었고, 정확하고, 삶에서 일어나는 일들과 더 큰 세상의 사건들에 대해 지각 있는 말들을 잘했다. 그럼에도 불구하고, 그 분석은 내게 정서적으로 단조롭게 느껴졌다.

K씨는 어느 이른 아침 치료시간들 중 한번은 중반이 지나서 전화를 해서 늦잠을 자서 올 수 없다고 했다. 다음 날 그는 치료시간에 "나타나는 일반적인 예의를 갖추지" 않은 것에 대해 사과하면서 시작했다. 그의 자책은 다소 과도하다고 생각했다. 나는 꽤 자연스럽게 말했다. "나는 어제가 좋은 시간이었다고 생각해요. 나는 신문을 읽었어요. 물론 당신을 생각하면서요."

환자는 나와 함께 깊게, 배꼽을 잡고 웃었다. 우리 둘 다 그 상호작용에서 살아있는 여러 수준의 의미를 즐겼다. K씨와 나는 그의 위장된 반항을 반영하는 나의 무례한 반응에서 그리고 그것이 일어났을 때 환자가 어디에 있었든 상관없이 그 치료시간이 이루어졌다는 나의 말에서 즐거움을 느꼈다. K씨는 자기 자신으로 존재하기 시작했고, 자신의 방식으로 폭넓은 감정 상태를 자유롭게 경험하고 표현하고, 내가 아이러니한 어조로 말했을 때 자기 자신을 웃을 수 있었다. 항상 그렇듯이, 환자가 좀 더 충분히 자유롭게 자기 자신으로 생성될 수 있으려면, 내가 분석가로서 자유롭게 자기 자신으로 생성될 필요가 있었다. 분석적 기법을 처방된 대로 하면 종종 생산적인 분석 과정을 창조하지 못하게 하는 점이 바로 여기에 있다.

내가 이 책에서 발전시키고 있는 관점에서, 일반적으로 정신병리는 진정으로 느끼는 방식으로 성장하고, 좀 더 충분히 존재할 수 있는 능력이 없는 것으로 볼 수 있다. 성장하지 않고, 변하지 않고, 생성될 수 없는 경험은 꿈꿀 수 없고, 무의식적 심리적 작업에 참여할 수 없고, 그래서 자기 자신을 꿈꾸고, "자기 자신이 존재하도록 꿈꿀 수 없는" 존재 상태이다(Ogden, 2004, p. 858). 이를 다른 말로 하면, 심리적 질병의 심각도에 대한 중요 측정치는 생성되기를(커지기를) 멈추는 정도이다.

"존재하기"와 "생성되기" 경험은 건강상 처음부터 삶의 마지막까지 살아있는 근본적 성질이다. 위니콧은 개인 다이어리에 이렇게 적었다(사후에 발표되었다). "세상에! 내가 죽을 때까지 살아있기를"(Winnicott, 2016, p. 298). 여기서 위니콧은 죽어가는 경험에서 좀 더 충분히 자기 자신으로 생성되고 싶은 소망을 표현하고 있다.

참고문헌

Bion, W. R. (1962). *Learning from Experience*. London: Tavistock.

Loewald, H. (1979). The waning of the Oedipus complex. In *Papers on Psychoanalysis*. New Haven, CT: Yale University Press, 1980, pp. 384-404.

Ogden, T. H. (2004). This art of psychoanalysis: Dreaming undreamt dreams and interrupted cries. *The International Journal of Psychoanalysis*, 85:857-877.

Ogden, T. H. (2010). On three types of thinking: Magical thinking, dream thinking, and transformative thinking. *The Psychoanalytic Quarterly*, 79:314-347.

Ogden, T. H. & Gabbard, G. O. (2010). The lure of the symptom. *Journal of the American Psychoanalytic Association*, 58:533-544.

Poland, W. (2000). The analyst's witnessing and otherness. *Journal of the American Psychoanalytic Association*, 78:17-34.

Winnicott, C. (2016). D. W. W.: A reflection. In *The Collected Works of Donald Winnicott, Vol. 12, Appendices and Bibliographies*. Oxford, UK: Oxford University Press, p. 298.

Winnicott, D. W. (1963). Communicating and not communicating leading to a study of certain opposites. In *The Maturational Processes and the Facilitating Environment*. New York: International Universities Press, 1965, pp. 179-192.

1장

존재론적 정신분석 또는
"당신은 커서 무엇이 되고 싶은가?"

한친구가 제2차 세계대전 당시 미국 육군 정신과 의사로 런던에 주둔했을 때, 패딩턴 그린 병원 청소년과에서 열린 위니콧의 회진에 정기적으로 참석했다. 그 친구가 말하기로는, 위니콧은 그가 만난 모든 청소년들에게 "커서 무엇이 되고 싶은가?"라고 물었고, 그들의 대답에 큰 비중을 두었다(Ira Carson, 1983, 개인적 대화). 이 질문은 아마도 누구나 아주 어린 시절부터 죽기 직전까지 스스로에게 던지는 가장 중요한 질문일 것이다. 우리는 어떤 사람으로 생성되고 싶은가? 우리는 어떤 부류의 사람으로 존재하고 싶은가? 어떤 면에서 우리는 우리 자신이 아닌가? 우리가 되고 싶은 사람이 되지 못하도록 막는 것은 무엇인가? 어떻게 하면 우리는 우리가 존재할 수 있는 잠재력과 책임감을 가지고 있다고 생각하는 사람으로 생성될 수 있을까? 이러한 질문들로 인해 대부분의 환자들은 치료나 분석을 받으러 오게 된다. 하지만 그렇다는 것을 거의 알지 못하고, 증상 해소에 더 초점을 맞추고 있다. 때때로, 치료의 목표는 환자가 그러한 질문을 할 수 없는 상태에서 할 수 있는 상태로 이끄는 것이다.

이 장의 제목 뒷부분에 초점을 맞춰 시작했는데, 나는 이제 앞부분인 '존재론적 정신분석'으로 넘어갈 것이다. 동시에 "당신은 커서 무엇이 되고 싶은가?"라는 질문을 내내 염두에 둘 것이다.

인식론적 및 존재론적 정신분석

지난 70년 동안 정신분석의 이론과 실제에서 다소 눈에 띄지 않게 급진적인 변화가 일어났다. 최근까지도 나는 그것을 명명하지 못했다. 그 변형은 (알아가기와 이해하기와 관련된) **인식론적** 정신분석에서 (존재하기와 생성되기와 관련된) **존재론적** 정신분석으로 강조의 변화와 관련된다. 나는 프로이트와 클라인을 본질적으로 인식론적인 정신분석 형태의 창시자로 보고, 위니콧과 비온을 존재론적 정신분석의 발전에 주요한 기여자로 생각한다. 정신분석에서 이러한 이동을 기술할 단어를 찾는 것은 내게 개인적인 의미가 크다. 이 논문은 어떤 의미에서 무의식적인 내적 대상관계에 초점을 맞추는 것에서부터 우리 각자가 자신에게 현실적이고 생생한 경험을 하는 사람으로서 더 완전하게 존재하기 위해 참여하는 투쟁에 초점을 맞추는 것으로 나 자신의 생각하기가 이동한 것에 대한 설명이다.

정신분석의 존재론적 측면의 발전에 기여한 많은 분석적 사상가들의 연구를 검토하는 것은 이 논문의 범위를 벗어나지만, 나는 그 저자들 중 몇몇의 연구들을 참고할 것이다: 발린트(Balint, 1992), 버만(Berman, 2001), 시비테레제(Civitarese, 2010, 2016), 에셀(Eshel, 2004), 페로(Ferro, 2011), 가버드(Gabbard, 2009), 그린버그

(Greenberg, 2016), 그린버그(Grinberg, 1980), 그롯슈타인(Grotstein, 2000), 랭(Laing, 1960), 레빈(Levine, 2016), 밀너(Milner, 1950), 셜즈(Searles, 1986), 셈라드(Semrad and Day, 1966), 스턴 등(Stern et al., 1998), 설리번(Sullivan, 1962), 윌(Will, 1968), 윌리엄스(Williams, 2019).

독자는 이 장에서 순수한 형태의 존재론적 정신분석이나 인식론적 정신분석 같은 것은 존재하지 않는다는 것을 명심하는 것이 중요하다. 그것들은 서로를 풍부하게 하는 관계 속에서 공존한다. 그것들은 생각하기와 존재하기의 방식이며—감수성이지, 분석적 사고 "학파"나 분석적 원칙 또는 분석 기법의 집합이 아니다. 그래서 프로이트와 클라인의 연구에는 본질적으로 존재론적인 것이 많고, 위니콧과 비온의 연구에는 인식론적인 것이 많다.

내가 인식론적 정신분석이란 용어를 사용할 때 말하고자 하는 것은 지식을 얻는 과정과 환자에 대한 이해, 특히 환자의 무의식적인 내적 세계 및 그것의 외부세계와의 관계에 대한 이해에 도달하는 과정을 말한다. 이러한 이해는 한 사람의 정서적 문제를 다루고 심리적 변화를 달성하는 데 가치 있는 방식으로 한 사람의 경험을 조직하는 역할을 한다. 분석가의 해석은 환자의 무의식적인 환상, 소망, 두려움, 충동, 갈등, 열망 등에 대한 이해를 전달하기 위한 것이다. 라플랑슈와 폰탈리스(Laplanche and Pontalis, 1973)가 말했듯이,

해석은 프로이트의 이론과 기법의 핵심이다. 정신분석 자체는 잠재적인 의미를 이끌어 내는 것으로 정의될 수 있다. (p. 227)

그들은 계속한다:

해석은 방어적 갈등의 양상을 드러내며 그것의 궁극적인 목표는 무의

식의 모든 산물에 의해 표현되는 소망을 확인하는 것이다. (p. 227)

비슷한 관점에서 클라인(Klein, 1955)은 아동 분석 작업을 기술한다:

… 아이는 주로 놀이에서 자신의 환상과 불안을 표현했고, 나는 그것

의 의미를 일관되게 해석했다. 나는 또한 처음부터 프로이트가 확립한

정신분석의 두 가지 다른 원칙을 따랐으며, 그것이 근본적이라고 생각했

다: 무의식의 탐구가 정신분석적 절차의 주요 과제라는 것 그리고 전이

분석이 이 목표를 달성하는 수단이라는 것이다. (p. 123)

인식론적 관점에서 가장 중요한 치료 개입은 전이 해석이다: 분석

가는 마치 환자가 분석가를 환자의 유아기나 어린 시절의 실제 또

는 상상의 인물인 것처럼 경험하는 방식에 대한 이해를 말로 환자에

게 전달한다. "전이에서, 유아적인 원형들이 다시 나타나고 지금 현

재인 것처럼 강하게 경험된다"(Laplanche and Pontanlis, 1973, p. 445).

현재를 마치 과거인 것처럼 경험하는 것은 심리적 변화를 차단한다:

그것은 끊임없이 반복되는 닫힌 회로를 만들어서 새로운 가능성이

발전할 여지를 거의 또는 전혀 허용하지 않는다.

대조적으로, 나는 **존재론적** 정신분석이라는 용어를 사용해서, 분

석가의 주된 초점이 환자가 더 완전한 자신으로 생성되기 위한 노력

을 촉진하는 데 있는 정신분석의 차원을 언급하려고 한다. 위니콧

(Winnicott, 1971a)은 존재론적 정신분석과 인식론적 정신분석 사이

의 관점의 차이를 간결하게 설명한다:

나는 클라인의 저술(1932)에서 클라인이 놀이에 대해 관심가질 때 거의 전적으로 (아동의 내적 세계를 상징하는 형태로서) 놀이의 사용에 대해 관심 갖는다고 생각한다… 이는 아동 정신분석에서 아동의 놀이를 사용한 것에 대해 설명한 클라인이나 다른 사람들에 대한 비판이 아니다. 그것은 단지 정신분석가가 놀이의 내용을 사용하는 데 너무 급급해서 놀이하는 아동을 보지 못하고, 그리고 그 자체로서 놀이하기에 대해 기록하지 못했을 가능성에 대해 언급한 것이다. 내가 명사형으로서 "놀이"와 동명사로서 "놀이하기"의 의미를 구별하는 것은 명백히 의미있는 일이다. (pp. 39-40)

위니콧은 여기서 "놀이"의 상징적 의미와 "놀이하기"에 관련된 존재 상태를 구분하고 있다. 놀이의 상징적 의미를 이해하는 것은 인식론적 정신분석의 영역이다. 놀이하기와 관련된 존재 상태에서 작업하는 것은 존재론적 정신분석의 영역이다.

존재론적 관점에서,

심리치료는 환자와 치료자의 두 놀이하기의 영역이 겹치는 곳에서 일어난다. 그 필연적인 결과로 놀이가 가능하지 않은 곳에서 치료자의 작업은 환자를 놀이할 수 없는 상태로부터 놀이할 수 있는 상태로 데려오는 것이다. (Winnicott, 1971a, p. 38, 원서 강조)

이 구절에서(그리고 위니콧의 전체 연구에서) 기술된 분석가의 역할은 주로 인식론적 분석에서 분석가의 역할과는 상당히 다르다. 인식론적 정신분석에서 분석가의 역할은 분석의 현재 순간에 불안의 최첨단에 대한 분석가의 이해를 해석의 형태로 전달하는 것을 중심으로 하는 반면, 주로 존재론적 정신분석에서 분석가는 자신의 이해를 전달하기 전에 "기다리는" 것이 더 낫다(Winnicott, 1969, p. 86).

> 내가 얼마나 많이 깊은 변화를 막거나 지연시켰는지 생각하면 소름이 끼친다. 우리가 단지 기다릴 수만 있다면 환자는 창조적으로 엄청난 기쁨으로 이해에 도달할 것이고, 나는 나 자신이 똑똑하다는 느낌을 즐겼던 것보다 이 기쁨을 더 즐길 것이다. (Winnicott, 1969, p. 86)

존재론적 정신분석의 관점에서 볼 때, 핵심은 환자와 분석가가 도달한 지식이 아니라 환자가 "창조적으로 엄청난 기쁨으로 이해에 도달하는" 경험이다. 이 경험은 환자가 주로 자기이해를 찾는 데 관여하는 것이 아니라 더 완전한 자신이 되는 과정을 경험하는 것이다.

위니콧(1971b)은 그의 후기 논문 중 하나인 「꿈꾸기, 환상하기, 살기」에서 그의 연구의 핵심에 놓여 있는 결론에 도달하고 자신의 접근과 특히 클라인의 접근 그리고 일반적인 인식론적 정신분석을 구별한다. 위니콧에게 무의식적인 환상이란 자신의 내면 세계를 사로잡는 악순환이다. 분석의 일부를 설명할 때, 그는 다음과 같이 쓴다.

> 내게 이 치료시간의 작업은 중요한 결과를 낳았다. 그것은 환상하기가 현실 세계나 외부 세계에서 행동과 삶을 방해한다는 것을 가르쳐 주었지만, 훨씬 더 한 것은, 그것이 꿈꾸기를 방해하고, 개인적 또는 내적인 심리적 현실, 즉 개인 성격의 살아있는 핵심을 방해한다는 것이다. (1971b, p. 31)

위니콧(1971c)은 거의 지나가는 말로 그의 「중간 대상」 논문에서

한 구절을 사용하는데, 이는 내가 성공적인 정신분석과 다른 모든 형태의 심리적 성장의 바탕이 되는 과정으로 보는 것이다: "우리는 내가—아닌—다른 대상을 개인적인 패턴에 엮는다"(p. 3). 바꿔 말하면, 우리는 아직 우리의 일부가 아닌 어떤 것을(예를 들어, 배우자나 친구와의 경험, 시를 읽거나 음악을 듣는 경험) 받아들여서 그것을 우리 자신인 것과 엮는다. 그 방식은 우리가 그 경험을 하기 전, 그 경험을 우리의 개인적 패턴으로 엮기 전 우리 자신보다 더 낫게 만드는 것이다. 위니콧은 여기서 정신분석의 존재론적 측면을 발전시키는데 "내가—아닌—다른 대상을 개인적 패턴으로 엮는" 언어를 발명하고 있다. 이는 심리적 성장에 대한 이야기 방식으로서 내가 다른 곳에서 본 적이 없는 것이다.

환자나 분석가가 놀이하기에 참여할 수 없을 때, 분석가의 주의는 이 문제에 집중되어야 한다. 그로 인해 환자와 분석가가 "놀이하기의 두 영역의 중첩"을 경험하지 못하게 되기 때문이다. 만약 분석가가 놀이하기에 참여할 수 없다면, 그는 자신의 이러한 존재 상태에(놀이하기는 단순히 마음의 상태가 아니라 존재의 상태이다) 참여할 수 없는 무능력이 그와 환자 사이에서 일어나고 있는 일에 대한 반영인지(아마도 환자의 생명이 없는 상태에 대한 깊은 동일시인지) 아니면 그 자신이 진정으로 놀이하기에 참여할 수 없는 무능력에 대한 반영인지 결정해야 한다. 만약 그렇다면 아마도 그는 분석을 다시 받아야 할 것이다.

내가 인식론적 정신분석과 존재론적 정신분석이라고 부른 것이 단지 하나의 분석적 노력을 바라보는 다른 방식일 뿐이라고 주장할 수 있다. 사실, 그 둘은 방대한 영역이 겹친다. 예를 들어, 분석가는 두 사람(환자 또는 분석가) 중 한 사람만 남자일 수 있다는 환자의 두려움에 대해 민감하게 단어를 사용하고 시기적절한 해석을 제공할 수 있다. 왜냐하면 두 사람이 동시에 남자라면 불가피하게 둘 중 한 명이 죽을 때까지 전투를 벌일 것이기 때문이다. 그러한 이해의 결과는 단순히 환자의 입장에서 향상된 자기 지식이 아니라, 그만큼이나, 어른으로서 자기 자신이 될 수 있는 더 큰 자유감일 수도 있다.

프로이트와 클라인의 작업에서 존재론적 사고를 찾는 것은 어렵지 않다. 프로이트(1923)의 생각을 예를 들어 보자.

> 분석가가 "가능한 한 성찰과 의식적인 기대의 구성을 피하려고 하고, 그가 특별히 기억에서 들은 어떤 것에도 고정하려 하지 않고, 이러한 방법들을 통해 환자의 무의식의 표류를 그 자신의 무의식으로 포착하려고 한다"(p. 239).

"그는 [분석가는] 단순히 들어야 하며, 무엇인가를 염두에 두고 신경쓰지 말아야 한다"(Freud, 1912, p. 112). "단순히 듣는 것"은 환자와 함께 있는 존재 상태이며 존재의 한 방식이다.

또한 프로이트의 존재론적 사고의 대표적인 것은 그의 유명한 진술인 "Wo Es war, soll Ich werden"이다: "원초아(그것)가 있던 곳에, 자아(나)가 생성되어야 한다"(Freud, 1933, p. 80). 자신에게 다른 것으로 경험되었던 것은 ("그것"은) 한 사람의 존재에(내가 누구인지, 내가 "될" 사람은 누구인지, 나는 누구로 생성되고 있는지에) 통합된다. (프로이트(1926)는 정신분석 개념을 번역할 때 "과장된 그리스 이름"(p. 195)을 사용하지 말고 "[정신분석 개념]이 대중적인 사고 방식과 접촉하도록"(p. 195) 할 것을 분명히 했다. 따라서 독일어 Das Ich는 "나(I)"로, Das Es는 "그것 (the it)"으로 더 잘 번역된다.)

정신분석의 인식론적 차원과 존재론적 차원의 중첩과 상호작용 그리고 그것이 순수한 형태로 존재하지 않는다는 사실에도 불구하고, 본질적으로는 주로 인식론적이거나 존재론적인 분석 과정에서 발생하는 많은 경험들이 있는 것 같다. 내 생각에, 정신분석의 이 두 가지 측면은 꽤 다른 방식의 치료 행위와 관련된다. 정신분석의 인식론적 차원을 특징짓는 치료적 행동은 이전에 무의식적인 생각, 감정, 신체적 경험에 대한 이해에 도달하는 것과 관련되며, 이를 통해 환자가 심리적 변화를 달성하게 된다. 대조적으로, 존재론적 정신분석을 특징짓는 치료적 행동에는 환자가 이전에는 상상할 수 없었던 경험하기의 형태, 존재의 상태가 분석적 관계에서 생생하게 살아나는 대인관계의 맥락을 제공하는 것이 포함된다(예를 들어, 중간 대상과 현상(Winnicott, 1971c) 그리고 자기의 핵에서 침묵하는 의사소통을 경험하는 것과(Winnicott, 1963) 관련된 존재 상태).

내가 정신분석의 존재론적 차원이라고 부르는 것과 "실존적 정신분석"이라는 일반적인 제목 아래 묶이는 다양한 집합의 생각들을 비교하는 것은 이 논문의 범위를 벗어난다. 실존적 정신분석의 많은 부분은 의식적 인식, 의도성, 자유, 책임과 관련이 있으며, 이는 떼려야 뗄 수 없게 연결된 것으로 보인다. (이는 무의식적 압력과 자유의 한계에 대한 프로이트의 개념을 약화시킨다.) 루드비히 빈스벵거, 빅터 프랭클, 롤로 메이, 오토 랭크, 장 폴 사르트르 등이 실존적 정신분석에 기여했다. 나는 존재론과 인식론의 철학적 토대 어느 쪽도 취하지 않을 것이다. 나는 전자는 존재하기와 생성되기, 후자는 지식과 이해를 얻는 것이라는 일반적인 연결만 지을 것이다.

생생하게 살아있는 것과
모든 현실감을 느끼는 것

나는 이제 존재론적 정신분석의 실제를 언급할 때 내가 생각하는 바를 좀 더 상세히 진술하려고 할 것이다. 나는 먼저 위니콧의 연구에, 그리고 나서 비온의 연구에 초점을 맞출 것이다.

위니콧은, 그가 쓴 거의 모든 논문에서, 분석 문헌에서 이전에는 인식되지 않았던 존재 상태들을 소개하고 기술한다. 예를 들어, "계속해서 존재하는" 상태란(Winnicott, 1949, p. 245), 모두 동사이고(동명사이고) 주어가 없는 구절이며, 따라서 매우 초기의 주체가 없는 존재 상태의 무언가를 포착한다; 유아에 의해 파괴되는 동안 생존하는 어머니와 관련된 존재 상태(Winnicott, 1969), 그리고 "일차적 모성 점유"와 관련된 존재 상태를(Winnicott, 1956) 포착한다.

위니콧의 존재론적 정신분석에 대한 가장 중요한 공헌은 아마도 "중간 대상과 현상"의(1971c) 개념일 것이다. 그는 다음과 같이 기술한다:

> … 내적 현실과 외적 삶 모두에 기여하는 경험하기의 중간 상태. 그것은 내적 현실과 외적 현실을 분리하면서도 서로 연관시켜야 하는 인간의 영원한 과제에 참여하고 있는 개인의 안식처로서 존재한다는 것 외에는 그 자체로서 어떠한 권리도 주장하지 않고 도전받지 않는 영역이다. (p. 2, 원서 강조)

유아나 어린이가 중간 대상과 현상을 경험하는 것과 관련된 "존재의 상태"를(Winnicott, 1971c, p. 14) 발달시킬 수 있는 능력은 다음과 같은 어머니의(또는 분석가의) 상응하는 존재 상태를 필요로 한다.

중간 대상에 관한 한 우리와 아기 사이에는 다음과 같은 질문을 결코 하지 않을 것이라는 일종의 합의가 이루어졌다고 할 수 있다. "네가 이것을[대상을] 생각해 냈는가 아니면 외부로부터 너에게 제공되었는가?" 중요한 점은 이 점에 대한 어떤 결정도 기대하지 않는다는 것이다. 그 질문은 공식화되지 않아야 할 것이다. (Winnicott, 1971c, p. 12, 원서 강조)

근본적인 중간 현상의 존재 상태는 본질적으로 역설적이다:

건강할 때 유아는 실제로 주변에 놓여 있으면서 발견되기를 기다리는 것을 창조한다. 그러나 건강할 때 대상은 창조되는 것이지 발견되지 않는다… 이것은 역설로 받아들여져야 하며, 그 영리함으로 역설을 제거하는 것처럼 보이는 재진술에 의해 해결되어서는 안 된다. (Winnicott, 1963, p. 181, 원서 강조)

이러한 존재 상태는 "예술, 종교와 상상력 있는 삶에 속하는 강렬한 경험하기"의 밑바탕에 깔려 있다(Winnicott, 1971c, p. 14). (위니콧이 모아 관계를 말할 때, 모아 관계뿐만 아니라 유아, 아동 및 성인이 경험하는 다른 모든 중요한 관계와 분석자-환자 관계도 포함하는 은유로 사용하고 있다.)

위니콧의 존재론적 정신분석에 대한 공헌 중에서도 두드러지는 것은 자아의 핵에 있는 존재 상태에 대한 개념이다:

비-소통적인 중심 자기는, 현실 원칙으로부터 영원히 면제되고(자아 외부의 어떤 것에도 반응해야 할 필요성이 없고), 그리고 영원히 침묵한다 . 여기서 소통은 비언어적인 것이 아니다. 그것은 천체의 음악처럼, 절대적으로 개인적인 것이다. 그것은 살아있음에 속한다. 그리고 건강할 때 소통은 자연스럽게 일어난다. (1963, p. 192)

자기의 핵에 놓여 있는 이 존재 상태는 생동감 있는 의사소통과 절대적인 침묵의 근원인 꿰뚫을 수 없는(완전히 알 수 없는) 신비를 구성한다. 자기의 핵에 있는 침묵은 본질적으로 언어적인 것이 아니다. 우리의 핵에 있는 존재 상태를 상상할 수 없게 만드는 것은 그것 또한 "비언어적인 것이 아니다."라는 사실이다. 언어적이지도, 비언어적이지도 않은 침묵은 인간의 이해를 초월한다. "천체의 음악처럼, 그것은 절대적으로 개인적이다." 천체의 음악에 대한 은유는 기원전 5세기 천체의 움직임에 의해 생성된 음악, 완벽한 조화를 이루지만 인류에게는 들리지 않는 음악에 대한 피타고라스의 개념에서 유래한다. 우리 각자가 우리 존재의 핵에 간직하고 있는 상상할 수 없는 비밀을 어떻게 더 잘 설명할 수 있을까. 그것은 "절대적으로 개인적인 것이다. 그것은 살아있음에 속한다."

존재론적 정신분석에 대한 비온의 기여

내가 비온을 읽었을 때, 그의 저술 전체를 통틀어, 그는 주로 존재론적인 사상가이다. 위니콧이 분석의 초점을 놀이에서 놀이하기로 옮겼듯이, 비온은 분석의 초점을 꿈에서(꿈에 대한 이해에서) 꿈꾸기로(꿈꾸기에 대한 경험으로) 옮겼다(비온에게 있어서, 그것은 무의식적인 심리적 작업을 하는 것과 동의어이다(Ogden, 2007, 참조)).

비온은 우리가 정신분석가로서 이해하려는 욕망을 버리고 대신 환자와 **함께 존재하는** 경험에 가능한 한 완전히 참여해야 한다고 주장한다. 우리는 "기억을 주의 깊게 회피할 수 있도록 함양해야 한다"(Bion, 1967, p. 137). 왜냐하면 기억은 더 이상 존재하지 않는 것을 근거로 우리가 알고 있다고 생각하는 것이고, 더 이상 알 수 없는 것이기 때문이다. 그리고 우리는 "결과, '치료' 또는 심지어 이해에 대한 욕망"조차 버려야 한다(p. 137). 우리가 알고 있다고 생각하는 것에 대한 기억과 아직 일어나지 않은 것에(그리고 결과적으로 알 수 없는 것에) 대한 이해의 욕망은 둘 다 "정신분석가가 하나가 되어야 하는 현실에(회기의 **현재** 순간에 일어나는 것에) 대한 직관에 대한 장애물이다"(1967, p. 136). 이것은 비온의 존재론적 생각하기의 브랜드이다: 존재가 이해를 대체했다; 어떤 분석가도 회기에서 일어나고 있는 현실을 알게 되거나 이해하거나 깨닫거나 파악하지 못한다. 그는 그것을 "직관"하고, 그는 그것과 "하나"가 되고, 그는 현재의 순간을 **경험**하는 데 완전히 존재한다.

비온(1962a, b)의 "레브리" 개념은 또한 그의 존재론적 성향을 반영한다. 레브리는(깨어 있는-꿈꾸기는) 환자에게(또는 유아에게) 매우 혼란스러운 경험, 즉 그가 "꿈꿀 수 없는"(무의식적으로 심리적인 작업을 할 수 없는) 경험을 무의식적으로 수용할 수 있게 하는 **존재 상태**를 의미한다. 분석가의(또는 어머니의) 레브리는, 깨어 있는-꿈꾸기는, 이것은 종종 그의 가장 평범하고 일상적인 사고의 형태를 취한다(Ogden, 1997a, 1997b), 분석가가(또는 어머니가) 무의식적으로 환자의(또는 유아의) 생각할 수 없고, 꿈꿀 수 없는 경험과 같은 것을 무의식적으로 경험하는 방식을 구성한다. 분석 세팅에서 분석가는, 레브리에 관해서가 아니라, 레브리 경험**으로부터** 말로 함으로써(또는 다른 형태로 관련시킴으로써) 환자의 "꿈꾸지 않은" 또는 부분적으로 꿈꾼 경험의 변형된(꿈꾼) 설명을 환자에게 가용하게 한다(Ogden, 1994).

비온은 심리적 건강과 정신병리를 설명할 때 존재 상태의 관점에서 이야기하는데, 예를 들어, 정신증은 개인이 "잠잘 수 없고 깨어날 수 없는" 존재 상태이다(Bion, 1962a, p. 7).

나는 비온(1962a)의 알파–기능 이론을, 베타–요소를(경험에 대한 신체적 반응이지만 아직 의미를 구성하지 않고, 하물며 자기 자신으로 **존재하지도** 못하는 원 감각 인상을) 알파–요소로 변형시키는 것에 대한 은유로 본다. 알파 요소들은 주체가 없는 존재 같은 요소를 구성하는데, 이는 위니콧의 "계속해서 존재하는"와 마찬가지다. 알파 요소들은 "꿈–사고"를 만드는 과정에서 서로 연결되어 있고, 이는 다시 꿈을 꾸는 과정에서 사용된다. 꿈꾸기는 개인이 자신의 존재를 경험하는 주체가 되는 심리적 사건이다. 정신병리의 심각한 형태로(이 논문의 치료 부분에서 설명할 것이다), 알파 기능이 감각 인상을 처리하는 것을 중단할 때, 개인은 의미를 창조할 수 있는 능력을 잃을 뿐만 아니라, 자신을 살아있고 현실적인 것으로 경험할 수 있는 능력을 잃는다.

나에게 비온의 존재론적 생각하기는 그의 "임상 세미나"에서 (1987) 특히 생생하게 살아난다. 나에게 특히 중요성을 띤 몇 가지 예를 제공할 것이다. 환자에게 한 "실수"에 대해 걱정하는 발표자에게 비온은 "당신이 자격증을 갖추고 당신 자신의 분석을 마친 **후에야** [분석가로서] 당신이 누구인지 알 수 있다."(1987, p. 34, 분석가로 생성되기에 대한 Gabbard and Ogden 2009 참조)라고 말한다. 여기서 비온은 어떻게 "분석하는지"를 배우는 것과 분석가로서 "진정한 자신"으로 존재하고 생성되는 경험을 구별하고 있다.

나는 분석가로 생성되어 가는 것은 이전 세대의 분석가들로부터 물려받은 "기법"을 채택하는 것과 반대로 자신만의 "분석적 스타일"을(Ogden, 2007b) 개발하는 것을 포함한다고 덧붙이고 싶다. 그렇게 함으로써, 우리는 각 환자에 대해 "정신분석을 창조하고"(3장 참조) 그 순간에, 때로는 말로, 때로는 비언어적으로 자발적으로 반응하는 능력을 개발한다. 자발적인 반응이 행동의 형태를 취할 때가 있다. 이러한 행동은 특정 환자의 분석에서 특정 순간에 고유한 것이며, 다른 환자와의 작업에는 일반화할 수 없다. 예를 들어, 치료시간을 위해 환자의 집에 갈 것인지, 또는 내 차에 중증 환자를 태우고 병원에 갈 것인지, 또는 환자의 가족을 만날 것인지, 또는 환자의 선물을 받을 것인지를 묻는다면, 나는 "모든 것이 나름이다."라고 말한다.

비온(1987)이 발표자에게 한 논평 중 하나는 그의 존재론적 생각하기의 특히 생생한 예를 보여 준다. 발표자는 그의 정신증 환자가 꿈이 있다고 말했다고 말한다. 비온은 "왜 그는 그것들이 꿈이라고 하는가?"라고(p. 142) 묻는다. 발표자는 당황하지 않고, "그는 단순히 나에게 그렇게 말한다."라고(p. 142) 대답한다.

잠시 후, 비온은 환자에게 말했을 수 있는 방식을 기술하는데, 환자의 존재 상태를 설명하는 방식이다:

> 그런데 왜 환자는 정신분석가를 찾아와서 꿈을 꿨다고 말하는 걸까요? 나는 내가 환자에게 이렇게 말하는 것을 상상할 수 있습니다. "어젯밤에 어디에 있었습니까? 무엇을 보았습니까?" 만약 환자가 아무것도

보지 못했다고 말한다면, 그가 그냥 잠자리에 들었다면, 나는 "글쎄요, 나는 여전히 당신이 어디로 갔고 무엇을 보았는지 알고 싶습니다."라고 말할 것입니다. (p. 142)

여기서 비온은 환자가 꿈이라고 부르는 내용이 아니라 환자의 존재 상태에 초점을 맞춘 방식으로 환자와 대화하는 상상을 하고 있다. "어디로 갔어요?" "어디 있었어요?" "당신은 누구였나요?" "당신이 잠자리에 들었을 때 당신은 어떤 사람이 되었습니까?" 이 반응은 정신증 환자와 그가 잠들었을 때 존재 상태에 대해 대화하는 데 놀랍도록 능숙한 방법이라는 생각이 든다.

존재론적 정신분석과 대상관계 이론

대상관계 이론가들에게(예를 들어, Freud 글 중 일부[참고: Ogden, 2002], Fairbairn, Guntrip 및 Klein) 무의식적인 내적 대상관계의 변화는(그리고 외부 대상과의 관계의 결과적인 변화는) 심리적 변화가 일어나는 매개체를 구성한다.

프로이트(1917), 클라인(1946), 페어베언(1940, 1944, 1958), 건트립(1961, 1969)을 비롯한 몇몇 "대상관계 이론가"에 따르면, 내적 대상관계는 자아의 분열된 부분과 억압된 부분 사이의 관계의 형태를 취한다. 페어베언에게 있어서, 자아의 억압되고 분열된 부분들 사이의 관계는 어머니와의 실제 관계의 불만족스러운 측면들의 내재화이다. 내적 대상 세계는 감질나게 하고 거절하는 내적 대상을 지닌 중독적 관계의 폐쇄 시스템이다(Fairbairn, 1944). 유아기부터 개인의 추동력은 어머니에 대한 내재화된 불만족스러운 대상-관계를 어머니에 대한 그리고 어머니로부터 사랑의 감정으로 그리고 어머니가 자신의 사랑을 인식하고 받아들인다는 감정으로 특징지어지는 만족스러운 관계로 변화시키고자 하는 바람이다(참고: Ogden, 2010). 정신분석의 목적은 환자가 내적 대상관계의 폐쇄 시스템에서 벗어나 실제 외적 대상의 세계로 들어가는 것이다(Fairbairn, 1958).

페어베언과는 다른 종류의 대상관계 이론가인 클라인(1961, 1975)의 경우, 환자의 불안은 환상화된 내적 대상관계에서 발생하는 위험에서 비롯된다. 무의식적인 환상은(삶과 죽음 추동의 심리적 발현은) 종종 어머니/분석가의 몸 안에서 일어나는 것과 관련이 있다. 예를 들어, 어머니 안에 있는 아기나 아버지의 페니스를 공격한다. 이러한 원시적인 불안들은 전이에서 나타나며, 그것들이 환자에게 진실하게 와닿고 심리적 성장을 방해하는 환자의 박해 및 우울 불안을 줄이는 데 도움이 되는 방식으로 해석된다.

클라인의 대상관계 이론은 페어베언의 이론과 많은 면에서 다르다. 그들의 주요 차이점은 페어베언이 내적 대상관계를 모-아 관계에서 실제 불만족스러운 경험의 내재화로 보는 반면, 클라인은 내적 대상관계를 유아의 시기심 경험에서(죽음 추동의 주요 심리적 발현에서) 파생된 무의식적 환상으로 보는 방식에 있다.

나는 위니콧과 비온을 대상관계 이론가로 보지 않는다(이 두 저자의 연구에서 내적 대상관계에 대한 언급은 드물다). 그들은 환자가 덫에 걸린 병리적인 내적 대상관계를 이해하고 해석하는 것에 주된 관심이 없다. 그들의 초점은 주로 환자가(그리고 분석가가) 경험하는 존재 상태의 범위와 환자가(또는 분석가가) 경험할 수 없는 존재 상태에 있다. 대상관계 이론가들에게 심리적 성장은 그의 내적 대상 세계에서 발생하는 박해 및 우울 불안으로부터 자신을 해방시키거나(클라인) 내적 대상들 사이의 중독적인 유대로부터 자신을 해방시켜 실제 외부 대상과 관계를 맺을 수 있게 하는 것이다(페어베언과 건트립). 내가 논의하였듯이, 위니콧과 비온에게 있어 가장 근본적인 인간의 욕구는 좀 더 온전한 자기 자신으로 존재하고 생성되는 것이며, 이는 내 마음에 있어 자신의 생각, 감정, 신체 상태에 더 온전하게 존재하고 살아 있는 것을 포함한다; 자신만의 독특한 창조적 잠재력을 더 잘 감지하고 그것을 발전시킬 수 있는 형태를 찾는 것; 자신의 생각을 자신의 목소리로 말하고 있다고 느끼는 것, 다른 사람들과의 관계에서 더 큰(아마도 더 관대하고, 더 동정적이고, 더 사랑하고, 더 개방적인) 사람이 되는 것, 더 완전하게 인간적이고 정의로운 가치 체계와 윤리적 기준을 개발하는 것 등을 포함한다.

위니콧과 비온은 무의식적인 내적 대상관계를 거의 언급하지 않을 뿐만 아니라, 위니콧은 무의식에 대해 거의 언급하지 않으며(Winnicott, 1971d) 비온은 무의식의 본질에 대한 새로운 개념을 만들어 낸다. 존재 상태는 자신의 모든 측면에 영향을 미친다; 그들은 마음의 의식적인 측면과 무의식적인 측면, 잠든 것과 깨어 있는 것 사이, 꿈-삶과 깨어 있는 삶 사이, "정신증적 및 비정신증적 성격 부분" 사이를 초월하고 구분한다.

존재론적 정신분석의 치료 예시

"존재론적 정신분석"은 정신분석의 한 개념으로, 정신분석에 대한 다른 모든 이해와 마찬가지로 무의미한 이데올로기로 굳어질 수 있다. 존재론적 정신분석은 인식론적 차원에 국한되지 않고 그것을 포함한 많은 다른 차원(생각하기 방식)과 공존하는 분석 이론 및 실제의 차원이다. 그러나 앞서 말했듯이, 나에게 있어, 분석적 생각하기와 실제에서 본질상 주로 존재론적이거나 인식론적인 큰 영역이 있다는 것도 사실이다.

나는 이제 정신분석 존재론적 차원을 언급할 때 내가 무엇을 염두에 두고 있는지 치료적으로 간략하게 보여 줄 것이다. 이 논문의 치료 부분에서 명심해야 하는 것은, 내 개입이 분석 경험의 특정 순간에 특정 환자에게만 관련된 예시로서 의미가 있으며 분석 기법을 나타내지 않는다는 것이다. 나는 분석가가 치료 실제 규칙을(예를 들어, 정신분석 학파와 관련된 기법을) 엄격하게 고수하는 것이 환자에게 비인간적으로 느껴질 뿐만 아니라 환자와 함께 작업하는 데 있어 분석가의 창의적인 능력을 제한한다고 믿는다. 나는 각 환자에게 다른 환자들과 말하는 방식과는 다른 방식으로 이야기한다(3장 참조).

그만하면 충분하지 않았나요?

30세의 남자 환자는 분석을 시작한 지 몇 년이 지났고, 아버지와 사이가 틀어져서 1년 동안 말을 하지 않았다. 우리는 수년간 이 상황을 여러 형태로 논의했었다. 치료시간이 끝나기 직전에, 나는 말했다. "그만하면 충분하지 않았나요?"

분석 시간의 이 단편에서, 나는 환자에게 매우 압축된 방식으로 말했다, 그의 아버지와 계속 대화하지 않는 것은 환자가 지난 몇 년 동안의 분석 과정에서 어떤 사람이 되었는지를 더 이상 반영하지 않는 존재 방식이다. 그의 아버지와 대화를 하지 않는 것은 한때 환자였던 그 사람에게는 적합했을지 모르지만, 지금의 그 사람에게는 적합하지 않을 수 있다.

환자는 그날 저녁 아버지에게 전화를 했다. 그의 아버지도 변했고 아들의 전화를 환영했다. 그 환자는 분석을 마무리하는 몇 달 동안 내가 그에게 "그만하면 충분하지 않았나요?"라고 말한 것을 결코 잊지 않을 것이라고 말했다 그가 언급한 분석의 그 순간은 이해에 도달한 경험이라기보다는 환자가 누구인지에 대한 근본적인 뭔가를 바꾸는 경험이었다.

당연히 그렇겠지요.

우리의 첫 번째 분석 시간이 시작되었을 때, L양은 얼굴에 핏기가 없는 채로 의자에 앉아 있었다. 그녀는 울음을 터뜨리며 말했다. "여기 있는 게 무서워요." 나는 그럴 의도도 없이 대답했다. "당연히 그렇겠지요."

내가 했던 방식으로 자발적으로 반응하는 것은(다른 환자에게 한 번도 한 적이 없는 말을 하는 것은) 그 순간에 그 환자가 무서워하는 상태를 완전히 받아들이는 존재 방식으로 느껴졌다. "무엇이 두려운가요?" 또는 "좀 더 말해 보세요."라고 물었더라면, 내가 그녀에게 이유와 설명을 찾는 것을 목표로 하는 이차 과정 사고에 참여하도록 요청함으로써, 그 환자는 그녀의 감정의 강렬함에서 후퇴하고 있다고 느꼈을 가능성이 매우 높았을 것이라고 생각한다. 환자가 나에게 자신을 소개하는 방식을(그 순간에 그녀가 누구인지 말해 주는 것을) 경험하는 것이 아니었을 것이다(이 경험에 대한 자세한 내용은 3장 참조)

TV를 보나요?

나는 짐(Jim)을 장기 청소년 입원 병동에서 주 5회 만났다. 그는 스스로 치료에 오지 않았고 간호사 중 한 명이 데려와야 했다. 짐은 나를 만나는 것을 반대하지 않았지만, 우리 둘이 심리치료를 위해 사용되는 병동의 작은 방에 앉았을 때, 우리 둘이 왜 거기에 앉아 있는지 모르는 것 같았다. 그는 대부분의 시간 동안 말이 없었다. 그에게 질문을 해도 형식적인 한마디만 돌아온다는 것을 알게 되었다.

시간이 지남에 따라, 그는 병동에서의 사건들, 즉 새로운 환자들이 도착하고 다른 환자들이 떠나는 것에 대해 이야기하기 시작했지만, 그가 사용한 말은 병동 집단 모임과 공동체 모임에서 다른 사람들이 하는 말을 듣고 모방하는 것처럼 들렸다. 나는 "당신이 올지 안 올지 알 수가 없어요."라고 말했다 그는 당황한 것 같아 보였다.

나는 치료시간이 힘들게 느껴졌는데, 그런 문제에 대해 이 환자나 다른 어떤 환자와도 어떻게 작업해야 할지 아무것도 모르겠다는 느낌이 들었다.

분석이 시작된 지 약 5개월째에, 짐은 힘없는 걸음걸이로 치료에 왔다. 그의 얼굴은 전혀 표정이 없었다. 그의 눈은 죽은 새 눈 같았다. 그는 특별히 누군가에게 말하지 않고, "짐은 길을 잃고 영원히 사라졌다."고 말했다.

나는 거대한 심리적 재앙을 덮고 있는 얇은 가식이 끝났다는 안도감을 느꼈지만, 또한 심리적 죽음이 일어났으며, 쉽게 실제 자살로 이어질 수 있다고 느꼈다. 1년 전에 한 병동 환자가 자살을 했고, 이 사건에 대한 기억은 병동의 (보통 말하지 않는) 문화의 일부가 되었다.

나는 말했다. "짐은 오랫동안 길을 잃고 사라졌고, 지금에서야 그

소식이 알려졌다."

그의 눈은 초점을 잃은 채 플랙시글라스(특수 아크릴 수지) 유리 창문에 반사된 눈부신 햇빛을 들여다보았다.

나는 무슨 일이 일어나고 있는지 엄청난 공허감을 느끼며 한동안 침묵했다. 이런 일이 일어나면서, 나는 병동의 자살 위험성이 극도로 과소평가되었고, 병실에서는 직원의 허락을 받아야만 환자가 병실을 떠날 수 있는, 대개는 직원이 동행하는 폐쇄 병동이 되어야 한다는 생각이 강하게 들기 시작했다. 내가 환자와 나 사이에 만들고 있는 거리를 깨닫게 되었다. 그는 이제 나를 놀라게 한 "위험한" 환자였다. 나는 이제 사물이 된 그 사람을 "관리"하고 있었다.

치료시간이 조금 흐른 후, 나는 내 마음의 통상적인 배경 소음들이—왔다갔다하는 생각, 레브리의 "주변 시야", 심지어 내 심장이 뛰는 신체적 감정, 숨 쉬는 것조차—없다는 것을 알아차렸다. 나는 짐이 사라졌을 뿐만 아니라 나도 사라지고 있다는 두려움을 느꼈다. 모든 것이 비현실적으로 되어가고 있었다. 우리가 앉아 있던 작은 방은 방이 되기를 멈추었다. 그것은 모양, 색깔, 질감의 집합체가 되었다. 모든 것이 제멋대로인 것처럼 보였다. 나는 물에 빠져 죽어가는 공포를 느꼈지만 동시에 그저 물에 빠져 죽어가는 자신을 지켜보는 무심한 관찰자였다.

치료시간이 계속되면서, 나는 청소년기에 있었던 무서운 경험을 떠올렸는데, 저녁 식사 후 부엌에서 혼자 **냅킨**이라는 단어를 계속해서 큰 소리로 반복하였고, 그것이 한때 명명했던 사물과 더 이상 아무런 관련이 없고 단지 하나의 소리가 되어서야 멈추었다. 내가 "실험"을 시작했을 때 처음에는 이 현상에 흥미를 느꼈지만, 금세 두려워졌는데, 내가 **냅킨**이라는 단어로 하고 있는 것을 다른 단어로 한다면, 말하거나 생각하는 능력을 또는 누군가나 그 어떤 것과도 연결되는 능력을 잃게 될까 봐 두려웠다. 그 사건 이후 여러 해 동안, 냅이라는 소리 뒤에 킨이라는 소리가 뒤따르는 것은 아무것도 지칭하지 않았다. 그것들은 나와 누군가와의, 심지어 나 자신과의 연결의 안정성을 의심하게 만드는 단순한 소리였다. 짐과의 치료 시간에, 나는 현재와 연속적인 과거를 기억할 수 있는 마음을 갖게 된다는 점에서 일시적으로 안도했지만, 이 안도감은 내가 짐과 함께 그 방에 있으면 나 자신을 잃어버릴 것이라는 두려움으로부터 일시적인 유예였을 뿐이었다.

나는 짐과의 만남이 매일 두려웠다. 몇 주 동안, 우리는 대부분 공허한 침묵 속에 함께 앉아 있었다. 나는 그에게 질문하지 않았다. 나는, 이따금, 내가 경험하고 있는 것을 기술하려고 노력했다. 나는 그에게 말했다, "여기 앉아 있으면 아무데도 없는 것 같고 아무도 아닌 것처럼 느껴져요." 그는 아무런 반응도 하지 않았고, 표정도 조금도 변하지 않았다.

짐이 길을 잃고 영원히 사라졌다고 내게 말한 후 6주 동안, 나는 그와 함께 방황하고 방향을 잃은 느낌을 받았다. 놀랍게도, 치료 시간 중에 짐은 아무에게나 말하는 것처럼 "TV를 보나요?"라고 무표정한 목소리로 말했다.

나는 그의 질문을, 사람들이 서로 대화하는 이미지를 보여 주는 기계 같은 느낌에 대한 상징적인 언급이 아니라, "당신은 누구인가요?"라는 그의 질문 방식으로 받아들였다.

나는 말했다. "네, 그래요. 나는 TV를 꽤 많이 봐요."

짐은 아무 대답도 하지 않았다.

잠시 후, 나는 말했다. "당신은 완전히 어두운 곳에서, 아마도 동굴에서, 누군가가 성냥을 긋는 것을 본 적이 있었을 거예요. 그리고 모든 것이 밝아져서, 당신은 모든 것을—또는 적어도 많은 것을—볼 수 있고 그리고 잠시 후, 모든 것이 다시 어두워지지만 예전만큼 어둡지는 않을 거예요."

짐은 대답하지 않았지만, 우리가 되돌아온 침묵이 예전처럼 공허하다는 느낌은 들지 않았다.

나는 내 시계를 보고서야 우리가 50분간의 치료시간이 끝나고 30분이 지났다는 것을 알았다. 나는 "이제 끝낼 시간이네요."라고 말했다. 그는 나를 보고 "그래요?"라고 말했다. 나는 그가 나를 교정하는 것 같았다; 우리가 겪은 경험은 "시계 시간"으로 측정하거나 좌우될 수 있는 것이 아니었다.

내가 기술한 첫 번째 회기에서 나는 꽤 오랫동안 내가 누구인지에 대한 감각을 상실한 상태에 완전히 빠져 있었다. 짐과 나는 "길을 잃고 영원히 사라졌다". 처음에 우리는 그 상태에서 각자 절대적으로 혼자였다. 우리는 서로를 위해 존재하지 않았고, 우리 자신을 위해서도 존재하지 않았다. 나는 환자에게 질문을 삼갔는데, 무슨 일이 일어나고 있는지, 무엇이 그로 하여금 그렇게 느끼게 할 수 있는지 묻지 않았다. 나는 그저 내 자신을 잃을까 봐 무서운 느낌을 경험했는데, 그것은 내가 그에게 어떤 도움이 되기 위해서는 필수적인 것이었다. 나는 아무도 아닌 상태가 됨으로써, 그가 그 회기에서, 그리고 아마도 평생 동안 느끼고 있던 것과 비슷한 것을 경험하고 있었다.

나의 청소년 시절 경험에 대한 레브리를 통해 적어도 잠시나마 환자와 함께 있는 상황에 있을 수 있었고, 내 자신을 잃을 뻔한 가장 끝자락에 살고 있다는, 나만의 어떤 감각을 이끌어 낼 수 있었다.

환자는 분석 기간이 6주 정도 지났을 때 "TV를 보나요?"라고 물었다. 그것은 마치 개가 말하는 것을 듣는 것처럼 느껴졌다. 그가 나에게 말을 걸고, 나를 인식한다는 것이 놀라웠다. 나는 조금도 TV 시청의 상징적인 의미를 받아들이고 싶지는 않았다. 그렇게 함으로써, 일어나고 있는 살아있는 경험을, 즉 이해와는 거의 관련이 없지만 존재와 관련된 모든 것을 지닌 사건을 망쳤을 수 있기 때문이다.

나는 질문을 받고 환자에게 TV를 꽤 많이 봤다고 말했다. 하지만 그의 질문에 대한 내 대답의 더 중요한 부분은 은유를 통해 내가 기술하는(설명하는 것이 아니라) 형태를 취했다. 그것은 어떤 존재 상태가 일어나고 있다고 느낀 것이었다: 성냥을 켜서 보이지 않았던(우리 둘은 별개의 사람이라는) 것을 잠시 비춰주는 감각적 경험이었다. 그 뒤에 어둠은 예전만큼 절대적이지 않다는 감정이 뒤따랐다.

어떻게 시작할까요?

나는 내 경력의 대부분 동안 환자를 처음 만나는 분석의 초기 면접에 매력을 느껴왔다(Ogden, 1992). 내가 이 논문과 다른 분석 논문에서 제시한 많은 치료 사례는 초기 면접에서 가져온 것이다. 이 논문을 쓰면서, 나는 지금까지 뭐라고 명명할 수 없었던 초기 면접의 한 측면을 인식하게 되었다. 나는 이제 첫 만남에서 내가 느끼는 깊이와 친밀감, 긴장감은 부분적으로 첫 만남에서 그 환자에게 한 가지 질문이 다른 어떤 것보다 더 중요하다는 사실에서 비롯된다고 생각한다: "나를 도와주기 바라는 이 사람은 누구인가?" 그리고 나는 묻는다. "내게 도움을 청하러 오는 이 사람은 누구인가?" 이는 근본적으로 존재론적 질문들이다. 이러한 질문에 대한 대답은 이후 펼쳐지는 서로에 대한 경험에서 발생한다. 내가 바라는 것은, 면접을 끝낼 때,

만약 환자가 내게 정신분석을 어떻게 하는 거냐고 묻는다면, 나는 "바로 당신이 오늘 본 것처럼요."라고 말할 수 있는 것이다.

나는 환자가 실제로 내게 "당신은 누구인가요?"라고 물었던 방식과 내가 대답한 방식을 보여 주는 초기 면접에 대해 기술할 것이다.

D씨는 첫 번째 치료시간에 절대 치료시간을 시작하지 않을 것이라고 말했다. 그는 이전에 6명의 분석가들을 만났는데, 그들은 모두 일방적으로 분석을 종료했다. 이러한 중단된 분석에서 분석가는 환자가 요청한 대로 치료시간을 시작하는 것을 거부하고 대신 "진부한 분석적 속임수"를 사용했는데, 가령 환자가 치료시간을 시작할 수 없다는 것이 어떤 느낌인지 물어봄으로써 치료시간을 시작하는 것이었다. 만약 우리가 치료를 시작한다면, 치료시간들 각각을 시작하는 것은 내게 달려 있을 것이라고 D씨는 말했다. 나는 그것이 괜찮겠다고 말했다. 하지만 나는 치료시간을 시작하는 데 시간이 걸릴 수도 있다고 말했다. 왜냐하면 그 특정한 날에 그와 함께 있는 것이 어떤 느낌인지 말하는 것으로 매번 시작할 것이기 때문이었다. 그도 그것이 괜찮겠다고 말했지만, 그의 목소리에는 내가 약속한 것을 지키려는 의지가 있을지 짙은 회의감이 배어 있었다.

이런 대화에서, 환자와 나는 서로를 소개하면서, 그 순간에 우리가 누구인지를, 그리고 **서로가 생성되는** 과정에 있는 우리가 누구인지를 말하는 것 이상의 것을 보여 주었다. 그 환자는 내게 그의 존재 방식과 공포를 완화시키는 방식을 존중해 달라고 요청했다. 그리고 그가 필요로 하는 분석가가 되어달라는 요청을 내가 존중한다는 것을 보여 주었다.

분석 과정에서, 내가 치료시간들을 시작했다. 환자는 점차 자기 자신의 일부, 아이였을 때 그가 살지 못했던 삶의 일부를 되찾을 수 있었다. 그것이 일어날 당시 너무 잔인하고 너무 무서워서 경험할 수 없었던 것이었다(이 사례에 대한 상세한 논의는 Ogden, 1995 참조).

왜냐하면 그녀가 죽었기 때문에요

집단 장면에서 치료 경험은 정신분석의 존재론적 차원이라고 내가 의미하는 바를 잘 전달한다. 그것은 내가 타비스톡 클리닉에서 1년 동안 참여했던 "발린트 집단" 경험이었다. 7명의 일반의 집단은 그들의 치료 작업에 대해 논의하기 위해 2년 동안 집단을 이끈 정신분석가를 매주 만났다. 내가 참여한 집단에서 모든 모임은 분석가가 "누가 사례가 있나요?"라고 묻는 것으로 시작되었다. 이 중 한 모임에서 40대 중반의 한 일반의는 어떤 환자로부터 노모가 집에서 자다가 숨졌다는 전화를 받았다고 말했다. 전화를 건 여자와 그녀의 어머니는 모두 수년간 그가 진료한 환자였다. 그는 환자에게 그날 오후까지 갈 것이라고 말했다. 그가 도착했을 때, 딸은 그를 어머니의 방으로 데려갔다. 그가 그녀를 진찰했던 방이었다.

일반의는 그때 영안실에 전화를 걸었다고 말했다. 분석가는 "왜 그렇게 했나요?"라고 물었다. 그 질문에 당황한 일반의는 "왜냐하면 그녀가 죽었기 때문에요."라고 말했다.

분석가는 "딸과 차 한잔 하는 게 어때요?"라고 말했다.

"딸과 차 한잔 하는 게 어때요?"라는 말은 그 말을 들은 이후 44년 동안 내게 남아 있었다. 이와 같은 단순한 진술은 존재론적 정신분석의 실제가 의미하는 바의 본질을 포착하고 있다. 집단 리더는 일반의가 서둘러 어머니의 시신을 아파트 밖으로 꺼냈고, 그런 방식으로 어머니가 침실에 죽은 채 누워 있는 아파트에서 딸이 어머니와 함께 있는 경험을 살 수 있는 기회를 방해했다고 지적했다(이 경험에 대한 자세한 논의는 Ogden, 2006 참조).

당신은 커서 무엇이 되고 싶나요?

나는 내게 매우 중요한 환자와의 경험을 기술하는 것으로 마무리할 것이다.

뇌성마비 환자인 C씨는 (신체적 장애가 없는) 여성 Z씨에 대한 짝사랑으로 인해 몹시 괴로웠고 매우 강한 자살사고가 있었기 때문에 내게 주 2회 심리치료를 받기 시작했었다. 그는 어렸을 때, 그의 어머니가 어떻게 옷장에 있던 신발을 그에게 던지면서 "침흘리는 괴물"을 멀리하려고 했는지를 기술했다. C씨는 어색하고 느릿느릿한 걸음걸이로 걸었고 발음이 또렷하지 않은 말투로 말했다. 그는 대학 졸업생이었고, 까다로운 기술직을 잘 해냈다. 얼마간 함께 작업하는 과정에서 나는 C씨가 무척 좋아졌고, 그가 콧물이 뚝뚝 떨어지고 얼굴에서 눈물이 흘러내리는 등 고통 속에서 울부짖을 때, 나는 훗날 내 어린 아들들에게 느끼게 될 형태의 사랑을 느꼈다.

우리가 작업을 시작한 지 몇 년이 지나고, Z씨의 사랑을 간절히 갈망하는 것과 관련하여 상당한 변화가 일어난 후, C씨는 나에게 꿈을 말했다: "그 꿈에서 많은 일이 일어나지 않았다. 나는 뇌성마비가 있는데 세차를 하고 라디오에서 크게 틀어 놓은 음악을 듣는 것을 즐겼어요."

그 꿈은 놀라웠는데. C씨가 나에게 처음으로 꿈을 이야기하면서 뇌성마비를 앓고 있다는 사실을 언급했을 뿐만 아니라, 그것을 자신의 일부로서 완전히 받아들이는 것처럼 보였다: "나는 뇌성마비가 있어요." 얼마나 더 잘 사랑스러운 방식으로 자신을 있는 그대로 인정하고 받아들일까? 그는 더 이상 그가 한때 자신이라고 느꼈던 괴물이 아니라, 꿈속에서 그를 있는 그대로 기뻐하는 어머니에 의해 즐겁게 목욕하고 노래하는 아기였다. 그 꿈은 닿을 수 없는 어머니의 사랑을 얻는 데 성공하는 조적인 그림이 아니라, 평범한 삶의 일부였다: "그 꿈에서 많은 일이 일어나지 않았다."

나는 그 꿈에 대해 이해한 것을 C씨와 이야기하고 싶은 마음이 조금도 없었다. 나는 "정말 멋진 꿈이었다."고 말했다(이 치료 작업에 대한 자세한 논의는 Ogden, 2010 참조).

자신을 있는 그대로 인정하고 다정하게 받아들일 수 있다는 것은 "당신은 커서 무엇이 되고 싶은가?"라는 질문에 대한(그 순간) C씨의 반응으로 생각할 수 있다. 그 자신(Himself).

참고문헌

Balint, M. (1992). *The Basic Fault: Therapeutic Aspects of Regression*. London: Routledge.

Berman, E. (2001). Psychoanalysis and life. *The Psychoanalytic Quarterly*, 70:35-65.

Bion, W. R. (1962a). *Learning from Experience*. London: Tavistock.

Bion, W. R. (1962b). A theory of thinking. In *Second Thoughts*. New York: Aronson, 1967, pp. 110-119.

Bion, W. R. (1967). Notes on memory and desire. In *Wilfred Bion: Los Angeles Seminars and Supervision*, edited by J. Aguayo & B. Malin. London: Karnac, 2013, pp. 136-138.

Bion, W. R. (1987). Clinical seminars. In *Clinical Seminars and Other Works*, edited by F. Bion. London: Karnac, pp. 1-240.

Civitarese, G. (2010). *The Intimate Room: Theory and Technique of the Analytic Field*. P. Slotkin (trans). London: Routledge.

Civitarese, G. (2016). Truth as immediacy and unison: A new common ground in psychoanalysis? Commentary on essays addressing "Is truth relevant?" *The Psychoanalytic Quarterly*, 85:449-502.

Eshel, O. (2004). Let it be and become me: Notes on containing, identification, and the possibility of being. *Contemporary Psychoanalysis*, 40:323-351.

Fairbairn, W. R. D. (1940). Schizoid factors in the personality. In *Psychoanalytic Studies of the Personality*. London: Routledge, pp. 3-27.

Fairbairn, W. R. D. (1944). Endopsychic structure considered in terms of object relationships. In *Psychoanalytic Studies of the Personality*. London: Routledge and Kegan Paul, 1952, pp. 82-132.

Fairbairn, W. R. D. (1958). On the nature and aims of psychoanalytical treatment. *The International Journal of Psychoanalysis*, 39:374-385.

Ferro, A. (2011). *Avoiding Emotions, Living Emotions*. I. Harvey (trans.) London: Routledge.

Freud, S. (1912). Recommendations to physicians practicing psycho-analysis. S.E. 12.

Freud, S. (1917). Mourning and melancholia. S.E. 14.

Freud, S. (1923). Two encyclopaedia articles. S.E. 18.

Freud, S. (1926). *Inhibitions, Symptoms and Anxiety*. S.E. 20.

Freud, S. (1933). *New Introductory Lectures on Psychoanalysis*. XXXI. The dissection of the psychical personality. S.E. 22.

Gabbard, G. O. (2009). What is a "good enough" termination? *Journal of the American Psychoanalytic Association*, 57:575-594.

Gabbard, G. O. & Ogden, T. H. (2009). On becoming a psychoanalyst. *The International Journal of Psychoanalysis*, 90:311-327.

Greenberg, J. (2016). Editor's introduction: Is truth relevant? *The Psychoanalytic Quarterly*, 85:269-274.

Grinberg, L. (1980). The closing page of the psychoanalytic treatment of adults and the goals of psychoanalysis: "The search for truth about oneself." *The International Journal of Psychoanalysis*, 61:25-37.

Grotstein, J. S. (2000). Psychoanalytic subjects. In *Who Is the Dreamer Who Dreams the Dream?* Hillsdale, NJ: The Analytic Press, pp. 101-142.

Guntrip, H. (1961). *Personality Structure and Human Interaction*. New York: International Universities Press.

Guntrip, H. (1969). *Schizoid Phenomena, Object Relations and the Self*. New York: International Universities Press.

Klein, M. (1932). *The Psycho-Analysis of Children*. New York: Humanities Press, 1969.

Klein, M. (1946). Notes on some schizoid mechanisms. In *Envy and Gratitude and Other Works, 1946-1953*. New York: Delacorte, 1975, pp. 1-24.

Klein, M. (1955). The psycho-analytic play technique: Its history and significance. In *Envy and Gratitude and Other Works, 1946-1963*. New York: Delacorte Press/Seymour Lawrence, 1975, pp. 122-140.

Klein, M. (1961). *Narrative of a Child Analysis*. New York: Delacorte Press/Seymour Lawrence.

Klein, M. (1975). *Envy and Gratitude and Other Works, 1946-1963*. New York: Delacorte Press/Seymour Lawrence.

Laing, R. D. (1960). *The Divided Self*. London: Penguin.

Laplanche, J. & Pontalis, J.-B. (1973). *The Language of Psycho-Analysis*. New York: Norton.

Levine, H. (2016). Psychoanalysis and the problem of truth. *The Psychoanalytic Quarterly*, 85:391-410.

Milner, M. (1950). *On Not Being Able to Paint*. London: Routledge, 2010.

Ogden, T. H. (1992). The initial analytic meeting. *Psychoanalytic Inquiry*, 12:225-247.

Ogden, T. H. (1994). The analytic third: working with intersubjective clinical facts. *The International Journal of Psychoanalysis*, 75:3-20.

Ogden, T. H. (1995). Analysing forms of aliveness and deadness of the transference-countertransference. *The International Journal of Psychoanalysis*, 76:695-710.

Ogden, T. H. (1997a). Reverie and interpretation. *The Psychoanalytic Quarterly*, 66:567-595.

Ogden, T. H. (1997b). *Reverie and Interpretation: Sensing Something Human*. Northvale, NJ: Jason Aronson.

Ogden, T. H. (2002). A new reading of the origins of object-relations theory. *The International Journal of Psychoanalysis*, 83:767-782.

Ogden, T. H. (2006). On teaching psychoanalysis. *The International Journal of Psychoanalysis*, 87:1069-1085.

Ogden, T. H. (2007a). On talking-as-dreaming. *The International Journal of Psychoanalysis*, 88:575-589.

Ogden, T. H. (2007b). Elements of analytic style: Bion's clinical seminars. *The International Journal of Psychoanalysis*, 88:1185-1200.

Ogden, T. H. (2010). Why read Fairbairn? *The International Journal of Psychoanalysis*, 91:101-118.

Searles, H. (1986). *Collected Papers on Schizophrenia and Related*

Subjects. New York: International Universities Press.

Semrad, E. V. & Day, M. (1966). Group psychotherapy. *Journal of the American Psychoanalytic Association*, 14:591–618.

Stern, D. N., Sander, L. W., Nahum, J. P., Harrison, A. M., Lyons-Ruth, K., Morgan, A. C., Bruschweiler-Stern, N. & Tronick, E. Z. (1998). Non-interpretive mechanisms in psychoanalytic therapy: The "something more" than interpretation. *The International Journal of Psychoanalysis*, 79:903–921.

Sullivan, H. S. (1962). *Schizophrenia as a Human Process*. New York: Norton.

Will, O. A. (1968). The reluctant patient, the unwanted psychotherapist-and coercion. *Contemporary Psychoanalysis*, 5:1–31.

Williams, P. (2019). Isolation. *Psychoanalytic Dialogues*, 29:1–12.

Winnicott, D. W. (1949). Mind and its relation to the psyche-soma. In *Through Paediatrics to Psychoanalysis*. New York: Basic Books, 1958, pp. 243–254.

Winnicott, D. W. (1956). Primary maternal preoccupation. In *Through Paediatrics to Psychoanalysis*. New York: Basic Books, pp. 300–305.

Winnicott, D. W. (1963). Communicating and not communicating leading to a study of certain opposites. In *The Maturational Processes and the Facilitating Environment*. New York: International Universities Press, 1965, pp. 179–192.

Winnicott, D. W. (1969). The use of an object and relating through identifications. In *Playing and Reality*. New York: Basic Books, pp. 86–94.

Winnicott, D. W. (1971a). Playing: A theoretical statement. In *Playing and Reality*. New York: Basic Books, pp. 38–52.

Winnicott, D. W. (1971b). Dreaming, fantasying, and living. In *Playing and Reality*. New York: Basic Books, pp. 26-37.

Winnicott, D. W. (1971c). Transitional objects and transitional phenomena. In *Playing and Reality*. New York: Basic Books, pp. 1-25.

Winnicott, D. W. (1971d). *Playing and Reality*. New York: Basic Books.

2장

현실감(현실 같은 느낌): 위니콧의 "어떤 반대에 대한 연구로 이끄는 소통하기와 소통하지 않기"

위니콧의 가장 중요하고 대담한 논문 중 하나이자, 나에게 가장 어려운 논문 중 하나인 「어떤 반대에 대한 연구로 이끄는 소통하기와 소통하지 않기」(Winnicott, 1963a)에서, 그는 우리의 중심핵에 있는 존재 상태를 기술하는 과제를 스스로에게 부여한다. 그렇게 하는 것은 우리 각자에게 "절대적으로 개인적인"(p. 192) 존재의 신비를 소통하기 위해 표현할 수 없는 것, 말할 수 없는 것에 대해 제스처를 취하는 방법을 찾는 것을 포함한다. 위니콧은 이 논문을 쓰면서 "사고의 흐름을 따르는 데 있어서 큰 자유"를 자신에게 부여했다고 (p. 192) 말한다. 그는 일련의 개념과 은유를 시도해 볼 수 있는 여지가 있었고, 이 논문을 쓰기 시작했을 때 예상하지 못했던 생각하기의 형태와 언어의 사용에 마침내 도달한다.

소통하지 않는 자기

위니콧은 다소 고르지 않은 방식으로, 즉 "모든 사고의 요점은 지적 세계의 중심이다."(p. 179, 원서 강조)라는 키츠의 비문으로 논문을 시작한다 — 이어서 그의 논문이 "단 하나의 생각, 그것에 대한 다소 명백한 생각을 담고 있다."(p. 179)고 인정했다. 그 후 논문의 요점에 "점진적으로만" 도달한 것에 대해 사과했다(p. 179). 마지막으로 이 놀라운 개인적 논평이 뒤따른다:

> 나는 해외 학회를 위해 이 논문을 준비하는 동안 고정된 입장 없이 시작해서, 놀랍게도, 곧 소통하지 않을 권리를 주장하게 되었다. 이것은 끝없이 착취당할 수 있다는 무서운 환상에 대한 나의 핵심으로부터의 항의였다. … 이 논문의 언어로는 그것은 발견되는 것에 대한 환상이다. (p. 179, 원서 강조)

다음 질문들은 — 발견된다는 것은 무엇을 의미하는가? 발견되지 않는다는 것은 무엇을 의미하는가? — 중심 주제처럼 논문의 마지막 문장까지 반복된다. 매번 이러한 질문들을 약간 다른 방식으로 틀을 짜고, 매번 자신의 핵에서 약간 다른 소통 개념에 도달한다.

위니콧은 소통의 주제로 넘어가기 전에, "대상—관계 맺기에 대한 나의 견해들 중 일부를 재진술할 필요가 있다"고 말한다(p. 179). 나는 여기서 이러한 "재진술된 아이디어"를 탐구하지 않고, 그것들 다수를 현재 논문의 과정에서 논의할 것이다. (위니콧의 대상—관계 맺기 이론의 발전에 대한 사려 깊은 논의를 위해 Abram[1996]을 참조. 위니콧 이론은 발전하여서 "동일시를 통한 대상 사용과 관계 맺기"[1969]에서 최종 형태에 도달하였다.)

위니콧이 소통에 대한 정신분석적 연구에 관심을 가질 때, 그 방식은 내가 따라가기 어려운 것이었는데, 이는 부분적으로는 단어의 모호함과 불확정성(예: **명시적, 암묵적, 침묵하는**(dumb) 단어) 때문이고, 부분적으로는 문장의 구문이 복잡하고 혼란스럽기 때문이며 (아마도 의도적으로 그렇게) 그리고 부분적으로 **주관적 대상**이라는 용어가 여기서 재창조되고 이 인용문에서 사용되는 방식에 의해서만 의미를 갖기 때문이다(의미가 논문이 진행됨에 따라 변화한다):

> 대상이 주관적인 한, 지금까지는 대상과의 소통이 명시적일 필요가 없다. 대상이 객관적으로 지각되는 한, 소통은 명시적이거나 아니면 침묵한다. 그리고 여기서 두 가지 새로운 것이 나타난다, 하나는 개인이 소통양상을 사용하고 즐기는 것이고, 다른 하나는 개인의 소통되지 않는 자기, 또는 진정으로 고립된 자기의 개인적 핵이 나타난다. (p. 182, 원서 강조)

나는 이 문장들을 읽을 때마다 어려움을 겪는다. 내가 보기에 (지금 이 순간) 위니콧은 소통하는 것과 소통하지 않는 것에 대한 이론에서뿐만 아니라 중요한 것은 우리의 핵심에 있는 존재 상태의 본질에 대한 이론에서 첫 번째 시도를 하고 있는 것 같다. 그는 그 대상이 주관적 대상인("살아있는 경험으로서 전지전능의 영역에 있는 대상"인) 정도에 따라 소통은 명시적일 필요가 없다고 말하면서 이 구절을 시작한다(여기서 소통은 상징적인 소통일 필요가 없다는 것을 의미하는 것 같다). 객관적으로 지각된 대상과의(외부 대상과의) 소통은 명시적이거나(아마도 상징적일 것이다) 또는 침묵할 수 있다(무음, 상징적인 의미를 전달하기 위해 단어를 필요로 하지 않음, 아마도 감정 상태를 전달하는 얼굴 표정의 변화 형태의 소통).

인용문의 마지막 문장은 큰 도약을 한다. 위니콧은 "여기서 두 가지 새로운 것이 나타난다."라고 쓰고 있는데, 이는 주관적인 대상과 객관적인 대상과의 소통의 성취에 따른 두 가지 새로운 존재 상태가 나타나는 것을 가리키는 것 같다. 나타난다(appear)는 단어는 두 가지 새로운 것 사이의 원인과 결과의 관계를 나타내는 것이 아니라 동시적인 발달을 암시한다는 점에서 신중하게 선택된 것으로 보인다. "새로운 것" 중 하나인, 새로운 존재 상태가 발생하는 것은 자신의 외부로 경험되는 세계와 소통할 수 있는 경험을 사용하고 즐기는 것이다. "나타나는" 다른 존재 상태에 대한 설명은 첫 번째 상태와 너무 불균형하기 때문에 내게는 항상 놀라운 것으로 다가온다. 발생하는 또 다른 실존적 상태는 질적으로 다른 발달을 구성한다: 인간 존재의 핵심 상태의 창조, 즉 "소통하지 않는 자기, 진정으로 고립된 자기의 개인적 핵"이다. 소통은 "불필요"할 뿐만 아니라, 위니콧이 인용문 앞에서 지적했듯이, 소통의 부재는 이러한 존재 상태의 본질적인 특성이다. 가장 개인적인 것은 가장 고립된 것이다. 즉, 외부 대상 세계와의 소통 라인이 완전히 끊어진다는 것이다. 이 꽤 특별한 사고 노선은 위니콧이 그의 논문에서 인간 존재의 핵에 있는 실존적 상태를 기술하기 위해 시도한 일련의 시도 중 첫 번째 시도이다.

위니콧은 그가 발전시키고 있는 생각들로 이미 넘쳐흐르는 상황에다 복잡성을 추가한다:

이런 주장에 담겨 있는 복잡한 문제는 유아가 두 종류의 관계, 즉 환경

어머니와의 관계와 대상 어머니가 되는 대상과의 관계를 동시에 발달시
킨다는 사실에 있다. 환경 어머니는 인간이지만, 대상 어머니는 비록 그
것이 어머니이거나 어머니의 일부이더라도 일종의 사물이다. (pp. 182-
183)

위니콧은 어머니와 관계하는 두 가지 동시 모드가 있다고 제안하
는 것 같지만, 단지 제안만 할 뿐인 것 같다: (1) "인간"으로서 (시간이
나 장소에 구체적으로 국한되지 않는 모호한 방식으로 개인적인) 환경-
어머니와 관계 맺기, 주관적인 대상과 관계하는 것보다 이전에 존재
하는 관계성의 형태, 그리고 (2) 외부의 "사물성"의 모든 특성을 가진
대상-어머니와 관계 맺기, 사물이란 "내가 아닌" 것으로서 그녀를
현실로 만드는 모든 것, 즉 장소, 크기, 모양, 냄새, 움직임, 질감 등
을 가진다. 그것은 발달이 건전한 방식으로 진행될 경우 외부 대상
이 될 수 있는 잠재력을 보유하고 있다.

환경 어머니와 관련하여, "유아는 단순히 계속 존재하는 것만으로
소통을 한다고 말할 수 있지만, 이것은 소통이라 부르기는 거의 어
렵다"(183). 이 문장의 마지막, 겉보기에는 버리는 절에서 위니콧은
"소통"의 개념을 확장해서 단순히 "계속해서 존재하는" 형태로 환경
으로서-어머니와의 소통을 포함한다. "단순히 계속해서 존재함으
로써" 소통한다는 생각은 유아가 경험하는 가장 초기의, 가장 덜 분
화된 존재 상태를 나타낼 수 있고, 그 경험은 소통하지 않는 고립된
자기의 핵심에 있을 수 있다(위니콧의 생각을 내가 확장했기 때문에 나
는 may라는 단어를 두 번 사용한다).

막다른 골목 소통

위니콧은 이 논문에서 그의 아이디어를 틀로 만드는 방법으로 반대를 사용한다. 다른 주요 논문에서보다 더 그렇다(논문 제목에 반영되었다). 그가 소개하는 반대 중 첫 번째는 소통의 두 가지 반대이다:

(1) 단순히 소통하지 않는 것
(2) 적극적으로 또는 반동적으로 소통하지 않는 것(p. 183)

단순히 소통을 하지 않는 것은 "쉬는 것과 같으며"(p. 183), 잠에서 깨어나듯이 자연스럽게 소통으로 돌아올 수 있다. "적극적으로 또는 반동적으로 소통하지 않는 것"은 소통하는 것의 반대이며, 위니콧이 그의 논문의 "하나의 아이디어"로 간주하는 것과 직접적으로 관련되며, 자아의 핵심에 있는 존재 상태를 기술하기 위해 두 번째 은유 세트를 사용하는 것과 관련된다.

> 여기서 내가 논증해야 할 정신병리에서 [어머니에 의한 유아의 성장]
> 촉진이 어떤 측면에서 어느 정도 실패했으며, 유아는 대상 관계 맺기 측
> 면에서 분열을 발달시켰다. 유아는 분열된 절반을 통해 나타난 대상과
> 관계를 맺는다. 이 목적을 위해 내가 소위 거짓 자기 또는 순응적 자기라
> 고 부르는 것이 발달한다. (p. 183)

거짓 자기의 "대상 관계 맺기"는 주관적 대상이나 객관적으로 지각된 대상과 관계를 맺는 경험이 아니라, 유아의 자기감에 침범함으

로써만이 경험되는 대상인 "제시되는(presenting) 대상"에 대한 경험이다. 이는 관리되고 편향된 대상이며, 진정한 소통이나 심리적 성장의 목적으로 사용되지 않는다.

위니콧은 계속한다:

> 분열된 나머지 절반을 통해(거짓 자기가 아닌 절반에 의해) 유아는 주관적인 대상, 즉 신체 경험에 기초한 단순한 현상과 관계를 맺는데, 이러한 것들은 객관적으로 지각된 세계에 영향을 거의 받지 않는다. (예를 들어, 임상적으로 우리는 자폐증의 몸을 흔드는 동작에서 이것을 보지 않는가? 그리고 추상적 그림에서 [아마도 내 생각에, 치료 회기에서 자폐아가 그린 그림에서] 이것을 보지 않는가? 이 추상적 그림은 막다른 골목 소통이며, 일반적인 타당성이 없다.) (p. 183)

여기서 위니콧은 주관적 대상이라는 용어를 사용하며, 객관적으로 지각되는 대상이 되는 과정에 있는 대상을 지칭하지 않는다. 즉, "살아있는 경험으로서의 전능한 영역"(p. 182)에서 나타나는 대상을 지칭하는 것이 아니다. 오히려 심한 정신병리의 경우 주관적 대상은 '단순한 신체 경험에 따른 현상'이라는 성질을 갖는다. 나는 이것이 주체도 없고 대상도 없고 육체도 없는, 병리적 관계성의 한 형태를 "단순한 현상"이라고 매우 표현력 있게 기술한 것이라고 생각한다.

위니콧은 자폐증의 흔드는 동작에서 "여기서 내가 논증해야 할"(p. 183) 병리적 현상을 발견한다. 그는 자폐적 흔들림을 감각이 지배하는(자기감이나 신체 감각 또는 기타 감각이 결여된) 경험으로 간주하며, 이는 터스틴(1984)이 "자폐적 형태"의 경험, 즉 존재의 느낌이라고 언급한 현상이다. 이는 외부인이 보기에는 자기를 달래는 경험이라 할 수 있지만, 자폐아에게는 달래거나 달래줄 자기가 없다. 예를 들어, 내가 분석에서 본 성인 자폐증 환자는 "안개와 안개 뱃고동 소리에 둘러싸여 있어야 할" 필요성을 느꼈다. 또 다른 자폐증 환자는 "읽는 감각"이 필요했는데, 이는 단어나 문장의 상징적 의미와는 아무런 관련이 없고 그것을 읽자마자 잊어버렸다.

"막다른 골목 소통"이라는 표현은 "일반적인 타당성"이 없는 자폐아의 추상적인 그림을, 즉 상징화 능력도 없고 아마도 소망도 없는 아이의 그림을 기술하는 데 딱 맞는 것 같다. 더군다나 누구에게도 무엇도 소통하는 것은 없다. 위니콧이 자아의 핵심에서 경험의 본질을 설명하는 데 도움이 되는 경험의 방식을 발견하는 것은 이러한 자폐적 막다른 골목, 이 상징적이지 않은 창조물들, 이 "단순한 현상"에서다.

모든 현실감(현실 같은 느낌)

위니콧은 병리적 막다른 골목 소통 개념으로부터 건강 상태의 초기 발달에 대한 진술로 직접 이동한다:

> 이런 식으로 [자폐증에서 나타나는 병리적 분열을 논의함으로써] 나는 주관적인 대상과의 소통이라는 생각과 동시에 유아가 객관적으로 지각하는 것과는 적극적으로 소통하지 않는다는 생각을 도입하고 있다. 의심의 여지없이, 관찰자의 관점에서 볼 때 그 모든 무익함에도 불구하고 막다른 골목 소통은(주관적 대상과의 소통은) 모든 현실감을 지닌다. (p. 184)

이것은 상당히 매우 놀라운 진술이다: 자폐증과 다른 심각한 형태의 정신병리에서 나타나는 "막다른 골목 소통"은 "좀 더 정상적인 개인"에게서 상응하는 것이 있는데(p. 184), 이는 위니콧이 "주관적 대상과의 소통"이라고 부르는 것이다. 여기서 사용된 "주관적 대상"이란 개념은 위니콧에 의해 다시 한번 재창조되고 있다. 이제 주관적 대상과 소통하는 것은 "막다른 골목 소통"이지만 (외적 대상 또는 내적 대상에 대한 소통이 아니다) 그럼에도 불구하고 "모든 현실감을 지닌다."

위니콧은 "막다른 골목 소통이(주관적 대상과의 소통이)" 어떻게 모든 현실감을 지니는지 "설명"하지 않는다. 하지만 그의 언어 사용은 이러한 소통의 형태와 존재의 방식이 어떤 느낌인지를 기술하기 위해 사용된다. 주관적인 대상과의 관계성은 모든 현실감을 "지닌다(carries)" — 이는 "전달한다(conveys)" "생성한다(generates)" "포함한다(comprises)"와는 반대된다. "지닌다(carries)"라는 단어의 의미는 운반하고(transporting), 견디고(enduring), 컨테인하는(containing) 행위뿐만 아니라 임신하는 행위도 포함한다. 그리고 주관적인 대상과의 소통은 단순히 현실감을 내포한 것이 아니라 모든 현실감을 내포한 것이다—그것은 관대하게 무한하다; 끝없이 계속된다; 모든 것을 포괄한다. 게다가 주관적인 대상과의 소통은 무엇이 현실인지에 대한 모든 감각(all the sense of what is real)이나 현실성에 대한 모든 감각(all the sense of reality)을 지니지 않는다. 무엇이 현실인지에 대한 모든 감각을 지닌다는 생각은 모든 현실감이라는 말과 마찬가지로 외부 현실을 경험하는 방식에 적용된다. 무엇이 현실인지에 대한 감각과 현실성에 대한 감각이라는 두 가지 대안적인 표현은 위니콧이 전달하려고 하는 존재 상태 개념과 정반대이다: 존재의 상태란 "어쨌든 내가 아닌 세상과는 소통하지 않는"(pp. 189-190) 존재 상태이며, 외부 현실이 전혀 관련이 없는 존재 상태이다.

"막다른 골목 소통(주관적인 대상과의 소통)이라는 개념은 모든 현실감을 지닌다."는 아이디어는 위니콧의 논문에서 근본적이지만 결코 언급되지 않은 역설 중 하나를 구성한다: 자기의 다른 부분과 전혀 소통하지 않는 자기의 부분의 "막다른 골목 소통"은 모든 현실감을 지닌다—내포한다. 그것은 살아있는 모든 측면에서(예를 들어, 자신의 신체에서, 내적 대상 관계에서, 외부 현실과의 관계에서) 경험하는 것이다. 절대적으로 단절된 것은 어디에나 있는 것이다.

위니콧은 계속한다:

> 어느 정도 병리적이면서 어느 정도 건강한 경미한 질병의 경우에는, 소통이 어느 정도 거짓 또는 순응적 대상관계와 쉽게 연결된다는 사실 때문에 적극적인 소통하지 않기가(임상적 철수가) 예상된다. 현실감을 지니는 주관적 대상과의 조용한 또는 은밀한 소통이 균형을 회복하기 위해 주기적으로 있어야 한다. (p. 184)

"임상적 철수"의 형태로 주관적인 대상과 소통하는 것은, 내가 우울이나 분열성 내향성의 모습을 보이는 마음 상태를 의미하기 위해 사용하는 용어인데, 실제로는 질병이 아니다. 사실 그것은 질병의 반대이다. 그것은 "현실감을 지니는" 주관적인 대상과의 소통할 필요가 있다는 주장이다. 위니콧은 "주관적인 대상과의 조용한 또는 은밀한 소통"은 때때로 "가벼운 병의 경우"(내가 보기에, 우리 모두를 포함한다) 거짓 또는 순응적 자기에 대한 과도한 의존에 굴복할 수도 있다고 말하는 것 같다. 그럴 때, 내 경험상, (깨어 있거나 잠자는 동안) 꿈꾸기나, 고독, 음악 감상, 창의적 활동, 또는 건강한 "감각이 지배하는 개인적 고립"으로 일시적으로 철수함으로써 현실감을 회복할 수 있다(Ogden, 1989, 1991).

중간 현상과 현실감

위니콧은 현실감의 다른 원천을 다루기 위해 그가 추적해 온 사고의 노선을(주관적 대상과의 조용한 소통을) 중단한다.

> 건강한 사람에게 어떤 질병 패턴이 남아 있는지 측면에서만 실제 건강이 기술될 필요는 없다. 현실감을 수립하는 데 있어서 소통하지 않기를 건강하게 사용하는 것에 대해 긍정적인 진술을 할 수 있어야 한다. 그러기 위해서는 성인에게서 유아기와 초기 아동기의 중간 현상과 같은 의미를 갖는 인간의 문화적 삶을 말하는 것이 필요하다. 그런 중간 현상의 영역에서는 주관적인 대상인지 객관적으로 지각되는 대상인지를 묻지 않은 채 소통이 이루어진다. (p. 184)

비록 위니콧이 구체적으로 언급하지는 않았지만, 나는 그가 "건강한 사람에게 질병 패턴이 남아 있는지"에 대해 말할 때, 그가 자폐증 환자에게서 볼 수 있는 "막다른 골목 소통"을 언급하고 있다고 생각한다. 그는 "현실감을 수립하기 위해 소통하지 않기를 건강하게 사용하는 것에 대해 긍정적인 진술"을 할 필요가 있다고 느낀다(p. 184). 이러한 느낌이 내게 당혹스러운 것은, 위니콧의 "주장"을 위해 필요로 하는 자폐적 정신병리가, 내가 이해하는 바에 따르면, 은유로서, 자기의 핵심에 있는 소통의 **명백한** 무의미함을 상상하는 방법으로서 사용되었기 때문이다.

그럼에도 불구하고 위니콧은 여기서 현실감이 두 가지 근원에서 발생하는 것으로 생각한다. 하나는 주관적 대상과의 소통이고 다른 하나는 건강한 유아와 아동의 중간 현상 경험이다. 중간 현상과의 소통이 주관적 대상과의 소통과 다른 점은 중간 현상 영역에서의 소통은 "대상의 존재 상태가 주관적으로 또는 객관적으로 지각되는지를 묻지 않은 채 이루어진다."는 점이다(p. 184). 중간 현상은 현실과 환상을 결합하거나 타협하는 경험의 질서에 속하지 않는다. 오히려 그것은 환상도 현실도 아닌, 주관적이지도 객관적이지도 않은 경험의 질서에 속한다. 그것은 아동기의 놀이에서 시작되어 "예술과 종교"를 포함한 문화 생활을 구성하는 "중간 영역"에서 평생 동안 지속되는 경험의 영역이다(p. 184). 그러나 "현실감"이 부분적으로 중간 현상에서 발생한다는 이러한 주장에도 불구하고 위니콧은 논문의 약간 뒷부분에서 원래 입장으로 돌아가서 "개인이 주관적인 현상과 소통하는 것**만으로도** 현실감을 준다."고 한다(p. 188, 강조 추가).

내 생각에 중간 현상은 주관적인 현상과의 소통과는 다른 경험의 질서를 구성하며 상상의 영역에 속하는 "현실감"을 생성하는 반면, 주관적인 대상과의 소통을 통해 지니게 되는 현실감은 무언가 훨씬 더 원초적인 것과 관련이 있다. 즉, "유아가 계속해서 존재하는 것만으로도 소통을 할 수 있다고 말할 수 있을 때"(p. 183) 기원하는 우리의 핵심 존재감이다. 내가 구분하려는 점은 위니콧이 "현실감"을 단일 원천에서(주관적인 대상과의 소통에서) 비롯된 것으로 보아야 할지 또는 두 가지 형태의 경험에서(주관적인 대상과의 소통과 중간 현상과의 소통에서) 비롯되는 것으로 보아야 할지 망설이는 이유일 수 있다.

발견되지 않는 재앙, 발견되는 재앙

위니콧은 서문 이후 처음으로 소통의 욕구와 발견되지 않을 욕구 사이의 관계에 대한 질문으로 돌아간다. 첫 문단에서처럼 이 질문은 개인적 사고 노선처럼 느껴지지만 위니콧은 여기에서 자신에 대해 명시적으로 언급하지 않는다.

> 나는 모든 종류의 예술가에게서 내재된 딜레마를 발견할 수 있다고 생각한다. 그것은 두 가지 경향의 공존, 즉 소통의 절박한 욕구와 발견되지 않으려는 더 절박한 욕구의 공존에 속한다. 이는 예술가가 자신의 과제를 완성할 수 있다고 상상할 수 없다는 사실을 설명할 수 있다. 그렇게 되면 자신의 본성 전체를 점유당할 수 있기 때문이다. (p. 185)

다시 말하지만, (역설적이게도) 소통의 욕구가 "발견되지 않으려는 **훨씬 더 절박한 욕구**"보다 우세하다(강조 추가). 동시에, 예술가가 계속해서 창조하도록 영감을 주는 무궁무진한 본성을 설명하는 것은 발견되지 않으려는 욕구 같다.

위니콧은 아무런 소개 없이 간단한 임상 사례를 계속해서 제시한다. 환자는 자신의 여자 친구 두 명이 세관 직원이 되어 자신의 짐을 "터무니없이 세심하게" 검사하는 꿈을 꾼다(p. 186). 그런 다음 그녀는 우발적으로 차를 몰아 유리창을 들이받았다. 아홉 살이었던 환자는 개인적인 일기를 썼고, 그녀의 어머니는 허락 없이 그것을 읽었다. 어머니는 딸에게 일기의 첫 페이지에 있는 격언에 대해 물었다: "사람이 마음속으로 생각하는 것이 바로 그 자신이다"(p. 186). 위니콧은 "어머니가 일기장에 대해 아무 말도 하지 않았다면 일기장을 읽었더라도 괜찮았을 것이다."라고 말한다(p. 186).

위니콧은 계속한다:

> 여기에 소통하지 않으면서 동시에 소통하고 싶고, 발견되기를 바라는 개인적인 자기를 확립하려는 한 소녀의 모습이 있다. 그것은 정교한 숨바꼭질 게임으로, 숨기는 것은 기쁨이지만 발견되지 못하는 것은 재앙이다. (p. 186, 원서 강조)

"숨기는 것은 기쁨이지만 발견되지 못하는 것은 재앙이다."라는 말은 페이지를 가로질러 그것의 반대인 것처럼 보이는 강조 부분을 응시하는 것처럼 보인다. 위니콧이 "나의 주요 요점, 사고의 요점은 지적 세계와 나의 논문의 중심"이라고 부르는 아이디어이다(p. 187):

> 건강한 사람은 소통을 하고 그것을 즐기지만, 또 다른 사실은 그와 마찬가지로 각 개인이 고립되고, 영원히 소통하지 않으며, 영원히 알려지지 않으며, 사실상 발견되지 않는다는 것이다. (p. 187, 원서 강조)

위니콧은 이 두 진술이 모순인지, 역설인지, 아니면 한 쌍의 반대인지에 관해 아무런 언급도 하지 않는다. 첫 번째 진술에서는 그것은 "발견되지 않는 재앙"이다. 두 번째 경우에는 "발견되지 않은" 상태로 있는 것이 필수적이다. 내가 이 두 진술과 함께 시간을 보낼수록, 그것들이 점점 덜 역설, 모순, 또는 심지어 한 쌍의 반대가 되는 것 같다. 두 진술에서 발견된이란 단어와 발견되지 않은이란 단어는 상당히 다른 종류의 경험과 관련된 존재 상태를 가리킨다고 생각한다.

내 생각에는 처음에 발견된이란 단어는 알게 되었지만 노출되지 않은 존재 상태를 의미한다. 임상 사례의 9세 소녀는 어머니에 의해 노출되었다. "엄마가 책을 읽었지만 아무 말도 하지 않았다면 괜찮았을 것이다."

"그것은 정교한 숨바꼭질 게임이다.": 알아주기를 바라면서도 노출되지 않고 싶은 욕구는 보편적이지만 잠재기 아동과 청소년에게 가장 고통스럽게 나타날 것이다. 건강할 때에도, 부모로부터 숨는 것이 기쁨이고(개인적 정체성이 형성되고, 그와 함께 인식될 준비가 되어 있는 동안), 동시에 그들은 강렬한 욕구, 즉 찾아지고, 구해지고, 방치되지 않고, 사라지게 되지 않고, 폭력적으로 파괴적인 그리고 자기 파괴적인 극단으로 갈 필요가 없는 강렬한 욕구를 가지고 있다.

"각 개인이 고립되고, 영원히 소통하지 않으며, 영원히 알려지지 않으며, 사실상 발견되지 않는다."는 두 진술 중 두 번째 진술에서 발견되지 않는이란 단어는 핵심 자기인 "인격의 가장 깊은 층"을 특징짓는 존재 상태를 말한다(p. 189). 여기서 발견된다는 것은 "강간과 식인종에게 잡아먹히는 것이 … 단지 하찮은 일"이 될 정도로 침해된다는 것이다(p. 187).

겉보기에 모순되는 두 진술을 종합해 보면 우리 각자 안에 있는 강력한 경쟁적인 힘을 가리킨다. 즉, 고립되어야 할 욕구와 인식되어야 하지만 노출되지 않을 욕구를 가리킨다. 이는 발달의 가장 초기 단계 인간 경험에 해당되는데, 이때 건강하다면 어머니는 유아와 아동에게 "완전히 고립될 수 있는 환경"을 제공하고(Winnicott, 1952, p. 222), 준비가 되면 "자발적인 움직임"을 할 수 있는 환경을 제공한다(p. 222). 이 움직임에 대해 어머니는 "[유아의] 자기감을 잃지 않게 하면서"(p. 222) 인식하고 반응한다. 고립되고자 하는 욕구는 인식되고 싶은 욕구와 얽혀서 아마도 우리의 가장 근본적인 존재론적 욕구 세트로서 평생 동안 계속될 것이다. 다른 사람에게 인식되지 않은 채, 우리는 표류한다. 완전한 고립 상태에서는 우리가 누구인지 알 수 없다(Winnicott 1967, 1968). 동시에 우리는 "신성한" 우리 자신의 **소통하지 않는**(incommunicado) 핵심을 보호해야 할 매우 중요한 욕구를 느낀다(p. 187).

단절되지 않은 채 고립되기

각 개인은 고립되어 있다는 생각을 제시한 뒤, 위니콧은 그 자신과 독자에게 발견되어야 할 욕구와 영구적으로 발견되지 않은 채 남아 있어야 할 욕구 사이의 긴장에서 자연스럽게 발생하는 질문을 제기한다: 어떻게 단절하지 않고도 고립될 것인가?"(p. 187). 이 질문에 대한 위니콧의 답변은 수수께끼이다. 비록 그가 (수사적으로?) "인간을 이해하려는 노력을 멈추어야 할까요?"라고 묻고 있지만, 나는 위니콧이 분석가로서 우리가 우리 환자들의 인간의 조건과 개인적 삶을 이해하려는 노력을 포기하라고 제안한다고 생각하지 않는다. 오히려 그는 우리가 "이해하려는 노력을 멈추면" 환자와 좀 더 완전하고 다른 방식으로 소통할 수 있을 것이라고 말하는 것 같다:

유아가 주관적인 대상인 경우를 제외하고는 유아와 소통하지 않는 어머니로부터 그 대답이 나올 수 있다. (p. 188)

이 문장이 "그런 경우에만 소통"하는 것이 아니라 그 반대로 "그런 경우를 제외하고는… 소통하지 말라"의 형태로 구성되어 있다는 것이 중요하다고 생각한다. 위니콧이 사용하는 구조는 절대적인 것이 수정되기 전에, 독자들이 전혀 소통하지 않는다는 생각으로 잠시나마 살아가도록 강요한다. 위니콧은 "주관적인 대상"이라는 용어를 사용하는 것으로 되돌아갔지만, 이 용어는 다시 새로운 의미들을 띠게 되었다. 이제 이 용어는 어머니와 유아가 서로 밀접하게 연결되어 있어서 어머니가 "이해"를 수반하지 않는 방식으로 유아와 (표현적으로나 수용적으로) 소통하는 존재 상태를 특징짓는 대상관계를 가리키는 것으로 보인다. 환자가(그리고 분석가 자신이) 단절되지 않은 채 고립되도록 분석가가 도울 수 있는 다른 완전한 방법은 환자가 주관적인 대상인 경우를 제외하고는 환자와 소통하지 않는 것이다.

그런 다음 위니콧은 대상—관계 맺기의 훨씬 더 성숙한 형태로 이동하여 계속해서 다음 질문에 응답한다. "어떻게 단절되지 않은 채 고립될 수 있는가?"

> 어머니가 객관적으로 지각될 때쯤이면 유아는 간접적인 소통을 위한 다양한 기술을 숙달하게 되며, 그중 가장 확실한 것은 언어의 사용이다.
>
> (p. 188)

위니콧은 다시 한번, 독자들에게 "간접적인 소통"이라는 용어의 의미를 "쓰도록(write)" 맡겼다. 내가 이 문장을 읽고 쓸 때, 언어의 사용은 "간접적인 소통"인데, 언어적 상징화는 공유된 상징들의 집합에서 그 의미를 끌어내는 단어들을 포함하기 때문이다. 예를 들어, 집이라는 단어는 집과 직접적인(내재적인) 연관이 없고, 녹색이라는 단어는 녹색과 어떤 내재적인 연관도 없다는 점에서 이것은 "간접적인" 것이다. 대조적으로, 직접적인 소통은 예를 들어 환자가 분석가에게 소리를 지르거나 자살하거나 살해하겠다고 위협하는 등 상징에 의해 매개되지 않는 방식으로 다른 사람의 감정 상태를 바꾸는 것을 포함한다. 예를 들어, 비명을 지르고 위협하는 것은 상징적 의미에 의존하지 않고, 그 자체로 위협적인 행동이다. 즉, 임박한 파괴 활동이다. 투사적 동일시는 "투사자"가 실제 대인관계 압력을 통해 (수신자를 내부에서 점유하고 통제하려는 무의식적인 환상과 함께) "수신자"의 감정 상태를 유발한다는 점에서 직접적인 소통의 한 형태로 생각될 수 있다. 이전 문장에서 무의식적이라는 단어를 사용하면서 위니콧이 이 용어를 거의 사용하지 않는다는 사실을 기억한다. 그는 이를 발견되지 않은, 고립된, 소통하지 않는, 비소통하는, 침묵하는 등의 단어로 대체한다.

"단절되지 않고 어떻게 고립될 수 있는가?"라는 질문에 대해 쓴 이 밀도 높은 문단의 마지막 문장에서 위니콧은 주관적인 대상과의 소통, 객관적으로 지각된 대상과의 소통 외에 "중간 대상과 현상이 자리하는" 관계 및 소통의 세 번째 형태가 있다는 생각으로 돌아간다 (p. 188). 즉, 주관적 대상이나 객관적으로 지각된 대상과의 소통과는 다른 특성을 지닌 "장소"이다. 나는 사람이 대상을 별개의 사람으로서 경험할 수 있는 능력을 성취함에 따라 자신의 감정이 무엇인지와 반대되는 자신의 감정이 어떤 것 같은지 점점 더 소통하게 된다고 덧붙이고 싶다. 누구도 실제로 자신의 감정을 다른 사람에게 소통하거나 다른 사람의 감정을 경험할 수 없다(심지어 어머니가 주관적인 대상으로서 자신의 유아와 관계하는 경우에도). 결과적으로 소통은 풍부하고 창의적인 경험, 즉 얼굴 표정과 몸짓, 말을 사용하여 생각과 감정을 생생하게 표현하는 가장 일반적인 의미의 "예술"이 될 가능성이 있다. 창의성과 예술이 탄생하는 곳은 중간 공간이다:

> [우리는] 예술가의 심리적 기제에 대해 말할 수 있지만, 유아의 중간
> 대상에서 발달해 나온 중간 영역에 기꺼이 발을 들여놓지 않는 한 예술
> 과 종교에서의 소통의 경험에 대해서 말할 수 없다. (p. 184)

기다리는 동안 무엇을 해야 하나요?

그가 자신의 논문의 "주요 [이론적] 요점"으로 본 것, 즉 개인은 고립된, "영원히 알려지지 않은, 사실상 발견되지 않은" 존재라는 생각을 제시한 후, 위니콧은 계속해서 내가 보기에 논문의 주요 치료적 요점으로 보이는 것을 제시한다. 그는 환자와 분석가가 "비-소통을 부정"하는 "무한히 늘어나는" 단어의 흐름으로 회기를 채우면 진전을 이루지 못할 수 있다고 말한다(p. 189). 이는 환자의 조용한 중심 핵의 경험을 물에 빠져 사라지게 하기 위해 (환자와 분석가가 공모해서) 말을 사용하려는 무의식적인 노력을 나타낸다. "내가 염두에 두고 있는 종류의 사례에서는 분석가가 해석하기를 기다리는 것이 더 낫다"(p. 189). 왜냐하면 해석하기는 단지 또 다른 장황한 말을 덧붙일 뿐이기 때문이다. 이 치료적 요점은 더 건강한 환자들에 대한 분석 작업인 "명백한 신경증적 사례"를 다루고 있지만(p. 189), 내 생각에는 환자의 "명백한 신경증적" 측면은 항상 비온(1957)이 "성격의 정신증적인 부분"이라고 부르는 것과 긴장 관계 속에 있다.

그러나 이러한 유형의 공모는, "결과의 부족"을 초래하지만(p.

189), 분석에서 발생할 수 있는 가장 해로운 결과는 아니다.

　　더 위험한 것은 … 분석가가 주관적 대상으로서 분석가의 포지션 때문에 또는 전이 정신증에서 환자의 의존성 때문에 환자 성격의 가장 깊은 층에 도달하도록 환자에 의해 허용되는 분석에서 현상황이다. 여기서 환자가 창의적으로 발견할 때까지 분석가가 기다리지 않고 해석한다면 위험할 것이다. 분석가가 주관적인 대상에서 객관적으로 지각되는 대상으로 바뀌지 않는 장소인 바로 여기에서 정신분석은 위험하며, 그 위험은 우리가 어떻게 행동해야 하는지 안다면 피할 수 있는 것이다. 만일 우리가 기다린다면, 우리는 환자 자신의 시간에 따라 객관적으로 지각된다. 그러나 만일 분석가가 환자의 분석 과정을 촉진시키는 방식으로 행동하지 못한다면… 우리는 갑자기 환자에게 나-아닌 것이 되며, 그때 우리는 환자에 대해 너무 많이 알고 있으며, 우리는 위험해지는데, 왜냐하면 우리가 환자의 자아 조직의 고요하고 침묵하는 중심과 너무 가까운 곳에서 소통하고 있기 때문이다. (p. 189)

이 구절에서 우리는 위니콧이 앞서 제기한 질문을 반복하는 것을 들을 수 있다: "인간을 이해하려는 노력을 멈추어야 할까요?" 이 질문에 대한 그의 대답은 다음과 같다: 우리는 "어머니가 주관적 대상인 경우를 제외하고는 유아와 소통하지 않는 어머니들"로부터 배울 수 있다. 방금 인용한 구절에서 위니콧은 우리가 "환자가 창의적으로 발견하기를 기다리는 대신" 해석하는 행위를 통해 "갑자기 나 아닌 것이 되고", 갑자기 "너무 많이 알게" 됨으로써 환자의 신성한 핵심을 침해할 수 있는 힘을 가진다는 것을 우리 환자가 인식하는 것이 아마도 환자에 대한 우리의 가장 중요한 책임이라고 주장한다.

환자가 "자신의 시간"에 우리를 분리된 대상으로 경험할 준비가 될 때까지 (주관적 대상으로서) 우리는 "기다림으로써" "행동한다."

위니콧의 이론 및 기법과 멜라니 클라인의 이론 및 기법 사이의 상당한 차이가 이 논문 전반에 걸쳐 분명하게 드러나는 반면, 위니콧은 어디에서도 방금 인용한 문단에서 언급한 만큼(멜라니 클라인의 이름을 언급하지는 않았지만), 자신의 접근과 클라인의 접근 사이에 그렇게 강력한 선을 긋지는 않는다. 나는 그가 여기서 "기다리지 않고 해석하는 사람"에 대해 말할 때와 "너무 많이 알고 있다"고 경고할 때 그녀의 분석 기법을 언급하고 있다고 추측한다. 위니콧은 이것을 해석에 대한 자신의 접근과 대조한다. "나는 항상 해석의 중요한 기능이 분석가의 이해의 한계를 설정하는 것이라고 느껴왔다"(p. 189).

더구나, 나에게 이 구절은 위니콧이 (중증 환자뿐만 아니라 그를 주관적인 대상으로 대하는 모든 환자에 대해) 분석가로서 어떻게 행동하는지에 대한 가장 간결하고 예리한 논평 중 하나이다. 기다리는 동안 분석가로서 무엇을 하는지 말로 표현하는("쓰는") 것은 독자의 몫이다. 우리는 기다리는 동안 매 회기, 매주 침묵을 지킬 수 없다(Winnicott, 1963b). 분석가로서 그리고 분석가와 내담자에 대한 자문가로서 나의 경험상, 위니콧이 기술하는 분석의 시점에서 그런 끊임없는 침묵은 환자로 하여금 분석가가 사라졌다고 느끼게 한다.

각 분석가는 각 회기에서 각 환자에 대해 다음 질문에 답해야 한다. "나는 기다리는 동안 무엇을 해야 하나요?" 그렇게 함으로써 분석가는 의식적, 무의식적으로 환자로부터 지시를 받는다.

다음에서 나는 환자에 대한 경험을 기술한다. 여기서 필수적인 것은 (주로 주관적인 대상으로서) "기다리고" 그리고 "너무 많이 알지" 않는 것이다.

N씨를 처음 만나기 위해 대기실에 들어섰을 때, 그는 머리와 몸을 앞으로 숙인 채 바닥을 바라보며 앉아 있었다. 환자는 다소 부스스한 외모를 지닌 중년 후반 남성이었다. 내가 자기소개를 하는 동안에도 N씨는 눈도 마주치지 않았고, 한마디도 하지 않았다. 나는 우리가 상담실에 들어가기 전부터 환자가 정신증이라는 강한 의심을 품고 있었다.

상담실에 들어서자 N씨는 시선을 바닥에 고정한 채 부드럽게 중얼거려서 알아듣기가 힘들었다. 나는 내가 들은 것을 이해할 수 없었다. 나는 마침내 문장의 시작 부분을 알아차릴 수 있었다. "밖으로 나가는 것이 매우 힘들어요…" 나는 그가 내게 상담실 밖으로 나가기 힘들다고 말하는 것 같다고 추측했다. 아마도 그가 떠나고 싶지 않았을 수도 있고, 또는 내가 어떻게든 그가 나가는 것을 막고 있다고 느꼈거나, 몸을 움직일 수 없었다고 느꼈을 수도 있다. 내가 보기에 그는 이 세 가지 모두와 그리고 아마도 다른 많은 것도 의미하는 말을 한 것 같았다. 분석 공간을 나―아닌 대상으로 성급하게 채우지 않기 위해 나는 단순히 그의 말을 반복했다. "밖으로 나가는 것이 매우 힘들어요…" 내가 그의 말을 반복하자 그는 중얼거리며 "맞아요."라고 했고, 그러자 나는 미소가 지어졌다. 그의 대답이 왜 나를 미소 짓게 했는지 정확히 말할 수는 없지만, 그가 다소 유머러스하게 내가 옳았다고 말하고 있다는 느낌이 들었을 수도 있다.

N씨는 꽤 길게 느껴지는 시간 동안 중얼거리고 있었는데, 그 동안 나도 모르게 의자 끝에 앉아 근육이 긴장된 채 앞으로 몸을 숙이고 그가 무슨 말을 하는지 알아듣기 위해 애쓰고 있었다. 그가 하는 말이 단지 문장 조각이거나 한 구절일지라도. 어느 시점에서, 아마도 시작된 지 15~20분쯤 지나서 나는 N씨가 중얼거리는 것을 듣고 이

해하려는 노력을 멈췄다. 나는 의자에 등을 기대고 몸에서 긴장이 빠져나가는 것을 느꼈다. 그것은 엄청나게 자유로운 느낌이었고, 분석 작업을 포기하는 것이 아니라 내가 이해하는 것이 중요하지 않다는 느낌이었다. 그보다는 내가 이해하지 못하고 그것을 이해하거나 바꾸려 하지 않고(또는 환자를 다른 사람으로 바꾸려 하지 않고) 일어날 일을 그냥 일어나도록 두는 것이 중요하다는 느낌이었다.

조용히 함께 앉아 있는 동안 내 마음은 떠돌아 다녔다. 나는 몇 주 전에 함께 일하기 시작한 새로운 분석가 그룹에 대해 자문할 일을 기대하고 있었다. 분석가 중 한 명은 첫 번째 모임만 참석한 이후 모임에 참석하지 않았다. 왜 그런지 궁금했다. 내가 뭔가 그녀를 화나게 한 걸까? 나는 이미 N씨를 좋아했고, 이번이 그를 볼 수 있는 마지막 시간이 될까 봐 걱정되었다. 한 조현병 환자를 치료했던 기억이 났는데, 그는 내게 단 한마디도 하기를 거부했고, 나로 하여금 그를 죽이고 싶은 기분이 들게 했다. 내가 레지던트 기간에 부업을 하던 중인 어느 날 밤, 응급실에 입원한 또 다른 환자가 생각났다. 그 환자는 빵 두 덩어리와 구운 닭 몇 마리를 막 먹은 폭식증 학생이었다. 그녀는 위벽에 광범위한 괴저가 생길 정도로 위가 늘어져서 위가 터지기 전에 응급 위절제술을 시행해야 했다. 나는 이러한 생각들과 치료시간에 일어나고 있는 일들 사이에 일대일 대응 관계를 그리려고 노력하지 않았다.

시간이 좀 지난 후 — 얼마나 오래 지났는지 판단하기 어려웠다 — N씨는 다시 불명료하게 말하기 시작했는데, 이번에는 좀 더 들렸다. 그는 "당신은 내게… [안 들림] 할 수 있습니까?"라고 말했다. 이번에는 그가 나에게 자신을 도와줄 수 있느냐고 묻는다고 상상했지만, 내가 자신을 죽일 수 있느냐고 묻는 것일 수도 있다는 생각도

들었다. 나는 다른 환자라면 "당신이 나에게 무엇을 원하는지 잘 모르는 것 같아요."라고 말했을 수도 있다. 하지만 이 문장에서 "당신"과 "나"라는 단어를 사용하는 것은 이 회기에서 이 환자에게는 적합하지 않았을 것이다. 그것은 내게는, 돌이켜보자면, 그런 인칭 대명사를 사용하는 것은 성급하게 내 자신을 나─아닌 대상으로 제시할 것 같았다. 또한 N씨에게 그런 식으로 말하는 것은 그가 생각하고 있는 것을 내가 그에게 말하고 있다는 느낌을 너무 많이 전달했었을 것이다. 그로 인해 내 생각에는, 내가 나의 생각들로 그의 "고요하고 침묵하는" 핵심을 침범하고 있다고 느껴졌을 것이다. 게다가 그 말은 내가 N씨에 대해 느꼈던 따뜻함을 전혀 전달하지 못했을 것이다. 나는 그에게 "이렇게 짧은 시간에 너무 많은 일이 일어났어요."라고 말했다.

상담시간이 끝나가고 있었다. 나는 N씨에게 "우리 다시 만날 시간을 정할까요?"라고 물었다.

그는 회기에서 처음으로 또렷한 목소리로 "예"라고 말했다.

회기 내내 나는 N씨에게 내가 이해할 수 없는 내용을 반복해 달라고 요청하는 것을 자제했는데, 왜냐하면 그가 내게 말할 수 있는 유일한 방식으로, 역설적이게도 내가 거기에서 이해하지 않고 있는 것이 중요하다고 내게 말하고 있었기 때문이었다. 달리 말하자면, 중요한 것은 내가 환자와 함께 경험 안으로 들어가게끔 허용해서, 우리가 작은 문장 조각으로 소통하고, 각자가 상대방에게 감정적으로 유발한 것들로 소통을 보완하는 것이었다. 분석가로서 내게 이것은 내가 기술해 왔던 레브리 경험의 형태를 띠었다. 나는 레브리라는 용어를 분석 회기에서 분석가의 깨어있는 꿈꾸기를 가리키는 데 사용한다. 이는 분석 관계에서 무의식적 수준에서 일어나는 것의 파생물(보통 겉보기에는 자신의 떠도는 생각처럼 보이는 형태)을 받아들이는 일종의 수용성이다.

나는 치료시간에 나의 레브리 경험을 나 자신 속으로 철수하는 형태가 아니라 환자와의 정서적 연결의 형태로, 그리고 나 자신과 대화하는 방식으로, 무슨 일이 일어나고 있는지에 대해 생각하는 방식으로 본다. 그것은 환자와 나 자신에게 나의 분리성을, 즉 내가 N씨와 분리된 사람으로서 생각하고 느끼고 행동하는 능력을 확립할 수 있도록 돕는다. 만약 그가 나를 타인으로 인식하지 못한다면, 그는 그 방에 있는 유일한 사람이 될 것이며, 그로 인해 그는 완전히 외롭고 완전히 표류한다고 느끼게 될 것이다. 만약 대상이 없다면 주체도 없다. 환자는 혼자가 아니다. 지금 되돌아보면, 내가 듣고 이해하려고 애쓰는 것을 멈추고 의자에 등을 기대고 편안히 앉아 있을 수 있었던 치료시간의 그 순간은 환자와 나의 분리성을 받아들이고 있던 순간이었다. 내가 뒤로 기대는 것은 내가 N씨에게 우리 사이에 구분이 있고, 우리가 한 사람이 아니라는 사실을 견뎌내고 심지어 즐길 수 있는 분리된 사람이라는 것을 전달하는 또 다른 방법이었다.

내가 기술해온 존재 상태의 섬세한 균형은 이 회기 동안 N씨를 "기다리는" 나만의 방식을 구성했으며, N씨가 소통하기도 하고, 소통하지 않기도 하고, 이해받기도 하고 이해받지 않기도 하는 방식으로 내가 행동하는 것이 매우 중요했다.

주로 주관적인 대상으로서 환자와 소통하는 나의 "기다림" 방식은 매 회기마다 매 환자마다 다른 형태를 띠기 때문에, 내가 그런 상황에서 어떻게 하는지 세 명의 환자에 대해 간략히 기술하겠다. 나에게 너무나 깊게 원시적으로 의존적이어서 환자가 내가 분리되었다는 인식을 아주 조금만 견딜 수 있는 한 환자를 기다릴 때, 내가 어떻게 행동할지를 지배하는 "공식"이나 "규칙 집합"이 없다는 것이 분명해질 것이다. 분석가로서 나 역시 여기서 매 시간 매 환자에 대해 분석을 새롭게 창조해야 한다(3장과 5장 참조).

그러한 분석 기간 동안 T씨는 주말 내내 침대에서 보냈다고 몹시 부끄러워하며 말했다. 나는 "거긴 안전하지요."라고 말했다. 환자는 일주일 내내 침대에서 지냈지만 부끄러움을 덜 느꼈다. (나는 "거기서 당신은 안전하다고 느끼지요."라고 말하지 않았다. 왜냐하면 그렇게 하면 환자가 느끼는 감정을 단순히 기술하는 것이 아니라 환자에게 자신이 느끼는 감정을 말해 주는 것이 되었을 것이기 때문이다. 내 생각에 단순히 기술할 때 그녀는 내가 그녀로부터 분리되었다는 감각을 최소화했다. 나는 이 시점에서 T씨와 함께 있었던 내 배경의 존재 상태를 "꿈꾸는 듯한", 서두르지 않은, 치료 과정을 측정하는 데 거의 관심이 없는 상태라고 표현하고 싶다는 점을 강조하고 싶다. 그리고 내가 한 말에는 있는 그대로를 깊이 받아들인다는 의미가 담겨 있었다.)

B씨는 내가 너무 많이 알지 않는 것이 중요하다고 느꼈던 시점에 최근 어머니의 죽음에 대해 이야기했다. 그녀는 "그녀가 여기에 전혀 없다는 게 믿기지 않아요. 완전히 사라졌어요."라고 말했다. 나는 이렇게 대답했다. "참 이상하지 않나요? 사람은 사라지는데 의자는 사라지지 않는다는 게." B씨는 미소를 지었다. (나는 눈에 띄지 않게 또 다른 의미를 더해 주는 은유를 소개했다. 그리고 무엇보다 그 순간 '부드러운' 경이로움과 유머를 즐기면서, B씨와 사이에서 친밀감이 느껴졌다.)

내가 논의하고 있는 종류의 분석 지점에서 L씨는 자녀의 "끊임없는 요구"에 지쳐가고 있었다. 환자는 옷이 헐렁해 보일 정도로 체중이 감소하고 있었다. 그녀의 아이도 어려움을 겪고 있었다. 나는 이 회기들 중 한 회기 중간에 그녀에게 말했다. "오늘 말하는 동안 나는 병아리가 껍질 속에서 자라면서 살아가는 데 사용하는 달걀 노른자를 생각했어요. 달걀이 깨져서 열리고 노른자가 완전히 소비되는 마지막 순간까지 말이죠." L씨는 남은 회기 동안 조용했다. 이어지는 회기에서 그녀는 내 말을 직접적으로 언급하지는 않았지만, 그녀가 자신의 아이를 경험하고 반응한 방식에 대해 설명하면서 그녀의 목소리에는 내가 이전에 들었던 것보다 더 진정한 다정함이 담겨 있었다. (여기에서도 나는 '나'와 '너'라는 단어로 구성된 문장을 사용하지 않고 단지 기술, 은유, 내러티브, 이미지를 제공했을 뿐이며, 그 세부 사항은 환자가 아이의 엄마로서 느끼는 방식에 대해 내게 말한 것보다 조금 더 많은 것을 전달했다. 그녀는 그토록 간절히 원했던 엄마가 되기 위해 그 추가적인 의미를 사용할 수 있었던 것 같았다.)

요컨대, 이러한 각각의 치료 상황에서 나는 무엇을 말할 것인지, 어떻게 말할 것인지 계획하지 않은 채 이름을 붙이거나 설명하거나 해석하는 것이 아니라 기술하고 있다는 것을 발견했다. 그런 기술들은 환자가 말한 내용을 단순히 반복하는 것이 아니었다. 그것들은 환자가 활용할 수 있는 새로운 뭔가가 있을 정도로 충분한 "타자성"을 더하면서도 환자가 자기 자신 안으로 후퇴할 필요성을 느낄 만큼 "내가 아닌" 타자가 되지는 않도록 의미를 추가했다.

표현할 수 없는 것을 소통하기

논문의 마지막 부분에서 위니콧이 소통하기와 소통하지 않기에 관한 자신의 생각을 표현하기 위해 사용하는 언어는 상당한 변화를 겪는다. 이제 주관적 대상이라는 용어를 전혀 사용하지 않는다. 그 자리에 있는 것은, 표현할 수 없는 것을 표현하기 위해 언어의 한계를 초월하려 시도하고, 우리가 우리의 핵심에 살아있는 존재 상태에 대한 감각을 전달하기 위한 단어와 은유를 찾으려고 시도하는 것처럼 보이는 단어들과 문장들이 있다. 위니콧은 마지막 섹션을 시작한다:

> 나는 개인의 핵심에서 내가 아닌 세상과 어떤 방식으로든 소통할 수 없다고 주장하고 있다. 여기서 조용함(quietude)은 고요함(stillness) 과 연결된다. (pp. 189-190)

그리고 그는 조금 후에 이렇게 덧붙이다.

> 침묵이 소통과 같고, 고요함이 움직임과 같은 곳이 바로 여기이다. (p. 191)

나는 "침묵이 소통과 같고, 고요함이 움직임과 같다."는 것을 "이해"하려고 애쓰고 있다. 그러나 물론 내가 "이해"하거나 다른 말로 표현하려고 하면 언어의 생생함은 상실된다. 위니콧이 지향하는 경험의 영역은 침묵이 순수한 존재 상태에 대한(자신 외에는 아무에게도 아닌) 소통이고, 고요함은 회전하는 세계의 중심에서의 움직임일 수 있다.

위니콧은 논문 앞부분에서 자기의 중심 핵은 심리의 분열을 통해 형성되며, 그중 한 부분인 거짓 자기는 외부 현실을 "관리"하고, 다른 부분은 모든 현실감을 전달하는 주관적인 대상과의 "소통"에 관여한다고 제안했다(p. 184). 논문의 마지막 부분에서 그는 살아있는 경험의 기원에 대한 자신의 개념을 진술하기 위해 매우 다른 언어를 사용한다.

> 건강한 발달에서 (이론적으로) 유아는 (심리적으로) 삶 없이 시작하
> 고 단순히 살아있다는 이유만으로 활기를 띠게 된다. 그가 살아있다는
> 것은 건강한 유아가 [건강한] 어머니 인물과 초기에 소통하는 것이며, 가
> 능한 한 자기를 의식하지 않는다. (p. 192)

이 구절에는 글과 말의 소리에 아름다움과 생명력이 있다. 유아는
"살아있다는 이유만으로 활기를 띠게 된다. 살아있다는 것은 어머니
인물과의 초기 소통이다. 그리고 그것은 가능한 한 자기를 의식하지
않는다." 나는 그처럼 평범한 표현을—"그리고 그것은 가능한 한 자
기를 의식하지 않는다."—그렇게 표현적인 방식으로 사용한 다른
분석가를 기억하지 못한다. 언어의 아름다움과 평범함은 엄마와 신
생아에게 자연스럽게 일어나는 일상적인 소통하기에서 경이로움과
놀라움을 전달한다.

논문의 끝에서 두 번째 단락에는 논문의 가장 강력하고, 가장 신
비롭고, 가장 중요한 부분이 포함되어 있다:

> 우리는 건강의 이러한 측면을 인식해야 한다: 현실 원칙으로부터 영
> 원히 면제되고, 영원히 침묵하는, 소통하지 않는 중심 자기이다. 여기서
> 소통은 비언어적인 것이 아니다; 그것은 천체의 음악처럼 절대적으로 개
> 인적인 것이다. 그것은 살아있음에 속한다. 그리고 건강할 때, 바로 이것
> 에서 소통이 자연스럽게 발생한다. (p. 192)

"여기서 소통은 비언어적인 것이 아니다.": 위니콧은 자기의 핵심

에서 소통은 언어적인 것도 비언어적인 것도 아니라는 놀라운 아이디어를 전체 논문에서 처음 소개한 것이다. 소통하기가 말로 이루어지지 않는다면, 그리고 말 없이 이루어지지도 않는다면, 그러면 무엇이 남을까 자문하게 된다. 이 질문은 대답할 수 없는 질문이다. 이것이 아마도 이 논문의 진정한 "주요 주제"일 것이다: 위니콧은 우리가 상상할 수 없는 것, 말로 표현할 수 없는 것, 즉 우리 존재의 핵심에 있는 경험을 탐구하고 있다.

그는 계속해서 같은 문장을 사용한다. "그것은 천체의 음악과 같다."—이 논문에서 위니콧이 사용한 다른 어떤 은유와도 다른 은유이며, 피타고라스를 연상시키는 은유이다. 기원전 5세기, 천체의 움직임에 의해 만들어지며, 인간 존재에게는 들리지 않는, 완벽한 조화의 음악이라는 개념이다. 그러한 은유는 경이로움과 고민을 불러일으킬 수는 있지만 "이해"하거나 "파악"할 수는 없다. 우리 존재의 핵심인 '여기'에서 소통은 상상할 수 없는 것이다. 그리고 그 침묵하는 소통을 "절대적으로 개인적인 것이다. 그것은 살아있음에 속한다."는 말보다 어떻게 더 잘 기술할 수 있겠는가?

맺는말

위니콧의 논문은 역설, 반대 및 상호 의존적이고 상호 풍요롭게 하는 아이디어가 있는 논문이다. 역설의 가장 핵심은 자기의 핵심에 있는 주관적 대상과의 소통은 전혀 소통이 불가능하지만 그럼에도 불구하고 개인 경험의 모든 측면에 현실감을 부여한다는 생각이다. 상호 의존적 개념 중에서 가장 눈에 띄는 것은 발견되는 것이 재앙인(강간보다 자기에 대한 침해가 더 많은) 동시에 발견되지 않고, 인식되지 않는 것이 재앙이라는 복합적 사고이다. 그리고 반대 중 가장 중요한 것은 소통의 두 가지 반대, 즉 매우 다른 두 가지 형태의 소통하지 않기이다: (1) 핵심 자기의 방어를 침해하는 것에 대한 방어적 철수, (2) 건강한 핵심 자기를 특징짓는 비소통 고립 상태.

그러나 내 생각에는 "각 개인이 고립되고, 영원히 소통하지 않으며, 영원히 알려지지 않으며, 사실상 발견되지 않는다."는 생각이 독창적인 것처럼, 논문의 궤적이 위니콧을 논문의 마지막에, 위니콧은 논문을 쓰기 시작했을 때 예상하지 못했을 그 장소에, 도달하게 하지 않았다면, 논문의 비전은 덜 급진적이었을 것이다. 결국, 위니콧의 단어 사용은 시의 언어가 된다. 왜냐하면 표현할 수 없는 것을 향해 제스처를 취하는 과정에서 언어의 한계를 초월하려면 아무것도 필요하지 않기 때문이다. 주관적 대상이라는 용어는 비록 논문이 진행되는 동안 여러 번 재창조되었지만 에세이의 마지막 부분에서는 완전히 사라졌다. 객관적으로 지각된 대상이라는 용어도 마찬가지이며, 심지어는 고립이라는 용어도 마찬가지이다. 대신, 핵심 자기에 관해 위니콧은 "침묵이 소통과 같고, 고요함이 움직임과 같다."라고 썼다. 그는 우리에게 상상할 수 없는 것을 상상하려고 노력하라고 요청한다. 즉 언어적이거나 비언어적인 소통이 아니다. "그것은 천체의 음악처럼 절대적으로 개인적인 것이다. 그것은 살아있음에 속한다." 이 단어들은 부연하거나 설명하는 것이 불가능하다. 그것은 우리 각자에게 "절대적으로 개인적인" 존재의 신비를 표현한 것이다.

참고문헌

Abram, J. (1996). *The Language of Winnicott: A Dictionary of Winnicott's Use of Words*. London: Karnac.

Bion, W. R. (1957). Differentiation of the psychotic from the non-psychotic parts of the personality. In *Second Thoughts*. New York: Aronson, 1967, pp. 93-109.

Ogden, T. H. (1989). On the concept of an autistic-contiguous position. *The International Journal of Psychoanalysis*, 70:127-140.

Ogden, T. H. (1991). Some theoretical comments on personal isolation. *Psychoanalytic Dialogues*, 1:377-390.

Ogden, T. H. (1994). The analytic third-working with intersubjective clinical facts. *The International Journal of Psychoanalysis*, 75:3-120.

Ogden, T. H. (1997). Reverie and interpretation. *The Psychoanalytic Quarterly*, 66:567-595.

Tustin, F. (1984). Autistic shapes. *The International Review of Psycho-Analysis*, 11:279-290.

Winnicott, D. W. (1952). Psychoses and child care. In *Through Paediatrics to Psycho-Analysis*. New York: Basic Books, pp. 219-228.

Winnicott, D. W. (1963a). Communicating and not communicating leading to a study of certain opposites. In *The Maturational Processes and the Facilitating Environment*. New York: International Universities Press, 1965, pp. 179-192.

Winnicott, D. W. (1963b). Two notes on the use of silence. In *Psycho-Analytic Explorations*, edited by C. Winnicott, R. Shepherd, and M. Davis. Cambridge, MA: Harvard University Press, 1989, pp. 81-86.

Winnicott, D. W. (1967). The mirror-role of mother and family in child development. In *Playing and Reality*. New York: Basic Books, pp.

111-118.

Winnicott, D. W. (1968). Communication between infant and mother, and mother and infant, compared and contrasted. In *Babies and Their Mothers*, edited by C. Winnicott, R. Shepherd, and M. Davis. Reading, MA: Addison–Wesley, pp. 89-104.

Winnicott, D. W. (1969). The use of an object and relating through identifications. In *Playing and Reality*. New York: Basic Books, pp. 86-94.

3장

어떻게 나는 환자와 대화할 것인가?

아마도 가장 중요한 치료적 질문이자 실제 정신분석가로서 나에게 가장 어려운 질문은 환자에게 무슨 말을 하느냐가 아니라 환자와 어떻게 대화하느냐에 관한 질문일 것이다. 다시 말해, 지난 몇 년 동안 나의 초점은 내가 무엇을 의미하는가에서 어떻게 의미하는가로 옮겨졌다. 물론 이 두 가지는 떼려야 뗄 수 없는 관계이지만, 이 장에서는 후자에 중점을 두고 있다. 나는 환자의 경험을 결코 알 수 없다는 인식이 낳은 다음 문제와 가능성에 대해 논의할 것이다; 즉, 각 환자와 함께 정신분석을 재창조하는 것은 분석가에게 달려 있다는 점에서 우리가 어떻게 환자와 대화하는지 일반화하는 것의 불가능성; 환자가 심리적 변화를 두려워하는 것에 대한 분석가의 접근; 분석가의 '벗어남(off-ness)'과 분석가의 오해와 잘못된 진술이 환자와 분석가 모두의 창의적 표현을 촉진할 수 있는 방식; 경험을 설명하는 것이 아니라 기술하는 것이 분석에서 무엇이 일어나는지에 대한 무의식적 수준을 다루는 담론을 더 잘 촉진하는 방식에 대해 논의할 것이다. 이제 제시할 치료 작업에서 나는 환자와 **어떻게** 대화하는 지와 관련하여 내 자신이 말한 사고와 말하지 않은 사고를 기술한다.

환자와 분석가는 함께 일하는 모든 순간에 그들의 생생한 경험의 즉시성을 소통할 수 없다는 사실에 부딪힌다. 윌리엄 제임스(1890) 만큼 인간의 마음과 마음 사이의 간극을 잘 설명한 사람은 없다:

> [이 강당에 모인] 각자의 마음들은 각자의 생각들을 스스로 간직하고 있다. 그들 사이에는 주고받는 것도 거래도 없다. 어떤 생각도 자신의 생 각이 아닌 다른 개인적인 의식에 있는 생각을 직접적으로 볼 수는 없다. 절대적 단절, 환원 불가능한 다원주의가 법칙이다. … 그러한 생각들[서 로 다른 두 사람의 생각] 사이의 간극은 자연에서 가장 절대적인 간극이 다. (p. 226)

따라서 환자와 대화할 때, 내 경험은 소통할 수 없다; 환자의 경험 은 접근할 수 없다: 나는 환자의 경험을 결코 알 수 없다. 말과 신체 적 표현은 환자나 내 자신의 생생한 경험을 전달하기에는 턱없이 부 족하다. 그럼에도 불구하고 환자와 나는 경험을 재연함으로써 우리 의 생생한 경험 같은 것을 전달할 수 있다. 여기에는 은유, 아이러니, 과장, 리듬, 운율, 재치, 속어, 구문 등 우리 각자와 현재 일어나고 있 는 정서적 사건에 특화된 언어를 사용하는 것은 물론 말의 톤, 음량, 템포, 눈맞춤 성질의 변화와 같은 신체적 표현이 포함될 수 있다.

환자의 주관과 나의 주관 사이의 이 차이는 극복해야 할 장애물이 아니라, 분리와 친밀의 변증법이 창의적인 표현을 낳을 수 있는 공 간이다. 분석 세팅에서 개인의 경험을 전달하는 것이 어떻게든 가능 하다면, 환자와 나는 창의적으로 상대방의 경험을 상상할 필요와 기회를 빼앗길 것이다. 역설적이게도, 우리의 의사소통에서 빠진 부분, 누락된 부분이 어떤 식으로든 우리 자신과 타인 사이의 간극을 메울 수 있는 공간을 열어준다. 환자가 소통하는 행위에서 창의적이 되는 경험은 "자신을 더 온전히 존재하게 하는 꿈꾸기"(Ogden, 2004, p. 858) 과정의 필수적인 부분이며, 자신만의 고유한 방식으로 존재하게 된다.

다른 사람의 경험을 알 수 없다는 불가능성은 내가 환자와 대화하는 방식에 중요한 함의를 지닌다. 예를 들어, 내가 알 수 없다는 단순한 이유로, 환자가 생각하고 느끼는 것을 말하지 않고, 내가 생각하고 느끼는 것만 말하려고 노력한다. 이것은 내가 스스로에게 강요하는 엄격한 규칙이 아니라는 점을 덧붙이는 것이 중요하다. 오히려 환자와의 대화와 관련된 거의 모든 것이 그렇듯이, 내가 환자와 어떻게 대화하는지는 모든 경우에 이 특정 환자와 나 사이에 지금 이 특정 순간에 어떤 일이 일어나고 있는지에 따라 달라진다.

상담 시간 중에 정서적으로 어떤 일이 일어나고 있는지에 대해 내가 느낀 것을 환자와 이야기할 때 다음과 같이 말할 수 있다: "당신이 이야기하는 동안(또는 침묵하는 동안) 이 방은 매우 공허한 곳처럼 [또는 평화로운 곳, 혼란스러운 곳처럼 등] 느껴졌어요." 이런 식으로 표현할 때 나는 누가 공허함을(또는 다른 감정을) 느끼는지에 대한 질문을 열어 둔다. 환자인가, 아니면 나인가, 아니면 우리 둘이 무의식적으로 함께 만들어 낸 무언가인가("분석적 장"[Civitarese, 2008, 2016; Ferro, 2005, 2011] 또는 "분석적 제3자"인가[Ogden, 1994])? 거의 항상, 그것은 세 가지 모두이다. 즉, 환자와 나라는 개별적인 개인과 우리의 무의식적인 공동 창조물이다.

내가 환자에게 "오늘 왜 그렇게 침묵했나요?" 또는 "어제 상담을 건너뛰기로 결정한 이유는 뭔가요?"와 같은 질문을 하면, 환자는 자신의 경험의 표면으로 이동하여 의식적, 논리적, 순차적, 시간적, 인과적 (이차 과정) 사고 방식으로 생각하고 대화하도록 유도한다는 사실을 발견했다. 그래서 환자나 나에게 이차 과정 사고를 유도하는 질문을 하게 될 때, 나는 잠시 멈춰서 "지금 일어나고 있는 일의 무의식적 측면이 나를 두렵게 하는 것은 무엇일까?"라고 생각하게 된다.

분석가의 확신은 종종 한 세대의 분석가로부터 다음 세대로 전해 내려오는 아이디어에서 파생된 적절한 '분석 기법'이 존재한다는 생각과 관련이 있다(이는 분석적 생각하기의 특정 '학파'에 의해 체계화될 수 있다). 이와는 대조적으로, 나는 '분석 스타일'을 기존의 분석 실제 원칙에 느슨하게 기반한 자신만의 창조물이라고 생각하지만, 더 중요한 것은 분석가의 성격과 경험에 기원을 둔 살아있는 과정이라고 생각한다(Ogden, 2007). 분석 과정에 대한 환자의 반감이 종종 분석을 죽이거나 분석가를 죽이려는 시도를 자주 나타낸다는 이제는 시대에 뒤떨어진 관점을 분석 실제에 통합해서는 안 된다는 것은 필수적이다. 이러한 관점은 분석 작업에 대한 환자의 "반대"라는 전이－역전이 차원을 반영할 수 있는 분석가의 역량을 차단한다. 위니콧 (1963)은 분석 작업에 대한 일종의 두려움에 초점을 맞추는데, 이는 환자가 "거기서 발견될 필요가 있기 전에[정체성을 발달시키기 전에] 발견되는 것으로부터" 자신을 보호해야 한다는 욕구에서 비롯된다. 셰이퍼(1980, 1983a, 1983b)는 환자의 저항을 해석하는 것의 위험성과 "긍정적인 태도"를 가져야 할 필요성에 대해 광범위하게 글을 썼다(p. 12). 이 접근은 환자가 심리적 변화에 맞서 싸우는 무의식적인 이유에 대해 온정적이고 이해적인 반응을 수반한다. 내 경험에 비추어 볼 때, 환자가 분석 작업을 "꺼리거나" "할 수 없는 것은" 거의 항상 그가 유아기와 아동기에 자신의 온전한 정신과 삶을 보호하기 위해 발달시켰던 방법의 전이-역전이 등가물을 반영하며, 나는 이 방법을 존경과 감탄으로 바라본다.

그러나 유아기와 아동기에 환자의 온전한 정신과 삶을 보존하는데 도움이 되었던 심리적 기법이 성인기로 이어진다면, 그것은 경험을 통해 배우고, 내적 및 외적 대상과 성숙한 관계를 맺고, 가능한 한 완전한 방식으로 자신이 될 수 있는 능력을 심각하게 제한할 수 있다. 환자가 이러한 한계를 경험하고 그와 관련된 심리적 고통을 느끼는 것은 거의 항상 근본적인 힘이 되어, 환자가 분석의 도움을 받도록 이끈다.

분석이 상당한 정도로 진행되면, 현재 상황과 우리가 환자의 어린 시절 경험이라고 상상하는 것 사이에 차이가 있음을 환자와 나 모두 느낄 수 있다. 첫째, 환자는 유아기와 아동기에 자신이 직면한 문제와 관련하여 혼자라고 느꼈다. 즉, 진정한 소통과 현실적인 변화가 불가능한 사람들과 함께 갇혀 있다는 끔찍한 느낌이다(그리고 환자와 분석가는 전이-역전이 관계에서 이와 같은 상태를 경험한다). 그러나 환자는 어떤 식으로든 자신이 더 이상 예전처럼 완전히 혼자가 아니라는 것을 느낄 수도 있다. 둘째, 환자는 더 이상 아이가 아니며, 어린 시절에는 가용하지 않았던 자신의 온전한 정신과 삶을 위협하는 것에 대처할 수 있는 심리적 역량을 소유하고 있다. 이러한 느낌의 차이는 내가 실시한 분석에서 희망의 중요한 토대를 제공했다.

내 경험상, 환자 및/또는 분석가가 환자의 현재 정서적 문제에 대한 책임을 전적으로 부모에게만 돌릴 때 분석 과정에 방해가 될 수 있다. 환자가 부모로부터 심각한 방임, 멸시, 성적 또는 폭력적 학대를 받았다는 것이 환자와 나에게 사실로 보일 수 있지만, 나는 환자가 "부모를 비난하기" 시작하거나 동참하게 해서는 안 된다는 것을 깨닫게 되었다. 이러한 지나친 단순화에 참여함으로써, 나는 환자가 어린 시절에 경험한 문제에 대한 환자의 이성적, 비이성적 책임감을 이해할 수 있는 보다 복합적이고 인간적인 방식으로 자신의 삶을 경험할 수 있는 기회를 빼앗는 데 공모하는 것이다. 어린 시절에 일어난 일의 파괴성에 대한 환자의 고통스럽고 죄책감으로 가득 찬 책임감은 자신이 부모의 방임이나 학대의 수동적 피해자라는 환자의 (그리고 나의) 확고한 믿음으로 인해 보이지 않게 될 수 있다.

분석가 편에서 부모를 비난하는 접근 방식은 무엇이 일어났는지에 대한 환자의 경험을—또는 경험할 수 없는 무능력을(Winnicott, 1974 [1971])—지나치게 단순화할 수 있고, 그래서 어린 시절의 모든 복잡한 경험을 진정으로 통합하는 것을 더욱 어렵게 만들 수 있다. 이와 관련하여 몇 년 전에 내가 분석했던 한 환자와의 경험이 떠오른다. 어렸을 때 그는 아버지에게 잔인하게 두들겨 맞았다. 나는 이것에 대해 조금도 의심하지 않았다. 그러나 많은 분석 작업을 거친 후에야 환자는 상상할 수 없을 정도로 수치스럽게 느껴지는 비밀을 말할 수 있게 되었다, 즉 "사실은" 아버지가 환자를 때릴 정도로 반복적으로 아버지를 화나게 했다는 것이었다. 환자가 나와 자신에게 이 기억을 맡길 수 있게 된 후에야, 또는 아마도 환상이었을 수 있지만(분석에서는 아무런 차이가 없다), 그가 이해할 수 있게 되었던 것은, 아버지를 도발하는 것이, 만약 실제로 그렇게 했다면, 아버지의 끔찍한 분노와 폭력을 어느 정도 통제할 수 있다는 착각을 불러일으키려는 그의 무의식적인 노력이었을 수 있다는 것이었다. 나는 환자에게 자신의 비밀을 나에게 맡긴 것에 대해 "당신이 말한 대로 아버지를 도발했다면, 그건 확실히 그 상황에서 당신이 할 수 있는 최선의 선택이었을 거예요. 그런 상황에서 조금이라도 자제력을 발휘한 것이 목숨을 구했다고 믿어요."라고 말했다. 만약 내가 분석 초기부터 부모를 비난하는 식으로 판단적이었다면, 환자는 무의식 속에 있는 (혹은 아직 경험하지 못한) 말할 수 없이 '수치스러운' 기억/환상에 접근하는 데 훨씬 더 큰 어려움을 겪었을 거라고 생각한다.

나는 또한 **설명하기**에서 **기술하기**로 전환하면 환자와 나 모두 이해해야 할 필요성에서 벗어날 수 있어 분석 과정이 촉진된다는 사실도 알게 되었다. 무슨 일이 일어나고 있는지 "원인을 발견"하는 것과는 반대로 "단순히" 기술하는 것은 환자의 삶과 분석의 삶에서 "인간적으로 이해할 수 있거나 인간적으로 이해할 수 없는"(Jarrell 1955, p. 62) 모든 것 앞에서 내가 느끼는 겸허함을 반영하는 것이다.

설명하기가 아닌 기술하기의 예는 초기 분석 면접에서 일어났다 (내가 앞의 p. 44에서 언급하였다). 분석가로서 성장하는 초기에는, 만약 초기 면접에서 환자가 나를 만나러 오는 것이 두렵다고 말하기 시작하면 나는 "무엇이 두렵습니까?" 또는 "왜 두렵습니까?"라고 물었을 것이다. 최근에는 환자가 나를 만나러 오는 것이 두렵다고 말하면서 시작했을 때 나는 "당연히 그렇겠지요."라고 말했다. 내 대답은 내가 생각하는 기술하기를 실행한 것이다. 즉, 내가 환자를 있는 그대로, 다시 말해 나를 무서워하는 모습을 있는 그대로 받아들이고, 의식적인 '논리적'(이차 과정) 이유를 대거나 안심시켜서 환상을 없애려고 하는 대신 환자의 환상을 환영하는 방식이다. 환자는 내가 한 말에 눈에 띄게 놀랐고, 이는 그녀의 반응과 관련이 있을 수 있는데, 나를 놀라게 했다: "내가 제대로 된 사무실에 왔는지 모르겠지만 잠시 머물러 보겠어요." 그녀의 반응이 시사하는 바는, 내가 그녀가 기대했던 것과는 달랐지만, 그녀는 이제 두려움보다는 호기심이 더 컸고, 자신이 어떤 일에, 누구와 함께, 관여하고 있는지 더 자세히 알아보기 위해 "잠시 머물러 있을 것"이라는 것이었다(p. 62).

설명하기가 아닌 기술하기의 두 번째 예는 M씨가 분석을 시작한지 몇 년이 지난 회기에서 일어났다. 환자는 아내에게 아들이 죽은 꿈을 꾸었다고 말하기 시작했다. 그가 더 자세히 설명하기 전에 그녀는 "그만해요, 더 듣고 싶지 않아요."라고 말했다. 나는 M씨에게 "잘했네요, 그녀가."라고 말했다.

내가 자연스럽게 "잘했네요, 그녀가."라고 말했을 때, 나는 환자가 꿈속의 모든 인물인 것처럼, 일상 생활에 대한 이야기의 모든 인물도 환자 자신이라는 것을 염두에 두었다(더 정확하게는 내가 그렇게 느꼈다). 그가 아내에게 꿈을 이야기할 때, 나는 환자가 그 자신일 뿐만 아니라 (꿈 이야기를 차단하는) 아내라고 보았다. 내가 "잘했네요, 그녀가."라고 말한 것이 **환자 자신을 차단하는** 자신의 행위를 내가 인식하고 소중히 여기는 것으로 환자가 경험했다고 생각한다. 환자는 내가 이 말을 한 후 잠시 멈칫한 다음, 아내가 차단했을 때 안도감을 느꼈다고 말했다. 그의 반응은 분석 과정에서 참을 수 없는 감정을 다른 사람에게 '배출하고 싶은' 충동을 느낄 때 스스로 차단할 수 있게 되었다는 것을 인식한 것을 반영하는 듯했다.

이 두 예에서 나는 환자에게 무언가를 설명하지 않았고, 대신 감정 상태를 간결하게 기술했다: "당연히 그렇겠지요."(지금 느끼는 감정은 단지 자연스러운 것이다), "잘했네요, 그녀가."(감정을 배출하는 것을 차단하는 것은 인정받아야 할 성취이다).

아직 소녀가 아닌 여성

Y씨가 예약을 잡기 위해 전화해서 나와 잠깐 통화한 적이 있었다. 내가 대기실 문을 열고 들어섰을 때 한 여성이 20대 초반으로 보였지만 훨씬 나이가 많거나 훨씬 어릴 수도 있어 보여서 깜짝 놀랐다. 그 여성은 히피족 전성시대의 복장을 하고 있었다. 그녀는 마치 중고 옷가게에서 구입한 것처럼 보이는 발목 길이의 드레스를 입고 있었다. 드레스는 몸의 굴곡을 거의 다 가릴 만큼 충분히 컸다. 다양한 길이와 색상의 구슬 목걸이가 목에서 흘러내리도록 늘어뜨려져 체형에서 더욱 시선을 분산시켰다.

내가 닥터 오그던이라고 소개하자 환자는 말을 하지 않고, 허름한 영매나 심령술사가 예비 고객의 눈을 마주칠 때와 같은 방식으로 내 눈을 깊게 응시했다. Y씨는 나와 눈을 마주치면서 대기실 의자에서 천천히 몸을 일으켰다. 나는 "들어오세요."라고 말하면서 복도쪽으로 열린 문을 가리켰다. 그러자 그녀는 고개를 살짝 앞으로 기울이면서 내게 앞장서라는 표시를 했다. 환자가 대기실 문을 닫는 소리를 듣고 뒤를 돌아봤지만, 우리가 대기실과 상담실 사이의 카펫이 깔린 복도를 걷고 나니 더 이상 뒤에서 발자국 소리가 들리지 않았다. 그녀가 뒤따라오는지 확인하려고 고개를 돌리지 않기로 결심하는 순간 오르페우스와 에우리디케가 지하 세계에서 돌아오는 장면이 마음속을 스쳐 지나갔다. 상담실에 도착하자마자 나는 문을 열고 옆으로 비켜서서 Y씨가 내 앞을 지나 방으로 들어갈 수 있도록 했다. 그녀는 나를 돌아보며 어디에 앉아야 할지, 아니면 장의자에 누워야 할지 말없이 물었다. 나는 방 건너편에 있는 팔걸이 의자를 가리키며 "앉으세요."라고 말했다.

나는 마치 영화 속 배우가 되어서, 의사와 환자가 첫 번째 분석 시간을 시작하기 위해 마주 앉는 장면을 즉흥적으로 연기하라고 요청받은 것 같았다. 거기에는 딴 세상 같은 성질이 있었는데, 이 환자는 열심히 버티고 있는 것 같았지만, 이 여배우에 대해 깊은 슬픔을 느꼈다. 그녀는 같은 드라마에서 끝없이 같은 역할을 연기해야만 하는 운명 같았고 또 사람들을 동원해서 다른 인물을 연기하게 해야만 하는 것 같았다. (나는 두세 문장만 짧게 말했고 환자는 복잡한 장면이 전개되는 동안 아무 말도 하지 않았다).

나는 장의자 뒤에 있는 내 의자에 앉았는데, 환자의 팔걸이 의자를 정면으로 마주보고 앉았다. 나는 자리에 앉은 후 Y씨에게 시작하라는 의미로 바라보았다. 그 후 내가 그녀의 얼굴을 살펴볼 수 있을 만큼 충분히 긴 침묵이 이어졌다. 그녀는 화장을 하지 않았고 얼굴에 티끌 한 점 없었지만, 마치 집시처럼 한동안 목욕을 하지 않은 것 같다고 상상했다. 그녀는 내가 보기에 매력적으로 보이는 얼굴 생김새를 가졌지만, 남성이나 여성적인 성별이 전혀 없어 보였다. 그런 의미에서 그녀는 생기가 없었고 결과적으로 약간 암호와 같았다.

한동안 침묵이 계속되자 Y씨가 생각을 모으고 있는 것이 분명해졌다. 그녀는 내가 시작하기를 기다리고 있었다. 나는 이 침묵이 힘싸움이 되거나 환자가 심리적 구멍에 빠지도록 두지 않았다(나는 초기 분석 회기가 시작될 때 침묵이 30분 이상 지속되게 두는 경우가 거의 없다). 나는 "우리 만남이 꽤 오래전에 시작된 것 같은 느낌이 듭니다."라고 말했다.

"무슨 뜻인지 말씀해 주세요." Y씨는 나를 환자로, 그녀를 분석가로 만들어 상황을 역전시키려는 듯이 말했다. 나는 다소 불편해하며 말했다. "나는 여러 가지 모습의 당신을 만난 것 같아요. 전화 통화할 때, 대기실에서 만났을 때, 그리고 여기 이 방에 앉아 있는 동안요."

그녀는 "그게 뭐가 놀랍죠?"라고 물었다. 하지만 내가 대답할 틈도 없이 그녀는 "내가 좀 특이한가(odd) 봐요."라고 덧붙였다. 나는 그녀를 의아하게 바라보았다. "나는 틀에 박히지 않으려고 노력하는 것 같아요. 나를 이상하게(strange) 여기는 사람은 당신이 처음이 아니에요." "'이상하다'는 말은 내가 잘 쓰는 단어가 아니에요. 판단하는 것이 누구에게도 그다지 도움이 된다고 생각하지 않아요."

그녀는 "아주 좋은 말씀이지만… 우리가 무슨 얘기를 하고 있는지 잊어버렸어요."라고 말했다. 내 대답의 상투적인 면에 대한 그녀의 냉소적인 말은("아주 좋은 말씀이지만…") 그 정확성 때문에 나에게 따끔한 자극을 주었다.

"우리는 때때로 어떻게 우리 자신을 잊어버리는지에 대해 이야기하고 있어요."

그녀는 눈물을 흘리며 말했다. "아마도요. 정말 모르겠어요. 내가 여기서 뭘 해야 하는지 모르겠어요."

"해야 할 건 없어요." 이 말을 들으면서 나는 내가 진짜 분석가가 아니라 다시 한번 분석가의 역할만 하고 있는 것 같은 기분이 들었다. 내 자신이 아닌 것 같아서 매우 혼란스러운 느낌이 들었다. 내가 이 환자와 함께 이 방에서 무엇을 하고 있는지 정말 혼란스러웠다. 내 방향을 찾고 나서, 내게 떠오른 생각은, Y씨는 왜 자신이 이 방에 나와 함께 앉아 있는지도 모를뿐더러, 공연에 등장하는 여성이 누구인지, 그 여성이 여전히 자신보다는 어머니 세대에 더 가까운 의상을 입은 소녀인지도 모른다는 것이었다.

Y씨는 "나는 학교에서 잘 못해요. 한 번도 잘해 본 적이 없어요.

내가 지루하다고는 하지만 그들이 거기서 뭘 하는 건지 모르겠어요. 지금 판타지 책을 읽고 있어요. 당신은 좋아하지 않을 거예요. 부모님이 싫어해요. 부모님은 나에게 그들의 책을 읽게 하려고 노력하지만, 그건 지루해서 죽을 지경이에요. 고급 문학이죠."

"그럼 당신은 저급 문학인가요?"라고 물었다.

"그렇겠죠. 됐어요. 얘기할 가치도 없어요."

"당신은 그런가요?"

"네, 나는 그래요."

만남의 이 부분에서 내가 깨달은 것은, 나는 Y씨가 누구인지에 대해 질문하는 것이 아니라, 그녀가 말하고 있는 것을 그녀가 놀랄만한 관점에서 기술하고 있었다. 예를 들어, 그녀의 말을 재구성하여 그녀의 상상을 포착하기 시작했다. "우리가 무슨 얘기를 하고 있는지 잃어버렸어요."라는 말을 "당신이 때때로 자신을 어떻게 잃어버리는지에 대해 이야기하고 있어요."로 바꾼다.

나는 Y씨가 마음에 들었다. 그 상담시간의 이 지점에서 그녀가 여성적으로 장식하는 요소가 있다고 느꼈지만, 그녀는 심리적으로는 치장하고 노는 소녀였다. 그녀의 실제 나이는 중요하지 않았다. 나는 그녀가 완전히 "아무도 아닌 사람" "잃어버린 영혼"이 아니라 의상 속에 숨어 있는 어떤 사람, 그리고 아직 실질적으로 자기 자신이 되지 못한 어떤 사람의 일부가 있는 것처럼 느껴졌다. 나는 그녀의 경험을 알 수는 없었지만 그녀와 함께 존재하고 있는 경험을 어느 정도 느낄 수 있었다. 내가 의식적으로 작업해야 했던 것 중 하나는 그녀에 대한 일군의 슬픔들이었는데, 그런 감정과 함께 그녀가 수감된 극장에서, 즉 그녀가 살아있는 것과는 대립되는, 살아남은 극장에서 내가 어떤 역할을 하고 있다는 느낌에 대한 불편함이었다. 내 의식의 가장자리에는 내가 뒤를 돌아보지 않으려고 노력하는 오르페우스가 되어 에우리디케를 이끌고 있다는 느낌에 대한 호기심이 있었다.

환자가 이렇게 말하면서 반쯤 꿈을 꾸는 상태에 있던 나를 놀라게 했다, "내가 왜 여기 있는지 모르겠어요."

나는 "어떻게 그럴 수 있죠?"라고 말했다. "무슨 문제가 있어서 나를 보러 오셨나봐요."라거나 "뭔가 도움이 필요해서 오신 것 같아요."라는 식으로 말하지 않았다. 그녀의 행동에 대한 의식적인 이유나 설명을 강요하고 싶지 않았다. 그것은 무슨 일이 일어났는지에 대해 무의식적인 차원에서 주의를 분산시킬 뿐일 것이다.

그 후 긴 침묵이 흘렀다. 나는 시선을 피했는데, 이는 Y씨가 내 얼굴을 살펴보거나 원한다면 시선을 피할 수 있는 기회를 줄 수 있다고 생각했기 때문이다. 나는 내 시야의 주변부로 그녀가 나를 바라보고 있다는 것을 볼 수 있었다. 마치 그녀가 나를 어떻게 해야 할지 모른다는 느낌이 전달되었다. 그녀는 내게 야생 동물이나 집 없는 부랑자처럼 보였다. 그런 생각이 마음속에 떠올랐다. "그녀가 노숙자라면 나는 그녀를 어떻게 해야 할까?"

"내가 두렵나요?" 그녀가 물었다.

나는 말했다. "아니요, 두렵지 않아요."

"아주 다정하네요."라고 그녀가 말했다.

마치 얼굴을 한 대 얻어맞은 것 같은 기분이 들었다—Y씨가 할 수 있는 정서적 폭력을 내게 그대로 보여줬다. 펼쳐진 그 장면에서 나는 애정과 좋아해 주기 바라는 마음을 조롱받은 아이의 역할을 맡고 있었다. 또한 그녀의 조롱 섞인 말, "아주 다정하네요."에도 어느 정도 정당성이 있다고 느꼈다. 왜냐하면 내가 그녀를 무서워하지 않았다는 것이 전적으로 사실이 아니기 때문이었다.

나는 "당신은 필요할 때는 강해질 수 있어요"고 말했다.

"난 항상 그래야 해요. 내가 이상하다고 했잖아요."

나는 말했다. "나도 이상해요."

"무슨 말씀이세요?" 그녀는 이전보다 더 관심 있는 목소리로 물었다.

"여기를 보세요. 집 지하실이잖아요. 나는 깨어 있는 대부분의 시간을 여기서 보내죠. 그러려면 이상해야 하죠."

"그런 것 같아요. 당신 책상은 꽤 깔끔해요. 근데, 들어와서 보니 바닥에 학생들이 사용하는 와이어 제본 공책에서 나온 것 같은 종이 조각이 있더군요. 솔직히 말해서 이상하다고 생각했지만 마음에 들었어요. 그리고 당신은 늙었어요. 그건 항상 내게 좀 소름 끼치죠. 모욕했다면 미안해요."

"나와 사무실에 있는 물건들을 왜 보지 않겠어요? 당신이 누구에게 위험을 무릅쓰고 있는지 뭔가 알려줄 수 있을 텐데요."

그녀는 말했다, "당신은 나를 바라보며, 나를 이해하려고 애쓰고 있군요."

"나는 차라리 당신을 알아가려고 하는 중이라고 말하고 싶어요."

그녀는 말했다, "이미 알고 있지 않아요?"

"그럼 내가 독심술사네요."라고 나는 대답했다.

"나는 독심술사를 알고 있어요, 정말."

나는 말했다. "의심하지 않아요. 마음을 읽으러 온 것이 아니라는 것을 알지만, 자신의 마음을 읽는 방법을 배우러 온 것일 수도 있죠."

"그거 좋은데요. 정신과 학교에서 그런 걸 가르쳐 주나요?"

그런 식으로 그녀와 관계하고 싶지 않았기 때문에, 그건 더 진정한 형태의 관계를 형성하는 데 방해가 될 뿐이라고 느꼈기 때문에 나는 아무 대답도 하지 않았다. 또한 내 말이 틀에 박힌 것처럼 들린다는 그녀의 말에 조용히 동의했다. 나는 왜 내가 그녀와 그렇게 부자연스러운 말투로, 내 자신처럼 들리지 않는 말투로 이야기하고 있는지 스스로에게 물었다.

30초 정도 멈춘 후 그녀는 말했다. "죄송해요. 제가 또 그랬네요, 그렇죠?"

"그럴 수도 있죠."

"우리 엄마는 마음을 읽을 수 있어요."

"진짜요."

"꼭 그렇지는 않아요. 그녀는 항상 내 머릿속에서 내가 하는 일의 문제점을 말해 주죠. 정확히는 말하는 게 아니에요. 소리질러요. 그녀를 머릿속에서 지울 수가 없어요."

나는 이제 Y씨가 옷차림을 통해 그녀와 그녀의 어머니가 한 사람이고, 같은 나이, 같은 옷 스타일, 같은 검토 방식, 같은 사고 방식, 같은 대화 방식, 같은 비난 방식을 가졌다는 것을 나에게 보여 주고 있다는 감각을 스스로 말로 표현할 수 있게 되었다. 하지만 동시에 그녀의 어머니는 그녀에게 타인이었다. 환자는 이 점에 대해 매우 혼란스러워했다. 나도 마찬가지였다. 그녀는 어머니가 자신의 머릿속에 있다고 느꼈지만 현재 그녀의 머릿속은 여전히 이 지점에서 자신의 것이 아니기 때문에, 머릿속의 어머니에게 자신을 완전히 잃어버릴까 봐 두려움을 느꼈다. 무슨 일이 일어나고 있는지에 대한 이러한 생각은 결코 결론이나 설명이 아니었다; 그것은 (주로 수치심 및 자신과의 평범한 연결감의 상실에 대한) 인상, 가능성, 궁금증, 느낌, 기술이었다. 환자에게 머릿속의 목소리에 대해 질문하지 않은 이유는 그런 종류의 질문이 의식 수준의(이차 과정의) 반응을 이끌어 내어,

이 순간 일어나고 있는 경험의 좀 더 원시적이고 미분화된 측면으로부터 벗어나 우리를 표면으로 유도할 수 있다는 점을 다시 한번 우려했기 때문이었다.

나는 말했다, "깨어날 수 없는 악몽 같네요."

"내가 당신을 믿을 수 없다고 그녀가 말하는 것 같아요."

"나는 놀랍지 않아요."

"당신은 그녀가 무섭지 않아요?"

"네, 아니에요." 나는 그녀에게 "왜 그래야 하나요?"라고 묻지 않았다. 왜냐하면, 다시 말하지만, 나는 설명을 찾았던 것이 아니라 기술을 찾았던 것이었기 때문이다. 회기의 이 시점에서 무언가 달라졌다. 나는 환자나 환자의 미릿속 어머니가 두렵지 않다고 말했을 때 진실하게 말하고 있었다.

"그래야죠."

"정말."

"당신을 놀리는 거예요." 그녀는 나를 놀리고 있을 뿐만 아니라 사랑스러운 방식으로 나에게 플러팅하고 있었는데, 그것은 어머니에 의해 소유되었을 때는 온전히 느끼지 못했던 자기의 일부가 반영된 것이었다. 그녀의 플러팅은 도착적이거나 연극적으로 느껴지지 않았고, 나에게는 나를 좋아하는 그녀의 여성적인 방식의 진정한 표현으로 느껴졌다. 이제 그녀의 눈에는 대기실에서 나를 만났을 때 최면에 걸린 듯한 눈빛과는 확연히 대조되는 반짝임이 있었다.

회기가 끝날 무렵, 나는 Y씨에게 다시 만나고 싶냐고 물었다.

그녀는 "그때도 지금과 똑같을 건가요?"라고 대답했다.

나는 "예 그리고 아니요. 당신이 나를 오늘 만난 그 사람으로 알아보겠지만, 또한 다음 만남에서 뭔가 다른 일이 일어나기를 기대합니다. 다음에 다시 당신이 나를 알아가야 하고, 나도 당신을 다시 알아가야 한다는 뜻일 수도 있어요."라고 말했다. 나는 내가 또다시 장황해지고 형식적인 말투에 빠져들고 있다고 느꼈다.

"그럼 내가 전화해서 알려드릴게요."

일주일 후 Y씨는 전화해서 "괜찮으시다면 한 번 더 만나고 싶어요."라고 했다.

나는 괜찮다고 했다.

우리는 약 두 달 동안 '일회성' 만남을 이어갔고, Y씨가 이후 정기적으로 만나자고 요청했다. 환자가 나를 점점 더 그녀의 마음을 사로잡거나 연극 공연에 함께하고 싶은 사람으로 경험하는 것이 줄어들면서 만남의 횟수를 주 4회로 조금씩 늘렸다. 그러나 내가 "모조 분석가"일 뿐이라는 느낌이 역전이에서 사라진 것처럼, 전이에서도 그런 의심이 사라진 것은 결코 아니었다.

분석 회기에 대한 이 설명에서, 나는 해독하고, 파악하고 또는 해석에 도달하기 위한 단서를 수집하는 것이 아니라 내가 주목한 것을 기술한다. 내가 내 자신에게 던진 질문은 "왜?" "어째서?" "환자의 환청의 원인은 무엇인가?"를 알아내는 것이 아니었다. 그 대신, 나는 이 환자와 같은 방식으로 사는 것이 어떤 느낌인지, 그리고 내가 이 환자와 이야기할 때의 이상하고 혼란스러운 방식에 관심이 있었다. 나의 관찰, 인상, 레브리는 무슨 일이 일어나고 있는지에 대한 설명을 찾기 위한 것이 아니었다. 오히려 그것은 환자와 나 자신을 위해 (회기의 끊임없이 변화하는 현재 순간에) 환자가 누구인지, 그리고 내가 누구인지 기술하려는 노력에서 활용할 수 있는 요소였다.

독자들은 내가 환자에게 자신의 경험을 이해하도록 도와달라고 요청하지 않았다는 것을 알아챘을 것이다. 예를 들어, 나는 환자에게 머릿속에 있는 어머니가 자신에게 비판적인 말을 질러댈 때의 소리와 같은 특정 경험에 대한 언급을 "작성"해 달라고 요청하지 않았다. 그리고 환자에게 내 자신을 설명하려고 하지 않았고, 대신 바라건대 환자가 호기심과 함께 견딜 수 있는 수준의 불안을 이끌어 낼 수 있는 방식으로 이야기했다(예를 들어, "나도 이상해요."라고 말했을 때). 또한 환자와 자연스럽게 대화하지 못한 것은 단순한 '실수'가 아니라 나 자신과의 연결이 상실된 것에 대한 생산적인 표현이었으며, 환자가 자신이 누구인지 잃어버린 경험을 그대로 반복하지는 않았지만 반영한 것이라고 말하고 싶다.

그리고 대부분의 경우 내가 무슨 말을 했는지 Y씨가 "이해"하도록 도우려고 노력하지 않았다. 내 말은 종종 이런 식이었다: "정말." 또는 "나는 놀랍지 않아요." 또는 "아니요, [두렵지 않아요]". 나는 "깨어날 수 없는 악몽같네요."라고 말할 때처럼 환자가 경험하고 있다고 내가 상상하는 것을 (비유를 들어) 기술하려고 노력하기도 했다. 이미 머릿속이 두 사람으로 (느껴진 것에 의해) 점유되어 있는 환자와 대화할 때는 "~같네요."를 포함하는 것이 특히 중요했다.

내가 이 환자와 말하는 방식의 이러한 측면은 우리 모두 말을 할 때 이해받기를 원하면서도 동시에 오해받기를 원하며, 우리가 들을 때는 이해하려는 욕구와 오해하려는 욕구를 동시에 가지고 있다는 나의 강한 느낌을 반영한다. 이해하려 하는 욕구와 오해하려 하는 욕구는 알려지지 않으려는 욕구, 필요한 고립 속에 놓여 있는 자기의 측면을 유지하려는 욕구를 단지 부분적으로 반영한다(Winnicott, 1963에서 기술). 내 경험상, 환자가 **오해받고자** 하는 소망은 **이해받고자** 하는 소망보다 그녀 자신만의 방식으로 자신을 실현하려는 노력을 기울이는 경우가 더 많다. 이해받고자 하는 소망은 내재적으로 종료에 대한 소망, 즉 현재 자신이 누구인지 인정받고자 하는 소망을 담고 있다. 대조적으로, 오해받고 싶은 환자의 소망에는 (분석가에게 보여지는 것과는 반대로) 스스로를 꿈꾸고 싶은 소망이 포함되어 있다는 것을 알게 되었다. 환자의 자기 발견에 대한 욕구를 존중하는 것은 나에게 "너무 많이 알지 말 것"을 요구한다(Winnicott, 1963, p. 189). 오해를 통해, 환자나 내가 예상할 수 없었던 그녀의 경험을 표현해 보기 위해 내 이해의 "벗어남(off-ness)"을 활용해야 하는 입장에 놓이게 된다—"그것"이 아니라 "이것"에 더 가깝다—이것은 이해의 특정한 "벗어남"이 없었다면 상상할 수(꿈꿀 수) 없었을 것이다. 여기서 나는 제임스 그롯스타인이 (우리가 25년 전 나눈 대화에서) 비온과의 분석의 한 순간에 대해 기술한 내용을 떠올린다. 비온의 해석 중 하나에 대해 그롯스타인은 "이해한다."라고 말했다. 비온은 참을성 없이 대답했다. "이해하려(understand) 하지 마세요. 만약 해야 한다면, 메타(meta, 초월, 변화)-스탠드, 파라(para, 준, 초월)-스탠드, 서컴(circum, 주변, 둘레)-스탠드하세요, 하지만 제발 언더(under, 아래, 속에)-스탠드하려 하지 마세요."(Grotstein, 2008, 개인적 대화). 이러한 관점에서 볼 때 이해한다는 것은 오해하는 행위와 이해의 "벗어남"을 가지고 무언가를 하는 행위에 비해 다소 소극적인 심리 활동이다. 이해 작업은 분석 회기에서 한때 살아있던 경험을 "죽이는" 위험을 수반한다. 일단 경험이 "파악"되면 죽게 된다. 일단 어떤 사람이 "이해"되면, 그는 더 이상 흥미롭지 않고 더 이상 살아있는, 펼쳐지는, 신비로운 사람이 아니다.

노트

이번 장에서 발표한 치료적 사고의 일부를 발전시킬 수 있도록 도와준 '목요 세미나' 회원들께 감사드린다.

참고문헌

Civitarese, G. (2008). *The Intimate Room: Theory and Technique of the Analytic Field*. London: Routledge.

Civitarese, G. (2016). *Truth and the Unconscious in Psychoanalysis*. London: Routledge.

Ferro, A. (2005). *Seeds of Illness, Seeds of Recovery: The Genesis of Suffering and the Role of Psychoanalysis*. London: Routledge.

Ferro, A. (2011). *Avoiding Emotions, Living Emotions*. London: Routledge.

James, W. (1890). Stream of thought. In *The Principles of Psychology, Vol. 1*. New York: Dover Publications, pp. 224–290.

Jarrell, R. (1955). To the Laodiceans. In *Poetry and the Age*. New York: Vintage, pp. 34–62.

Ogden, T. H. (1994). The analytic third-working with intersubjective clinical facts. *The International Journal of Psychoanalysis*, 75:3–19.

Ogden, T. H. (2004). This art of psychoanalysis: Dreaming undreamt dreams and interrupted cries. *The International Journal of Psychoanalysis*, 85:857–877.

Ogden, T. H. (2007). Elements of analytic style: Bion's clinical seminars. *The International Journal of Psychoanalysis*, 88:1185-1200.

Schafer, R. (1980). Narration in the psychoanalytic dialogue. *Critical Inquiry*, 7:29-53.

Schafer, R. (1983a). *The Analytic Attitude*. New York: Basic Books.

Schafer, R. (1983b). Resisting and empathizing. In *The Analytic Attitude*. New York: Basic Books, pp. 66-81.

Winnicott, D. W. (1963). Communicating and not communicating leading to a study of certain opposites. In *The Maturational Processes and the Facilitating Environment*. New York: International Univ. Press, pp. 179-192.

Winnicott, D. W. (1974) [1971]. Fear of breakdown. In *Psychoanalytic Explorations*, edited by C. Winnicott, R. Shepherd, and M. Davis. Cambridge, MA: Harvard Univ. Press, 1989, pp. 87-95.

4장

파괴성 재고찰: 위니콧의 "대상 사용과 동일시를 통한 관계 맺기"에 대하여

「대상 사용과 동일시를 통한 관계 맺기」는 아마도 위니콧의 가장 어려운 논문이자 가장 중요한 논문 중 하나일 것이다. 1968년 11월 12일 저녁, 위니콧이 뉴욕 정신분석 연구소에서 이 논문을 처음 발표했을 때 슬픈 이야기가 있다. 위니콧에게는 실망스럽게도 이 논문에 대해 당황스럽고 회의적인 반응을 받았다. 밀로드는 모임의 공식 회의록에서 "위니콧 박사는 매력적이고 기발한 방식으로 답하기를, 자신의 개념이 산산조각 났으며 기꺼이 포기하겠다고 말했다."고 기록했다(Rodman, 2003, p. 328). 모임 직후 위니콧은 심장마비를 일으켰다. 뉴욕에서 발표된 논문을 수정해서 다음 해『국제정신분석 저널』(Winnicott, 1969a)에 발표하였으며, 그 논문의 약간 수정된 버전은 사후에『놀이와 현실』(1971)에 출판되었다. 위니콧은 "1971년 1월 25일 사망 당일에도『놀이와 현실』에 게재하기 위해 그 논문을 수정하고 있었다."고 한다(Samuels, 2001, p. 38). 이 장에서는 1971년 논문에 대해 논의하겠다.

그 논문에는 너무 많은 것이 제안되어 있어서 읽을 뿐만 아니라, 쓰는 데도 참여해야 한다. 이 장에서 내가 발전시킨 생각들은 위니콧의 논문을 내 자신이 읽고 쓴 것을 나타낸다—내가 논문에 대해 어떻게 이해하는지(make of) 그리고 더 중요한 것은 논문으로 무엇을 만들어 내는지(make with) 나타낸다.

"이 논문의 주제"

위니콧은 논문의 첫 문단에서 친근하고 대화하듯 이야기하며 논문의 나머지 부분에 대한 분위기를 설정한다:

> 내가 해석해야 한다는 개인적인 욕구로 인해 특정 분류 범주의 환자들에게 얼마나 많이 깊은 변화를 막거나 지연시켰는지 생각하면 소름이 끼친다. 우리가 단지 기다릴 수만 있다면 환자는 창조적으로 엄청난 기쁨으로 이해에 도달할 것이고, 나는 나 자신이 똑똑하다는 느낌을 즐겼던 것보다 이 기쁨을 더 즐길 것이다. 내가 해석을 하는 것은 주로 환자가 나의 이해의 한계를 알게 하려는 것이라고 생각한다. 그 원칙은 바로 환자가 그리고 환자만이 해답을 지녔다는 것이다. (pp. 86-87, 원서 강조)

이 구절은 내게 진실의 화음을 울려주지만, 위니콧이 "나는 주로 환자에게 내 이해의 한계를 알리기 위해 해석한다."고 말할 때 무엇을 염두에 두고 있는지 궁금하다. 그는 이 질문에 대해 독자가 자신만의 "답"을 자유롭게 발전시키도록 둔다(환자들에게도 그렇게 하려고 한다). 앞으로 살펴보겠지만, 위니콧은 이 논문을 읽는 독자의 경험을 활용하여 자신이 염두에 두고 있는 것을 **말하기보다는 보여 준다.** 왜냐하면 자신이 염두에 두고 있는 것의 대부분은 말하거나 설명할 수 없고 경험해야 하기 때문이다.

위니콧은 해석하지 말라는 말 바로 뒤에 해석의 중요성에 대해 말한다:

> 이와는 대조적으로 분석가가 해야 하는 해석 작업이 있다. 이것이 분석과 자기 분석을 구별하게 한다. 분석가의 해석이 효과를 가지려면 분석가를 주관적 현상의 영역 밖에 둘 수 있는 환자의 능력과 관련되어야 한다. 이때 관련된 것은 분석가를 사용하는 환자의 능력이다. 이는 이 논문의 주제이다. (p. 87, 원서 강조)

위니콧은 연속된 단락에서 두 가지 외관상 상반된 아이디어를 제시한다. "해석 욕구"에 굴복해서는 안 된다는 것과 그리고 "분석가가 해야 할 해석 작업"이 있다는 것이다. 위니콧은 이 두 아이디어 사이의 관계를 설명하지는 않지만, 다음과 같이 말하면서 몇 가지 지침을 제시한다. "분석가의 해석이 효과를 가지려면 분석가를 주관적 현상의 영역 밖에 둘 수 있는 환자의 능력과 관련되어야 한다." 분석가의 해석이 "효과를 가지려면" (현실 세계에 영향을 미치려면) 환자가 "분석가를 주관적 현상의 영역 밖에 둘 수 있는" 능력을 발달시킨 후에야 해석이 이루어져야 한다. 위니콧은 이 문장이 무엇을 의미하는지 자세히 설명하지 않고 "이 논문의 주제"라고 말한다. 흥미롭게도 위니콧은 논문의 후반부에서 분석가의 해석 사용과 (또는 사용의 자제와) 관련하여 이처럼 매우 중요한 아이디어로 되돌아가서 단 한 번의 짧은 암시만 한다.

논문의 이 시점에서 독자는 위니콧이 분석에서 해석의 위치에 관해 염두에 두고 있는 것이 무엇인지 제대로 이해하지 못하고 그가 자신의 아이디어에 어떻게 도달했는지도 제대로 이해하지 못한 채 놓여 있게 된다.

이론적 진술

논문의 두 번째 부분에서—그 "부분"의 이름이나 번호는 없지만, 나는 이 논문을 주제별로 네 부분으로 나눈 것으로 보고 있다—위니콧은 이 논문에서 관심 갖고 있는 대상과의 두 가지 유형의 관계성 간의 차이를 명료화한다: 대상-관계 맺기와 대상-사용.

> 내가 대상 사용에 대해 말할 때 대상-관계 맺기는 이미 당연한 것으로 받아들인다. 그리고 여기에 대상의 특성과 행동을 포함하는 새로운 특징들이 덧붙여진다. 예를 들면, 대상이 사용되기 위해서는, 그 대상이 투사의 다발이 아니라 공유된 현실의 한 부분이라는 의미에서 현실적인 것이어야 한다. (p. 88, 강조 추가)

여기서 위니콧은 정신분석의 전통적인 용어를 반전시켜서 '대상-관계 맺기'라는 용어를 사용하여(보통 성숙한 전체-대상 관계성을 지칭할 때 사용된다) 대상이 자아의 확장인 '투사의 다발'인 좀 더 원시적인(자기애적인) 형태의 대상 관계성을 가리킨다; 그리고 그는 '대상의 사용'이라는 용어를 사용하여(보통 타인의 착취와 관련된다) 주체가 "공유된 현실"의 외부 세계에 살고 있으며 대상을 진정으로 자신의 외부로 경험하는 성숙한 대상-관계성을 가리킨다. 이러한 반전은 독자로 하여금 자신이 알고 있다고 생각했던 것에 대한 집착을 느슨하게 하고 모르는 것에 대해 자신을 개방하게 한다.

위니콧은 이야기 하나를 하면서 자신의 이론적 진술을 마무리한다:

두 아기가 젖을 먹고 있다. 한 아기는 자기의 젖을 먹고 있다. 왜냐하면 젖가슴과 아기는 아직 (아기에게는) 분리된 현상이 되지 못했기 때문이다. 다른 아기는 나-아닌-출처 또는 그것이 보복하지 않는 한 결과에 대한 고려 없이 무신경하게 취급할 수 있는 대상으로부터 젖을 먹고 있다. 분석가들과 마찬가지로, 어머니들은 좋은 어머니일 수도 있고 충분히 좋은 어머니가 되지 못할 수도 있다. 어떤 어머니들은 아기를 관계 맺기로부터 대상 사용으로 옮겨줄 수 있지만 어떤 어머니들은 그럴 수 없다. (p. 89)

이 문장에는 다음 절에 포함된 논문의 핵심을 예시하는 두 개의 "미완성 작업"이 있다. 하나는 나-아닌-출처가 아기에 의해 "무신경하게 취급받을 수 있다."는 생각이다. 다른 하나는 "무신경한 취급"에 추가된 불길한 한정 문구이다: "보복하지 않는 한". 다시 한번 의미가 제안된다. 단지 제안될 뿐이다.

혁신적인 아이디어의 집합

자신의 용어를 정의한 위니콧은 이 논문의 세 번째이자 가장 급진적인 부분을 놀라운 방식으로 시작한다:

> 이제 나는 논지를 바로 진술할 준비가 되어 있다. 내가 거기에 도달하기 두려운 것은, 일단 내가 그 논지를 진술하면, 내가 소통하고자 하는 목적이 끝나는 것이 아닌가 두려운 것 같다. 왜냐하면 그 논지가 매우 단순하기 때문이다. (p. 89)

독자에게 이렇게 말하는 방식은 위니콧만의 독특한 방식이다. 다른 어떤 정신분석가도 이런 식으로 글을 쓰지 않는다. 여기서 위니콧은 대상을 사용하는 것이 어떤 느낌인지 우리에게 보여 주고 있다고 생각한다. 그는 논문의 주요 주제를 말할 "준비"가 되어 있지만, 일단 그것을 독자에게 말하고 나면 그것은 다른 사람들의(독자의) 즉, 현실의 사람들의 손에 넘어가기 때문에 그렇게 하는 것을 두려워한다. 그리고 그들은 현실이고 그들 자신의 마음을 가진 분리된 사람들이기 때문에, 그가 그들에게 바라는 것과는 상관없이, 그들은 자신의 생각을 가지고 뜻하는 대로 자유롭게 할 수 있다. 이것이 바로 위니콧이 독자들에게 독서의 경험으로 살아나게 한 논문의 "논지"이다.

그의 주요 주제는 전혀 단순하지 않다:

> 대상을 사용하려면 주체가 대상을 사용할 수 있는 역량이 발달되어야 한다. 이것은 현실 원칙에 대한 변화의 일부이다. (p. 89, 원서 강조)

이 두 문장 중 첫 번째 문장은 터무니없이 자명해 보일 수 있다: "대상을 사용하려면 주체가 대상을 사용할 수 있는 **역량**이 발달되어야 한다." 하지만 위니콧이 말하는 것은 결코 자명하지 않다. 사실, 어떤 분석가가 대상을 사용할 수 있는 역량을 발달시키는 과정을 탐구한 것은 이번이 처음일 수 있다("[이전에는] 구체적으로 연구된 적이 없을 수도 있다", p. 86). 위니콧은 이 두 번째 문장에서 이러한 역량을 발달시키는 과정에 대한 자신의 개념이 어떻게 개인이 현실 세계를 대면하는 능력을 발달시키는지(어떻게 현실 원칙이 인간 의식의 차원이 되는지)에 대한 우리의 개념을 바꾼다고 제안한다.

위니콧은 이 "주요 주제"를 구체화하면서 대상-관계 맺기에서 대상의 사용으로 이동하는 것은 선천적인 성숙 과정이며, 성공적인 발달을 위해서는 현실 사람("촉진적 환경", p. 89)에 의존한다고 말하면서 시작한다.

이 시점에서 위니콧은 자신의 "주요 주제"의 함의에 대해 인상적인 발언을 한다:

> [논의 중인] 순서에 있어서 먼저 대상-관계 맺기가 있고, 다음으로 그 끝에 대상-사용이 있다고 말할 수 있다. 그러나 그 사이에 아마도 인간 발달 과정에서 가장 어려운 것이 있다, 또는 수정을 필요로 하는 모든 초기 실패들 중에 가장 짜증나는 일이 있다. 관계 맺기와 사용 사이에서 주체가 대상을 주체의 전능통제 영역 바깥에 두는 일이 일어난다. 즉, 주체가 대상을 투사된 실체로서가 아니라 외적 현상으로서 지각하는 일, 실제로 그 자체의 권리를 지닌 실체로서 대상을 인식하는 일이 일어난다. (p. 89)

이제 이 논문에서 가장 어렵고, 가장 수수께끼 같으면서도 가장 풍부하게 환기시키는 세 단락을 위한 무대가 마련되었다. 이 단락들은 또한 문학적 형식 측면에서 분석 문헌에서 가장 특이한 문단 중 일부이다. 바로 전언어적인 유아와 그의 어머니 사이의 상상의 "대화"이다.

이 세 단락의 첫 문장이 가장 먼저 눈에 띈다:

> (관계 맺기로부터 사용으로) 이러한 변화는 주체가 대상을 파괴한다는 것을 의미한다. (p. 89)

위니콧은 "안락의자 철학자"가 이 진술에 반대해서 "만약 대상이 외적인 것이라면, 대상은 주체에 의해 파괴될 것이다."고 주장할 것이라고 예상한다(pp. 89-90). 달리 말하자면, 외적 대상이 주체에 의해 파괴된다면 외적 대상이라는 것은 없을 것이라는 것이다.

위니콧은 안락의자 철학자가 "환자와 함께 바닥에 앉아"(환자와 함께 분석적 경험을 해 본다면) "중간 포지션이 있다는 것을 알게 될 것"(p. 90)이라고 답한다:

> … "주체가 대상과 관계 맺은" 뒤에는 (대상이 외적인 것이 되면서) "주체가 대상을 파괴한다". (p. 90)

이 말에 나는 발걸음을 멈췄다. 나는 대상이 외적인 것이 되면서 주체가 대상을 파괴한다는 것이 진정으로 무엇을 의미하는지 모르겠다(이 논문을 읽고 또 읽으면서 아주 서서히 깨닫게 되는 것이 있는데, 바로 이 문장들에서 "파괴"라는 단어가 다시 만들어지고 있다는 점이다. 이 단어는 이전에는 아무도 부여하지 않았던 의미를 가지고 있으며, 나는 이 논문의 이 시점에서 그 단어가 의미하는 바를 배우기 시작했다).

문장은 다음으로 끝난다:

> 그러고 나서["주체가 대상을 파괴한" 후에] "대상이 주체에 의한 파괴에도 살아남는" 일이 생길 수 있다. (p. 90, 원서 강조)

위니콧은 사실 "투사의 다발"로서 대상과의 관계 맺기로부터 분리된 인간으로서 대상과의 관계 맺기로 나아가기 위해서는 주체가 대상을 파괴해야 한다고 말하고 있다. 궁금한 것은, 위니콧은 주체가 대상을 파괴하는 환상을 말하는 것인지, 아니면 주체가 **현실적으로** 별개의 실체로서 대상을 파괴하는 것을 말하는 것인지이다. 그리고 실제로 외적 대상을 파괴한다는 것은 무엇을 의미하는가? 만일 그 파괴가 단순히 환상에 불과하다면, 이것은 대상-관계 맺기에 수반된 투사들과 어떻게 다른가? 그리고 만일 그 파괴가 환상적 파괴가 아니라 외적 대상의 진짜 파괴라면, 그 대상이 "살아남는" 것은 무엇을 의미할까?

바로 여기에서 논문이 가장 짜릿하게 살아난다:

> 이처럼 대상-관계 맺기 이론 안에 하나의 새로운 특징이 등장한다 [대상 사용으로 발전하면서]. 주체가 대상에게 말한다: "내가 너를 파괴했어." 그리고 대상은 거기에 있으면서 그 소통을 받아들이고 있다. 이제 주체는 말한다: "안녕(Hullo) 대상!" "내가 널 파괴했어." "난 널 사랑해." "내가 너를 파괴해도 네가 살아남았기 때문에 너는 내게 가치 있는 거야." "내가 너를 사랑하는 동안 (무의식적) 환상 안에서 내내 너를 파

괴하고 있었어." (p. 90, 원서 강조)

　　수십 년 동안 나는 다음 글을 읽어왔다. "'안녕 대상!' '내가 널 파
괴했어.' '나는 너를 사랑해.' '내가 너를 파괴해도 네가 살아남았기
때문에 너는 내게 가치 있는 거야.'" 전능한 내적 대상인 어머니를 파
괴하는(의존을 포기하는) 유아의 경험으로서 말이다(Ogden, 1983,
1986 참조). 나는 내적 대상인 어머니에 대한 포기가(환상적 파괴가)
외적 대상인 어머니의 현실성을 경험할 수 있는 유아의 출현하는 능
력을 위한 길을 열어준다고 생각했다.

　　대상의 "파괴"에 대한 이러한 독해는 "주체가 대상을 파괴"할 때
일어나는 일을 지금 내가 이해하는 방식과는 상충된다. 대상의 파괴
에 대한 나의 초기 이해에는 위니콧의 "주체가 대상을 파괴한다."는
개념의 핵심 요소가 포함되지 않았던 것 같다: 대상-관계 맺기에서
대상-사용으로 이동하는 발달 과정에서 파괴되는 것은 (내적 대상이
아닌) 실제 외적 대상이다. 지금 생각해 보면 나의 잘못된 독해는 현
실 외적 대상, 현실 사람이 파괴된다는 것이 무엇을 의미하는지 이
해하지 못한 데서 비롯된 것이다.

　　유아가 어머니에게 "'내가 너를 파괴했어.'라고 하고, 그리고 대상
은 거기에 있으면서 그 소통을 받아들이고 있다."고 "말한" 후, 유아
가 어머니에게 하는 말은 잊을 수 없는 방식으로 표현된다: "이제부
터 주체는 말한다: '안녕 대상!'"―유아가 자신이 사랑하는(그리고 사
랑받는다고 느끼는) 살아남은 어머니에게 보내는 인사의 안도감과 기
쁨을 어떻게 하면 말로 더 잘 표현할 수 있을까? 이는 이전에는 결코
경험하지 못한 방식으로 자신과 분리된 인간인 어머니에게만 경험할
수 있는 것이기 때문이다. 느낌표는 여기서 중요한 무대 연출이다.

그런 다음 유아는 이번에는 더 자신감과 자부심을 가지고 자신의 성취를 자랑스럽고 기쁜 마음으로 다시 외친다: "내가 널 파괴했어." "난 널 사랑해." "내가 너를 파괴해도 네가 살아남았기 때문에 너는 내게 가치 있는 거야."

이 활기찬 글귀를 읽을 때마다 생후 6개월 정도였던 내 아이 중 한 명이 음식 쟁반을 앞에 두고 왕처럼 높은 의자에 앉아 있던 모습이 생생하게 기억난다. 내 눈을 똑바로 바라보며 쟁반 위에 놓여 있던 작은 프랑크 소시지를 집어 들던 아이의 얼굴에 활짝 웃음이 번지고, 온몸의 힘을 다해 땅바닥에 던지며 기쁨의 비명을 지르던 아이의 짜릿한 표정이 기억난다. 나는 그 프랑크 소시지를 집어 쟁반에 다시 올려놓으며 아이와 눈을 떼지 않았고, 아이는 다시 땅바닥에 던지면서 웃고, 던지고, 또다시 기쁨의 비명을 지르곤 했다(그는 몇 달 전부터 비슷한 게임인 까꿍 게임을 시작했지만, 그 게임에는 떨어뜨리기 게임만큼의 기쁨이 없었다).

그러나 이 행복한 그림은 대상-관계 맺기와 대상 사용 사이의 "중간 포지션"(p. 90)에 대한 그림이 아니다. 오히려 이 그림은 유아가 자신의 일차적 대상이 견고하다는 것과 그것을 생각없이, 거부적으로, 아무렇지 않게, 무심코, 장난스럽게, 경멸적으로, 격분해서, 거만하게 다룰 수 있다는 것을 발견했을 때 느끼는 큰 안도감과 기쁨을 보여 주는 그림이다. 그러는 동안 대상이 살아남을 수 있다고 믿을 수 있다. "주체는 이제 살아남은 대상을 **사용**할 수 있다"(p. 90, 원서 강조). 덧붙이고 싶은 것은, 그것은 또한 대상 영속성, 대상 항상성, 상당한 상징화 역량, 내적 세계와 외적 세계의 분화(만약 외적 대상이 있다면 그 외부성을 느낄 수 있는 별도의 내적 자기가 있어야 한다), 그리고 의식적 및 무의식적 마음 측면의 분리를 성취하는 그림이다.

"여기서 개인의 환상이 시작된다"(p. 90).

이 대상-사용 단계 이전에는 위니콧의 논문의 "주요 주제"인 "중간 포지션"이 있다. 이 중간 포지션에서 "주체가 대상을 파괴"한다. 그리고 무의식적 환상 속에서 계속되는 대상의 파괴에서 주체가(유아가) "지불해야 하는 대가"(p. 90)가 있다. 그런데 내적 대상인 어머니(환상적 어머니)와 달리 어머니로서 파괴되는 고통을 느끼는 "대상", 즉 실제 인간인 어머니가 지불하는 대가는 무엇일까?

위니콧은 이 질문에 "답"하지는 않았지만, 내가 보기에 이 질문과 직접적인 관련이 있다고 생각되는 말을 했다. 위니콧은 이 논문 전체를 이해하는 데 중추적인 역할을 하는 문장을 통해 그렇게 말한다:

> 이는 정서적 성장의 초기 단계에서 개인이 도달할 수 있는 포지션으로서[대상-관계 맺기와 대상-사용 사이의 중간 포지션으로서], 현실이기 때문에 파괴되고, 파괴되기 때문에(파괴되고 소모될 수 있기 때문에) 현실이 되는 과정에서 점유된 대상들의 실제 생존을 통해서만 도달할 수 있다. (p. 90)

이 문장은 구문 구조도 이 문장이 만들어 내는 역설의 구조도 모두 복잡하다. 이 문장의 첫 번째 부분은 다음과 같이 의역할 수 있다: 유아나 아동이 정서적 유대를 맺고 있는 사람("점유된 대상")의 생존을 통해서만 정서 발달 초기에 대상 사용을 달성할 수 있다. 이는 이미 말한 내용을 반복하는 것처럼 보이기 때문에 못믿을 정도로 단순한 생각이다: 대상-사용은 대상의 생존을 통해서만 성취될 수 있다. 하지만 이 문장에서 내게 눈에 띄는 단어는 "실제 생존"이다. 위니콧은 은유적으로 말하는 것이 아니다. 대상은 **사실상 (현실에서)** 정서적으로 (그리고 아마도 물리적으로) 생존하지 못할 수 있다.

이 문장은 내가 이 논문에서 가장 독창적이라고 생각하는 일련의 아이디어로 이어진다. 어머니가 "현실이기 때문에 파괴되고, 파괴되기 때문에 현실이 되는 과정"에 있는(강조 추가) 이 순간에 대상의 실제 생존이 결정적이라는 것이다. 지금도 이 글을 읽으면 마음이 뭉클해진다. 나는 이 두 가지 생각을 가지고 무언가를 해 보려고, 그리고 나름의 이해에 도달하려고 많은 시간을 보냈다. 대상이 "[현실이기 때문에] 파괴되고 있다."고 말하는 것은 무엇을 의미할까? 위니콧의 논문은 매우 중요한 아이디어를 설명하지 않고 단지 제안만 하는 매우 난해한 형태로 남겼기 때문에, 여기서 우리는 위니콧의 논문을 "쓸" 수밖에 없다.

나는 유아가 대상 사용을 성취하는 발달 과정에서 대상이—실제로 살아있고, 숨쉬고 정서적으로 반응하는 외적 대상인 어머니가—(필연적으로, 피할 수 없이) "파괴된다"고 말하는 것으로 논문의 이 부분을 "쓰고 싶다". 내가 실제 어머니가 파괴되고 있다고 말할 때 의미하는 것은 유아에게 충분히 좋은 어머니로서 어머니 자신의 경험이 심각한 공격을 받고 있으며 "파괴되는" 과정에 있다는 것이다. 위니콧은 이 논문에서 때때로 "파괴되고 있다."라는 표현을 사용하기도 하고, 때때로 "파괴되었다."라는 더 강한 단일 단어를 사용하여 어머니-유아 관계의 발달에서 이 순간 "대상"(어머니)을 기술한다. 이 과정에서 어머니와 유아는 서로 다른 시점에서 어머니가 파괴되는 것처럼 느끼기도 하고, 어머니가 파괴되었다고 느끼기도 한다는 점에서 두 표현이 모두 정확하다고 생각한다.

위니콧은 대상-관계 맺기에서 대상-사용으로 이동하는 과정에서 어머니로서 자신에 대한 어머니의 경험에 대한(그리고 어머니에 대한 유아의 경험에 대한) 중요한 무언가가 **실제로** 파괴된다는 현실을 말하지 않고 둔다. 어머니로서 완전히 실패했다는 느낌, 더 나아가 아기를 낳기 전의 자신이 더 이상 존재하지 않는다고 느끼는 매우 고통스러운 경험을 해 보지 않은 어머니가 있을까? 어머니로서 자신에 대한 경험의 파괴는 무수한 형태를 취할 수 있다. 예를 들어, 아기가 끔찍한 고통을 겪을 때 아기를 위로할 수 없거나, 아기에게 젖을 줄 만큼 충분히 사랑하지 못하거나, 아기가 절실히 잠을 필요로할 때 아기를 재울 수 없거나, 아기가 태어나기 전 자신의 삶에서 누렸던 모든 자부심, 유능함, 창의성의 즐거움과 원천을 빼앗아 갔다고 아기를 미워하는 경우, 또는 어머니로서의 적절성에 대한 어머니의 믿음을(때로는 어떤 종류의 가치 있는 사람으로서의 적절성을) 유아나 아동이 **실제로** 파괴할 수 있는 수천 가지 다른 방법 중 하나라도 해당되기 때문에 어머니가 될 자격이 없다고 느끼게 될 수 있다. 아기는 어머니를 공격하거나 어머니를 파괴하기 위해 이런 행동을 하는 것이 아니라, 단지 단순히 자신이 유아이기 때문에 그렇게 한다. 어머니에게 끊임없이 어떤 어머니도 충족시킬 수 없는 신체적, 정서적 요구를 하는 유아이기 때문에 그렇게 하는 것이다. 어머니가 파괴되는 느낌은 유아와 아동의 어머니가 되는 경험의 일부일 뿐이며, 이 경험은 평범하면서도 상상할 수 없을 정도로 강렬하고, 고통스럽고, 지치고, 뿌듯하고, 무섭고, 축복이다.

어머니로서 "파괴되고 있다."는 느낌은 어머니와 유아의 삶의 초기 몇 달에만 국한되지 않는다. 어머니와 아동의(그리고 나중에는 아버지와 아동의) 삶 전반에 걸쳐 일어나며, 종종 "끔찍한 두 살"일 때 더 잘 눈에 띄고 아동의 청소년기에 더 폭력적으로 나타난다.

내가 생각하는 어머니에 대한 실제 파괴는 로왈드(1979)의 오이디

푸스적 부모의 살해에 대한 생각과 유사한데, 이는 단순히 상징적인 살해가 아닌 살해이다:

> 우리가 직설적인 언어를 피하지 않는다면, 우리 부모의 아이로서 우리 역할에서, 진정한 해방을 [진정으로 독립적인 성인이 되는 것을] 통해 우리는 그들 안에 있는 중요한 무언가를 죽인다—한 방에 모든 것을, 모든 면에서 죽이지는 않지만, 그들이 죽어가는 데 기여하는 것이다. (p. 395)

부모로서 우리는 자녀의 자율성 성취를 방해함으로써 "자녀를 위축시키지 않기 위해"(Loewald, 1979, p. 395) 자녀에 의해 (심리적으로, 신체적으로) 살해당하는 것을 허용해야 한다. 로왈드가 다루고 있는 발달 단계는 대상-사용의 성취와 관련된 것보다 훨씬 나중 일이다. 그럼에도 불구하고 나는 대상 파괴의 현실성에 대한 로왈드의 개념이("우리는 그들 안에 있는 중요한 무언가를 죽인다.") 대상 사용 능력을 발달시키는 지속적인 과정에서 어머니의 파괴에 대해서도 해당된다고 생각한다. 어머니는 유아가 자신의 외부성과 (자신의 내부 세계)에 대한 감각을 발달시키는 데 단순히 촉진자가 아니라 희생자이다. 그녀는 자신이 파괴되는 것을 허용하는 것 외에는 아무것도 하지 않아야 한다.

이제 두 번째 구절로 넘어가겠다(실제로는 두 개의 축약된 문장이다): "파괴되었기 때문에 현실이 된다"(p. 90, 강조 추가). 여기서 대상은 "현실인데 왜냐하면 유아가 어머니가 파괴되었다고 느끼는 방식을 지각하기 때문"이다. 다른 말로 하면, 어머니가 현실의 사람이기 때문에 파괴되는 것과 동시에 유아는 어머니로서 파괴되는 어머니의 경험을 지각한다는 것이다. 유아는 어머니가 (전지전능한 피조물이 아닌 현실 인간으로서) 마치 파괴되는 것처럼 **실제 느끼는** 고통을 감지한다. 이는 대상—관계 맺기와 대상—사용 사이의 기간에서 결정적인 부분이다: 유아는 어머니의 눈을 보고, 어머니의 목소리를 듣고, 어머니가 자신을 안아주는 방식에서 어머니가 "파괴되어 가면서" 경험하는 그 고통을 느낀다.

유아나 아동은 어머니의 의식적 및 무의식적인 정서 상태에 매우 민감하며 그보다 더 중요한 것은 없다(Beebe and Lachmann, 2004; Fraiberg, 1980; Green, 1986; Winnicott, 1960, 1963). 어머니가 "파괴되어 가고 있다는"(어머니로서 부적합하다고 느끼는) 어머니의 고통을 유아가 알아채고 정서적으로 반응하는 것은 대상—관계 맺기와 대상—사용 사이 "중간 포지션"의 필수적인 부분이다. 어머니가 "파괴되었기 때문에 현실이 된다."는 것은 "파괴되어 간다는" 어머니의 감정이 유아에게 현실이 되고 있기 때문에 어머니가 유아에게 현실이 된다는 점에서이다.

동시에 어머니는 현실이기 때문에 살아남는 "과정"에 있다. 그녀는 현실 사람, 즉 그녀 자신의 (원시적일 뿐만 아니라) 성숙한 정서, 생각, 심리적 역량을 가진 성인이기 때문에 파괴에서 살아남을 수 있으며, 어머니로서 **실제로 파괴되는** 경험과 그리고 파괴되고 있기 때문에 **실제로** 살아남을 수 있는 경험을 할 수 있다. 다시 말해, 유아로부터 분리된 성숙한 주체로서 그녀는 자신이 이름뿐인 어머니라는 느낌으로 살아남을 수 있으며, 자신의 (현실적인) 의식적, 무의식적 역량을 동원하여 충분히 좋은 어머니로서의 감각을 회복함으로써 살아남을 수 있다. 심지어 그녀가 충분히 좋은 어머니로서 "파괴되고" 있을 때도 그렇다.

어머니와 유아가 이 정서적 영역을 성공적으로 타협하려면, 어머니는 파괴되는 고통에서 살아남아야 할 뿐만 아니라 자신의 생존을 전달해야 한다. 어머니는 다양한 방식으로 이러한 소통을 하는데, 그녀는 아기와 함께 있는 방식에서 진정으로 살아있고 사랑하는 것이다―유아는 (어머니를 파괴한 후) 어머니를 불안하게 기다리며, 어머니를 발견하면 기뻐한다.

어머니의 삶에 있는 다른 사람들, 예를 들어 그녀의 남편, 어머니, 할머니, 분석가 등은 그녀가 파괴되는 것으로부터 살아남는 데 도움을 줄 수 있다―그들은 그녀에게 문자적으로 및/또는 비유적으로 휴식이나 잠자는 시간을 주어서 유아에 의해 파괴되고 있는 경험과 그 파괴로부터 살아남는 경험을 "꿈꾸도록"(Bion, 1962; Ogden, 2004)―무의식적 심리적 작업을 하도록―할 수 있을 것이다. 또한 어머니는 유아기와 아동기 때 자신을 돌봐준, 그리고 자신에 의해 파괴되는 동안에도 살아남은 사람들과의 실제 경험에서 파생된 무의식적 내적 대상의 존재감을 느껴서, 어머니는 파괴되면서도 살아남는 데 도움을 받을 수도 있다.

논의 중인 문장 부분의 구문은―"현실이기 때문에 파괴되고, 파괴되기 때문에 현실이 되는 과정에서"―파괴하다는 동사가 수동태로(파괴되었다로) 두 번 사용되었다는 점에서 중요한 의미를 지닌다. 이 문장에서 주어(유아)와 동사의 능동형을(파괴하다를) 모두 제거함으로써 "파괴"는 단순히 드러난다(p. 91). 여기에는 유아가 의도적으로 대상을 파괴하는 것이 아니라, 위니콧이 논문의 뒷부분에서 말했듯이 "대상이 객관적으로 지각되는 한 파괴가 나타나고 중심적인 특징이 된다."는(p. 91) 생각이 함축되어 있다. 이런 식으로 위니콧은 구문 구조를 통해 아이디어를 미묘하게 소개함으로써 독자가 아이디어를 더 설명적인 단어로 표현하기 전에 그 아이디어와 함께 살 수 있도록 한다.

논의되고 있는 문장은 파괴되는 과정에서 현실이 되어가는 대상도 "파괴될 수 있고 소모될 수 있다."라는 괄호 안의 진술로 끝이 난다. 다시 말해, 어머니의 '파괴'와 그 파괴에서 살아남는다는 것은 유아가 자신을 소모될 수 있고, 잉여이고, 불필요한 것으로 경험할 수 있을 만큼 충분히 안전하다고 느끼도록 조장한다. 그는 자신이 소모될 수 있는 경험에서 살아남을 것이라는 것을 알고 있다.

어머니가 파괴되는 와중에도 자신과 유아를 위해 살아남는 능력이 유아가 대상을 사용하는 역량을 발달시키는 과정의 핵심인 것처럼, 분석 환경에서는,

> 분석가, 분석 기법, 분석 세팅은 모두 환자의 파괴적 공격에서 살아남거나 살아남지 못한 것으로 나타난다. 이 파괴적 활동은 분석가를 전능한 통제의 영역 바깥으로, 즉 세상 밖으로 내보내려는 환자의 시도이다. 최대의 파괴성을 경험하지 못하면, (대상이 보호받지 못하는 경우) 주체는 분석가를 절대 외부에 두지 않으며, 따라서 분석가를 자기의 일부를 투사한 것으로 사용하여 일종의 자기 분석을 경험하는 것 이상을 할 수 없다. (p. 91)

여기서는 위니콧의 언어가 더 강하다. 분석가는 "최대의 파괴성 (대상이 보호받지 못하는 경우)"에서 살아남아야 한다. 다시 말해, 분석가는 환자의 파괴적인 공격을 방해해서는 안 되며, 예를 들어 환자의 감정의 강도를 완화하려는 해석을 방어적으로 사용함으로써 방어적이 되어서도 안 된다(앞서 언급했던 "내가 해석해야 한다는 개인

적인 욕구로 인해 환자들에게 얼마나 많이 깊은 변화를 막거나 지연시켰는지 생각하면 소름이 끼친다."는(p. 86) 암시가 바로 이런 생각이다.) 이 구절에서 파괴성을 분노와 동등시하지 않는 것이 중요하다. 환자가 분석가를 무시하거나 묵살하거나 잉여로 느끼게 한다고 해서 환자가 분노를 느낄 필요는 없다. 어머니/분석가의 보복 충동은 충분히 이해할 수 있다. 우리 모두는 부모로서, 분석가로서 파괴되는 경험을 반복적으로 겪으면서 부모로서, 분석가로서 보복하고 싶은 충동을 느낀 적이 있다. 그러나 대상-관계 맺기에서 대상-사용으로 넘어가는 과정에는 유아나 환자가 어떤 종류의 보복이든 자신의 온전한 정신에 대한(더 정확하게는 심리-신체에 대한) 공격으로 경험하는 기간이 있다. 이런 상황 아래에서, 어머니/분석가의 실제 보복은 사려 깊고 현명하게 파악하고 대처하지 않으면 돌이킬 수 없는 병인적인 과정을 시작하게 한다.

> 이러한 공격은 특히 망상으로 표현되거나 분석가가 실제로 기술적으로 나쁜 일을 하게 만드는 방식으로 조종될 때 분석가가 견디기 매우 어려울 수 있다. (나는 신뢰성이 가장 중요한 순간에 신뢰롭지 않다는 것과 살아있고 보복의 성질이 없는 측면에서 생존이 중요한 것들에 대해 말한다). (p. 92)

이 구절에서 위니콧은 분석가가(그리고 나아가 어머니가) 환자에 의해 분석가로서 파괴되는 것에 대한 반응으로 느끼는 실제 고통을 처음으로 언급하지만, 분석가/어머니가 환자/유아에게 현실이 되는 주요 매개체로서 분석가의 고통에 대한 환자의 지각과 반응을 파악하지는 못한다. 앞서 논의했듯이, 나는 환자/유아의 분석가/어머니의 고통에 대한 인식과 반응이 대상–관계 맺기에서 대상–사용으로 이동하는 데 매우 중요하다고 생각한다.

요약하자면, 어머니가 "현실이기 때문에 파괴된다."는 생각은 어머니가 현실이기 때문에, 즉 적절한 어머니로서 파괴되는 고통을 경험할 수 있는 현실의 사람이기 때문에 파괴될 수 있다는 것을 시사한다. 그리고 유아가 어머니가 (어머니로서) 파괴되는 과정에서 (분리된 인간으로서) 경험하는 고통의 현실을 감지할 수 있다는 점에서 그녀는 "파괴되기 때문에 현실이 된다". 또한 그녀는 유아의 주관성 외부의 세계에 사는 현실 사람만이 파괴될 수 있고 동시에 유아를 계속 사랑하고 유아를 위해 정서적으로 계속 존재하는 살아있는 존재로서 살아남을 수 있으며, 파괴되는 경험과 파괴되는 것에서 살아남는 경험을 꿈꿀 수(필요한 무의식적인 심리적 작업을 수행할 수) 있다는 점에서 현실이기 때문에 살아남는다

끝나지 않았다: 이론적 요점

위니콧은 서두의 글을 연상시키는 개인적인 진술로 논문의 마지막 부분을 시작한다. 그는 이렇게 말한다:

> 나는 이제 거의 모든 진술을 했다. 그러나 완전히 끝난 것은 아니다.
> 왜냐하면 주체의 (주관적이지 않고 객관적으로 지각되는) 대상에 대한
> 관계에서 첫 번째 충동이 파괴적이라는 [그러나 파괴성은 현실에 대한
> 공격적인 반응이 아니라는] 사실을 [독자의 입장에서] 당연하게 받아들
> 일 수는 없기 때문이다. (p. 90)

그리고 나중에 그는 자세히 설명한다:

> 정통 이론에서는 공격성이 현실 원칙에 직면했을 때 반응한다는 가정
> 이 항상 존재하지만, 여기서는 [대상−관계 맺기와 대상 사용 사이에서]
> 외부성의 질을 창조하는 것은 파괴적인 추동이다. 이것은 내 주장의 구
> 조에서 필수적이다. (p. 93)

위니콧은 '파괴'라는 용어를 사용함으로써 독자들이 유아가 현실
에 공격적으로 반응한다고 믿게 될 것을 매우 우려했다. 위니콧에
게, 파괴는 현실에 대한 반응이 아니라 현실("외부성의 성질")을 "창
조"하는 것이다:

> 이 [자신의] 논문의 중심 가정은 주체가 주관적 대상을(투사 내용을)
> 파괴하지 않는 반면, 대상이 객관적으로 지각되고 자율성을 가지며 '공
> 유된 현실'에 속하는 한 파괴가 나타나고 중심적인 특징이 된다는 것이
> 다. (p. 91)

앞서 언급했듯이, 나는 위니콧의 논문에서 지금까지 내가 직접 명
명하지 않았던 것을 깨닫게 되었다: 그는 파괴라는 단어가 일반적으
로 사용되는 의미와 다르고 다른 정신분석가들이 사용하는 방식과
도 다른 의미를 창조하고 있다는 것이다. 그러나 위니콧은 이 용어
를 정의하지 않고 자신이 쓴 문장에서 이 용어를 사용하는 방식으로
만 그 의미를 전달하기 때문에 그 의미를 알기 어렵다. 게다가 이 용
어는 논문이 전개됨에 따라 다양한 의미로 굴절된다.

위니콧이 **파괴**라는 단어를 가지고 한 것은—그것을 재창조하고, 자신이 사용하는 방식으로만 그것을 정의하고, 계속 진행하면서 새로운 의미를 그것에 부여하는 방식은 이 논문을 이해하기 매우 어렵고 달리 표현하기 어렵게 만들었다. 따라서 나는 **파괴**라는 용어에 대한 내 자신의 이해를 만들어 낼 필요가 있다. 내가 만들어 내는 의미는 독자 여러분이 만들어 내는 의미와 다를 것이고, 내가 내일 위니콧의 논문을 읽을 때 만들어 낼 의미와도 다를 것이다.

본문으로 돌아가서, 방금 인용한 구절 중 두 번째에서 위니콧은 "파괴가 나타난다."라는 표현을 사용하는데(내가 앞에서 언급했었다), 이 표현은 유아가 분노 없이 그리고 어머니를 파괴하려는 의도 없이 어머니를 파괴한다는 생각을 우아하게 표현하는 방법이라고 생각한다. 건강한 유아나 아동은 어머니가 해 줄 수 있는 것보다 더 많은 것을 어머니에게 요청하기(요구하기!) 때문에 파괴가 "나타난다"고 할 수 있다.

독자들은 나중에 위니콧이 "환자의 파괴적 공격으로부터 분석가가 살아남아야 하는 것"(p. 91)에 대해 말할 때 **파괴**라는 용어의 이러한 사용을 염두에 두어야 한다. "파괴가 나타난다."와 "환자의 파괴적 공격"이라는 두 구절은 위니콧의 입장 안에서 '파괴'의 공존하는 측면이 되는데, 이 두 가지 모두 유아 또는 환자가 "외부성을 창조하는" 과정의 측면을 기술한다. 파괴는 환자가(또는 유아가) 고독하고 감금된 세계에 갇혀 있다고 느끼고 외부 현실로 나아가고자 하는 "추동"(p. 93)을 느낄 때 공격의 형태로 나타날 수 있다. "분석가, 분석 기법, 분석 세팅에 대한"(p. 91) "파괴적 공격"(p. 91)에 참여할 때에도, "대상의 파괴에는 **분노가 없다**."(p. 93)고 위니콧은 주장한다. 파괴는 어머니와 유아의 관계에서 유아가 (건강할 때) 대상을 사용하도록 추동됨에 따라 단순하게 나타난다.

> 내가 파괴라는 단어를 사용하고 있지만 이러한 실제 파괴란 대상이
> 살아남지 못하는 실패에 속한다는 것을 알 수 있다. 이 실패가 없으면 파
> 괴는 잠재적으로 남아 있다. '파괴'라는 단어가 필요한 것은 파괴하려는
> 아기의 충동 때문이 아니라 살아남지 못하는 대상의 경향성 때문이며,
> 이는 또한 질과 태도에서 변화를 겪는다는 의미이기도 하다. (p. 93)

위니콧은 처음 두 번째 문장에서 "살아남지 못하는 실패"라는 용
어를 사용했고, 세 번째 문장에서는 "살아남지 못하는 경향성"이라는
용어를 사용했다. 나는 어머니와 유아의 관계 단절을 언급할 때 "살
아남지 못하는 경향성"이라는 표현이 "살아남지 못하는 실패"보다 (실
패라는 단어의 판단적 의미 때문에) 더 정확한 표현이라고 생각한다. 나
는 분석가로서 어머니의(또는 우리 자신의) 파괴에서 살아남지 못하는
경향성에 대해 판단적이 되지 않는 것이 중요하다고 생각한다.

어머니가 되거나 분석가가 되는 것은 쉬운 일이 아니며, 특히 파
괴되고 있을 때 그렇다. 위니콧은 BBC 라디오 방송과 일반 대중을
위해 쓴 책에서(Winnicott, 1969b) 어머니와 아버지가 부모로서 (유아
때문에 생긴 분노와 패배의 감정을 포함해서) 자신을 더 잘 받아들이도
록 돕고자 노력했다. 위니콧은 「역전이에서 증오」(1947)라는 논문에
서 분석가들에게도 비슷한 시도를 했다. 아마도 대부분의 분석가들
은 자신이 분석을 하는 모든 환자에게 도움을 줄 수 없다는 사실을
겸손하게 인정할 수 있을 것이다. 인정하기 더 어려운 것은 분석가
로서 우리가 하는 분석에서 파괴에서 살아남을 수 없을 때가 있는데
도 환자와 우리 자신에게 손해를 끼치면서까지 (때로는 자문이나 추

가 개인 분석을 받지 않고) 환자와 계속 작업한다는 것이다. 분석 작업의 이러한 측면에 대해서는 이 논문의 치료 부분에서 더 자세히 논의하겠다.

치료 작업으로 넘어가기 전에, 위니콧이 다루지 않은 이론적 요점을 분명히 하고자 한다. 내가 이해하는 대상-사용의 성취는 "외부성의 질을 창조하는"(p. 93) 마음 상태뿐만 아니라, (의식적 마음이 무의식적 마음과 구별된다는 의미에서) 무의식적 마음 자체를 창조하는 마음 상태도 포함한다. 유아가 대상-관계 맺기의 단계에 있을 때는 아직 의식과 무의식이 구분되지 않는다: 유아는 자신의 생각과 감정을 세계에 대한 자신의 지각과 구분할 수 없다. 대상-사용의 성취와 함께, 무의식적 환상이 생겨난다 ("여기서 개인에게 환상이 시작된다", p. 90).

외부성의 발견이 마음의 의식적 측면과 무의식적 측면을 구분할 수 있게 해 준다고 말했지만, 나는 어머니의 파괴가 "(무의식적) **환상** 속에서 항상 …"(p. 90) 계속된다는 위니콧의 생각에 동의하지 않는다고 덧붙여야 한다. 그는 나중에 약간 다른 말로 표현한다: "**환상** 속의 대상은 항상 파괴되고 있다"(p. 93, 원서 강조). 이에 반해, 대상-관계 맺기와 대상-사용의 "중간 포지션"에 있는 "어머니의 파괴"에 대한 나의 개념에서 어머니의 파괴와 생존의 경험은 무의식적 환상이 아니라, 어머니가 경험하고 유아가 지각하고 반응하는 현실이다. 어머니의 파괴에 대한(어머니로서 실패하고 있다는 어머니의 느낌에 대한) 유아의 지각과 어머니로서 생존에 대한 유아의 지각은 모두 현실이며, 유아가 "외부성을 창조하는" 과정에 매우 중요하다. 이러한 파괴와 생존의 경험은 현실이기 때문에 "무의식적 **환상**"이 아니라 환상에서 정교화된 무의식적 기억으로 계속된다. 내가 말하는 "환상에서 정교화된 무의식적 기억"은 실제 경험을 무의식적 기억에 등록한 다음, 무의식적 환상에서 정교화되어 "무의식적 환상에서 [대상의] 지속적인 파괴"의(p. 94) "배경"(p. 90)으로 지속되는 것을 의미한다. 나는 또한 개인이 심리적으로 다룰 수 있는 것 이상이기 때문에 발생 당시 경험하지 않은 과거 사건들도 실제 과거 사건의 심리적 등록에 포함한다. 아직 경험하지 않은 심리적 등록은 자신의 "살지 못한 삶"의(Ogden, 2014) 일부가 살거나 경험할 수 있는 상황을 (분석 세팅에서 생성된 것과 같은 안아주고 컨테이닝하는 환경을) "기다리고" 있다 (Winnicott, 1974; Faimberg, 1998 [2013]).

두 가지 치료적 논의

의사 놀이

40대 후반의 남성 B씨는 이제 "복구할 수 없을 것 같은" 삶의 문제들로 인해 "도움이 필요하다."며 분석을 받으러 왔다. 그는 문제가 무엇인지 구체적으로 말할 수는 없었지만, 그가 가장 자주 언급한 감정은 "절망"이었다. 그는 마치 내가 기대한다고 생각하는 것을 따르는 것처럼, 부모와 형제자매에 대해 말했다. 하지만 그들이 실제로 어떤 사람들인지 거의 알 수 없었다. 한 가지 예외는 여동생이 알코올과 마약에 중독되어 있고 어린 자식이 있으며 때때로 노숙자였다는 기술이었다. 그녀는 어떤 종류의 도움도 거부했다.

B씨가 여동생에 대해 이야기하는 동안 금문교 난간을 타고 올라가 자살하려는 소녀의 모습이 떠올랐다. 나의 마음은 표류하면서,

뉴스 매체가 다리에서 뛰어내려 자살하는 사건을 보도하지 않는 이유는, 이런 자살을 보도하는 것은 그 사람이 한때 존재했고, 끔찍한 고통으로 인해 생을 마감했다는 사실을 지면으로 증거하고 인정받고 싶어 하는 그 사람의 소망과 공모하기 때문일 것이라는 생각이 떠올랐다. 나는 B씨가 자신의 삶을(혹은 내 삶을) 포기하고라도 얻을 수 있을 만큼 강렬하게 필요로 하는 인정의 형태가 있다고 생각했다. 나는 그와 분석을 시작하는 것이 잠재적 자살(또는 살인) 환자를 맡는 것이라고 생각했다.

나는 B씨에게 "당신 가족에게 끔찍한 일이 있었고 그로 인한 고통이 견딜 수 없을 정도로 컸다는 것을 내가 알기를 바라는 것 같아요."라고 말했다.

B씨는 단조로운 목소리로 "여동생이 그렇겠지요."라고 말했다.

회기 후반에 나는 환자에게 "분석을 시작하기 위해 나를 찾아온 것이 인생에서 가장 어려운 일 중 하나라고 생각되네요."라고 말했다.

그는 잠시 멈췄다가 "오"라고 말했다. 나는 그 회기에서 처음으로 그와 내가 비록 매우 깨지기 쉬운 것이기는 하지만 감정적으로 연결되어 있다는 것을 느꼈다. 그때서야 나는 B씨와 함께 분석 작업을 하기로 결심했다.

분석 초기 몇 년간 B씨는 어머니가 기괴한 옷을 입고 방 한가운데에 혼자 서서 말도 안 되는 말을 하곤 했다고 말했다. 그는 어머니에 대해 무감각해졌고 아무도 집에 초대하지 않았는데 "그들의 눈으로 어머니를 볼 필요가 없게 하기 위해서였다". 그는 대부분의 시간을 방이나 집 뒤의 들판에서 혼자 보냈다. 세 살 아래인 여동생은 어머니와 "힘을 합쳤고", 어머니에게 하루 일과를 낱낱이 이야기했고, 어머니는 그 이야기를 "마셔버렸다"고 한다.

이 초기 몇 년 동안 나는 환자의 삶에 대해 "알아가고" 있다고 느꼈지만, 나는 그를 진정으로 알지 못했고 그도 나를 진정으로 알지 못했다. 나는 어머니의 정신증과 자신의 정신증이 드러나는 것에 대한 두려움을 항상 인식하면서 B씨를 인내했다. 어느 날 환자는 나에게 말하고 싶었지만 너무 부끄러워서 말하지 못했던 것이 있다고 하며 치료시간을 시작했다. 그는 자신이 여덟 살, 여동생이 다섯 살이었을 때 여동생과 '의사 놀이'를 한 적이 있다고 말했다. B씨는 여동생의 성기를 보긴 했지만 만지지는 않았다는 이야기를 하면서 흐느꼈다. 그는 호기심만큼이나 무서웠다. 그는 자신이 여동생에게 "지속적인 피해"를 입혔다는 것을 알고 있다고 말했다.

B씨가 자신의 "부끄러운 비밀"을 말한 후, 나는 그가 그 비밀의 무게를 어느 정도 덜었으니 분석을 조기에 종료할 것 같다는 느낌이 들었다. 그는 절망감에서 어느 정도 벗어났지만, 나는 그가 여러 가지 면에서 자신의 분석에서 부재하고 있다고 느꼈다. 우리 둘은 내게 생생하게 느껴지는 방식으로 대화한 적이 거의 없었다. 내가 말할 때면 목소리가 이상하게도 가늘고 실체가 없는 것처럼 들릴 때가 많았다. 상담하는 내내 나는 대부분 길을 잃고 방향을 잃은 듯한 느낌을 받았다. 분석 초반에 B씨는 꿈을 많이 꾸는 사람이었고, 그 꿈에 대해 이야기를 나누면서 때때로 발견의 느낌을 공유하기도 했지만, 그는 아주 오랫동안 꿈을 이야기하지 않았다.

나는 이것을 B씨와 함께 작업한 것과 연결 짓지는 않았지만, 나는 분석가들이 정신증 환자들을 치료한 것에 대해 자문하면서 내가 예전에는 그런 종류의 작업을 했지만 더 이상 그렇게 하지 않는다고 느끼기 시작했을 때 경각심을 갖게 되었다. 나는 진정한 전문성보다는 평판에 기대어 항해하고 있었다. 한마디로 나는 사기꾼이었다. 이는 매우 혼란스러운 감정이었고 인생의 다른 분야에도 영향을 미쳤다.

이 기간 동안 B씨는 여러 차례 연속으로 치료시간에 지각했는데, 이전에는 그런 적이 없었다. 그런 날마다 대기실 문을 열자마자 환자의 시선이 내 얼굴을 유심히 살피는 것을 느낄 수 있었다. 내가 그를 만났을 때 그는 거의 항상 바닥에 시선을 고정하고 있었다. 무언가가 나를 괴롭힌다는 것을 그가 감지하고 나서 그를 상대하는 것으로부터 "휴식"을 주어서 나를 돕기 위해 상담시간에 늦게 온 것은 아닌지 궁금했다.

이런 시간들 중 한 시간이 시작될 때 내 마음은 환자가 여동생과 "의사 놀이"를 했다는 이야기로 돌아갔다. 나는 다르게 생각하기 시작했다. 이제 환자가 언급한 "지속적인 피해"는 자신이 여동생에게 가한 피해보다는 초기에 정신증 어머니의 손에 의해 겪은 피해와 더 관련이 있는 것 같았다. 나는 환자가 나에게 매우 개인적이고 중요한 무언가를 말하려고 했는데, 지금까지 완전히 듣지 못했다는 생각이 들었다: 의사 놀이에 관한 그의 끔찍한 비밀은 어머니의 정신증을 치료하기 위해 어머니에게 의사가 되려고 하는, 거의 꿈의 이미지 같은, 위장된 버전이었다.

어머니와 함께 '의사놀이'를 하는 이러한 좀 더 깊은 무의식적 이야기/꿈 이미지에서, 그는 어머니의 정신증적 내적 세계를 들여다보는 것에 대해 호기심과 두려움을 느끼지만, 감히 들어가지 못한다. 왜냐하면 그가 들어가면 자신도 여동생처럼 절대 빠져나오지 못하고 길을 잃게 될 수도 있기 때문이다. 나는 B씨가 "이를 알면서도" 어머니에게(그리고 장애가 심한 여동생에게) 의사가 되어주지 못한 실패에 대해 깊은 슬픔과 죄책감을 느끼고 있으며, 이러한 실패가 바로 그의 끔찍한 비밀이라고 생각했다.

이 시점에서 나는 의사로서 실패하고 있다는 내 자신의 감정이 (지금은 "파괴되고 있다는 나의 감정"이라고 부를 것이다) 환자의 감정과 공명한다는 것을 깨달았다. 나는 진짜 의사가 아니었고 사기꾼이었다—나는 "의사 놀이"를 하고 있었을 뿐이었다. 그가 여동생에게 그랬던 것처럼, 그리고 그의 어머니에게 (무의식적 환상에서) 그랬던 것처럼. 실패와 사기에 대한 나의 고통스러운 감정을 B씨가 자신에게 매우 중요한 무언가를 전달하기 위한 매개체로 생각하게 되면서 나는 상당한 안도감을 느꼈다.

이 기간 동안 B씨와 함께 있을 때 한 가지 기억이 떠올랐다. 아주 가까운 연상의 친구가 몇 달 동안 호스피스 치료를 받았는데, 그 기간 동안 그녀는 아주 짧은 시간 동안만 잠에서 깨어났다가 다시 잠에 빠졌었다. 평범한 수면 같아 보이지는 않았다. 한 번은 나는 잠자는 동안 꿈을 꾸는지 물어보았다. 잠시 머뭇거리던 그녀는 "꿈은 안 꿔, 다행히도."라고 대답했다.

그렇게 말할 생각이 없었는데, 나는 B씨에게 "당신의 꿈이 그리워."라고 말했다. 그랬더니 그녀는 목이 메어 눈물을 흘리며 "나도 그래."라고 대답했다.

나는 설명을 제공함으로써 방금 기술한 치료 경험을 파괴하지 않으려고 노력할 것이다. 내가 썼던 것에 관한 경험은(더 정확하게는 내가 썼던 경험은) 위니콧의 생각, 나의 생각, 우리의 생각과 거의 즉각적으로 연관되어 떠올랐다. 내가 쓴 글은 어떤 것에 대한 예시도 아니고 증거는 더더욱 아니지만, 내 마음속에는 연결고리가 있고, 아마도 이제는 여러분의 마음속에도 연결고리가 있을 것이다. 설명 대신 몇 가지 소감을 제시하겠다.

정신증은 거의 즉시 첫 만남에서 환자의 여동생의 형태로 나타났다. 그리고 그것과 함께 두려움이 나타났다: 어머니의 치명적인 정신증에 대한 그의 두려움, 그의 치명적인 정신증에 대한 나의 두려움, 나의 치명적인 정신증에 대한 그의 두려움. 그리고 바로 실패가 뒤따랐다: 그의 어머니를 치료하지 못한 실패, 그를 치료하지 못한 나의 실패, 우리가 깨어나지 못한 실패. 거기에는 많은 외로움이 있었다: 그와 나의 외로움; 그리고 그 과정에서 고독이 생겨났다: 그와 나의 고독, 우리의 고독. 다정함이 나타났다: 그가 나의 고통을 알아차렸다. 나는 그의 고통을 알아차렸다. 그리고, 그가 알아차린 것을 내가 알아차렸다는 것을 그가 알아차렸다. 그리고 말이 있었다: "당신의 꿈이 그리워." "보고 싶어." "사랑해." "나도 그래."

파괴되는 것에서 살아남을 수 없는 분석가

나는 수년 동안 꽤 많은 분석가들이 파괴에서 살아남는 데 큰 어려움을 겪고 있는 분석에 대해 자문해 왔다. 환자와 분석가의 비밀을 보장할 수 있을 만큼 이러한 사례를 충분히 위장할 수 없기 때문에 나는 일반적인 용어로 말해야 한다. 분석가는 거의 항상 분석에 대해 매우 괴로운 상태에 있다. 그는 이런 일이 분석가로서 자신의 작업을 대표하지 않는다고 말한다(그리고 나도 대개 동의한다). 이런 상황에 있다는 걸 아는 환자와 분석가 모두에게 나는 연민을 느낀다. 그리고 분석가가 거의 항상 수치스럽게 경험하는 상황을 자문하려 온 것에 대해 존중한다.

위니콧은 환자가 "외부성 그 자체"를 창조하도록 돕는 분석가 과제의 어려움에 대해 말을 아끼지 않는다(p. 91):

최대의 파괴성을 경험하지 못하면, (대상이 보호받지 못한 경우) 주체
는 분석가를 절대 외부에 두지 않으며, 따라서 분석가를 자기의 일부를
투사한 것으로 사용하여 일종의 자기 분석을 경험하는 것 이상을 할 수
없다. (p. 91, 강조 추가)

나는 겸손한 자세로 분석가에 대해 자문하기 시작한다. 결국 분석
가가 나보다 환자를 훨씬 더 잘 알고 있기 때문이다. 일련의 자문 이
후 내가 분석가와 환자에게 도움이 될 수 있다고 생각되면, 매주 자
문을 시작하여 환자와 분석가 사이에 일어나는 일에 대한 (분석가의
이해와 대립되는) 분석가의 **경험**에 초점을 맞춘다.

분석 관계에서 살아남을 수 없는 분석가의 경험에 관한 이러한 자
문에서 나는 분석가가 규칙적으로 환자로부터 공격을 받는다고 느
끼는 경우가 많다는 것을 발견했다.

이러한 공격은 분석가가 견디기 매우 어려울 수 있다. 특히 망상으로
표현되거나 또는 분석가가 실제 기법적으로 나쁜 일을 하게 만드는 식으
로 조종하는 것을 통해 표현될 때 그렇다. (Winnicott, 1971, p. 92)

위니콧이 "이러한 공격은 견디기 어려울 수 있다."라는 단서에 덧
붙인 각주가 매우 의미심장하다:

분석가가 환자가 권총을 가지고 있다는 것을 알면, 이 작업을 수행할
수 없을 것 같다. (1971, p. 92, 주 1)

위니콧의 말을 염두에 두고서, 나는 환자가 비유적으로 권총을 가

지고 있다는 분석가의 심리적 현실 가능성, 즉 환자가 심리적으로뿐만 아니라 신체적으로도 분석가를 죽일 수 있는 능력을 가지고 있다는 것에 주목한다. 분석가가 자신의 무의식적인 심리적 현실에 더 많이 접근할 수 있도록 돕기 위해, 환자와 함께 작업하는 데 어려움을 해결하는 동안 개인 분석을 재개할 것을 강력히 권한다.

파괴된다고 느끼는 분석가를 자문할 때 나는 분석가와 환자의 정서 상태뿐만 아니라 신체 상태에도 세심한 주의를 기울인다. 내 생각에 이것은 분석에서 일어나는 파괴의 정도를 반영하는 결정적인 척도이다. 내 경험에 따르면 분석가가 파괴에서 살아남지 못하는 무능력으로 인해 심한 두통, 이소성 피부염, 만성 불면증과 같은 신체적 질병이 발생하는 경우가 많다. 환자 역시 종종 신체적 질병과 자기 파괴적인 행동을 보인다.

장기간에 걸쳐 신중하게 고려한 결과, 환자와 분석가의 정서적, 신체적 피해가 심각하고 만성적이며 분석가의 심층적인 자문 작업에도(경우에 따라서는 개인 분석에도) 불구하고 계속 완화되지 않는다고 판단되면 나는 분석가에게 해당 환자와의 작업을 중단할 것을 권고한다. 이러한 권고는 극단적인 조치이며, 자문가로서 경험상 드문 경우이다.

분석가가 분석을 종결하는 방법을 스스로 공식화하는 데에는 상당한 작업이 수반된다. 나는 이러한 자문에 참여하는 과정에서 분석가가 분석을 끝내기로 한 결정이 환자를 '분석할 수 없다는'(정신분석 치료를 활용할 수 없다는) 뜻이 아니라, 분석가 **자신**이 이 환자와 생산적인 분석 작업을 할 수 없다는 뜻이라는 것을 환자에게 (그리고 진정으로 이해하도록) 전달하는 것이 가장 중요하다는 것을 알게 되었다. 환자가 분석가의 도움을 받아 생산적인 분석 작업을 할 수 있는 다른 분석가를 찾는 것이 종종 가능하다.

환자가 다른 분석가를 찾는다는 생각은 종종 환자와 분석가 모두에게 자기애적 상처가 된다. 둘다 그들이 실패했다고 느낀다—환자는 자신이 미래 분석가들의 눈에 "손댈 수 없는 존재"라고 상상할 것이다; 분석가는 환자와 새 분석가가 자신을 무능하거나 더 나쁘게 볼 것이라고 상상하며, 자신이 분석가로서 부적합하다는 소문이 분석 공동체 전체에 퍼질 것이라고 생각한다. 분석을 끝내는 이 과정은 분석 쌍에게는 매우 고통스럽지만, 나는 환자와 분석가 모두 (무의식적으로, 그리고 대개는 의식적으로) 오랫동안 서로에게 좋지 않았던 분석을 끝내는 데 안도감을 느낀다는 사실을 발견했다.

환자가 치료자를 파괴하려는 시도를 치료자가 경험하고 나서 자신이 살아남지 못하고 보복해 왔던 분석을 끝내야 한다는 결론에 도달한 분석가를 자문하면서 나는 슬픔을 느낀다. 하지만 파괴성과 은밀하고 노골적인 보복 행위에서 살아남을 수 없음을 인정하지 못하는 분석가와 함께 작업하는 것도 똑같이 혼란스러운 일이다.

나는 환자에 대한 분석가의 가장 중요한 책임 중 하나는 분석이 환자에게 끊임없이 파괴적일 때를 인식할 수 있고(그런 사실을 직면할 수 있고), 상황을 회복할 수 없는 경우 분석을 종결할 수 있는 것이라고 믿게 되었다.

맺는말

나는 위니콧의 "대상 사용"을 읽으면서, 대상은 "현실이기 때문에 파괴되고, 파괴되기 때문에 현실이 되는" 과정에서 대상이 (처음에는 어머니가) 정서적으로 파괴되고 있음을 느낄 수 있기 때문에 (어머니로서 파괴되는 느낌을 가질 수 있는 현실의 사람으로서) 파괴되고 있다고 제안한다. 동시에, 유아는 어머니가 파괴되는 느낌의 현실을 지각하는 동시에 대상이 (어머니가) 유아에게 "현실이 되는" 것은 그 파괴에서 어머니의 심리적 생존이라는 현실을 지각하는 것뿐만 아니라 어머니가 파괴되고 있다는 현실을 지각하는 과정에서이다. 그녀가 살아남을 수 있는 이유는 "[그녀가] 현실이기 때문이다"—그녀는 파괴되고 파괴에서 살아남은 감정에 대해 무의식적인 심리적 작업을 할 수 있기 때문이다.

나는 또한 대상-사용을 성취하는 과정이 "외부성의 질"의 창조 (p. 93)뿐만 아니라 무의식적인 마음 자체의 창조(마음의 의식적 측면과 무의식적 측면의 분화)와 자기의 창조를 포함한다고 제안한다.

나는 위니콧이 어머니가 "(무의식적) 환상 속에서 … 항상 파괴되고 있다."고(p. 90, 원서 강조) 말한 것과는 다른 견해를 가지고 있다. 나는 어머니의 파괴와 어머니의 생존이 무의식적 **환상**이 아니라, 어머니가 실제로 파괴되고 실제로 파괴에서 살아남는(무의식적 환상 속에서 정교화된) 무의식적 **기억**으로서 지속된다고 말하고 싶다.

참고문헌

Beebe, B. & Lachmann, F. (2004). *The Origins of Attachment: Infant Research and Adult Treatment: Coconstructing Interactions*. London: Routledge.

Bion, W. R. (1962). *Learning from Experience*. London: Tavistock.

Faimberg, H. [1998] (2013). Nachtraglichkeit and Winnicott's "Fear of breakdown." In *Donald Winnicott Today*, edited by J. Abram, pp. 205-212. London: Routledge.

Fraiberg, S. (1980). *Clinical Studies in Infant Mental Health: The First Year of Life*. New York: Basic Books.

Green, A. (1986). The dead mother. In *On Private Madness*. Madison, CT: International Universities Press, pp. 142-174.

Loewald, H. (1979). The waning of the Oedipus complex. In *Papers on Psychoanalysis*. New Haven, CT: Yale University Press, 1980, pp. 384-484.

Ogden, T. H. (1983). The mother, the infant, and the matrix: Interpretations of aspects of the work of Donald Winnicott. *Contemporary Psychoanalysis*, 21:346-371.

Ogden, T. H. (1986). *The Matrix of the Mind: Object Relations and the Psychoanalytic Dialogue*. Northvale, NJ: Aronson.

Ogden, T. H. (2004). This art of psychoanalysis: Dreaming undreamt dreams and interrupted cries. *The International Journal of Psychoanalysis*, 85:857-878.

Ogden, T. H. (2014). Fear of breakdown and the unlived life. *The International Journal of Psychoanalysis*, 95:205-224.

Rodman, F. R. (2003). *Winnicott: Life and Work*. Cambridge, MA: Perseus Publishing.

Samuels, L. (2001). The paradox of destruction and survival in D. W. Winnicott's "The Use of an Object." *Fort Da*, 7:38-53.

Winnicott, D. W. (1947). Hate in the countertransference. In *Through Paediatrics to Psycho-Analysis*, New York: International Universities Press, 1975, pp. 194-204.

Winnicott, D. W. (1960). The theory of the parent-infant relationship.

In *The Maturational Processes and the Facilitating Environment*. New York: International Universities Press, 1965, pp. 33-55.

Winnicott, D. W. (1963). From dependence towards independence in the development of the individual. In *The Maturational Processes and the Facilitating Environment*. New York: International Universities Press, 1965, pp. 83-92.

Winnicott, D. W. (1969a). The use of an object and relating through identifications. *The International Journal of Psychoanalysis*, 50:711-716.

Winnicott, D. W. (1969b). *The Child, the Parent, and the Outside World*. New York: Penguin. Winnicott, D. W. (1971). The use of an object and relating through identifications. In *Playing and Reality*. New York: Basic Books, 1971, pp. 86-94.

Winnicott, D. W. [1971] 1974. Fear of breakdown. In *Psychoanalytic Explorations*, edited by C. Winnicott, R. Shepherd, and M. Davis. Cambridge, MA: Harvard University Press, 1989, pp. 87-95.

5장

분석 회기를 꿈꾸기: 치료 에세이

도입

    분석 회기를 꿈꾼다는 아이디어는 내게 있어 가장 중요하면서도 가장 어려운 정신분석적 개념 중 하나이다. 그것은 내가 실제 정신분석을 하는 방식의 근본적인 측면을 개념화하는 방법이며, 계속해서 재발견해야 하는 것이다. 이 개념은 정확히 정의하기가 불가능하다. 그 개념은 꼬집어 말할 수 없는 것이다. 이는 그것이 얼마나 생동감 넘치는지, 얼마나 신비롭고 이해하기 어려운지를 반영하는 것이다.

    이 장은 주로 치료 내용을 다루고 있지만, 분석 회기 중 나의 경험은 내가 분석 회기에 대해 생각하는 방식과 분리할 수 없다. 따라서 세 명의 환자와의 분석 회기를 꿈꾸는 경험을 기술하기 전에 내가 치료 작업에 적용하는 이론적 틀에 대해 간략하게 논의하겠다. 나는 분석 이론을 일련의 법칙이 아니라 (회기 중과 회기 후) 그리고 회기의 사건을 나 자신에게 설명하는 것이 아니라 기술하는 데 사용하는

151

은유의 집합으로 본다. 모든 은유가 그렇듯이 분석 이론/은유도 한 계점에 도달하면 새로운 은유로 대체되어야 한다.

이론

나는 처음에 비온의 작업에서 분석 회기 꿈꾸기라는 개념을 접했다. 그는 『숙고』(1992)에 실린 글에서 분석 회기를 꿈꾼다는 생각을 언급한다: "[회기의] 이러한 사건들은 심리적으로 그들에게 무언가를 행하고 있으며, 그런 행해지는 것을 나는 꿈꾸고 있다고 말한다"([날짜 미상], 1992, p. 39). "분석가는 회기를 꿈꿀 수 있어야 한다." ([날짜 미상], 1992, p. 120). 그리고:

[꿈을 의식적인 이성적 경험으로 전환하려는 느낌의 욕구보다는 의식 적인 이성적 경험을 꿈으로 전환하려고 느끼는 욕구가 있다. 이 "느낌적 욕구"는 매우 중요하다; 이 욕구에 적절한 의미와 비중을 부여하지 않으 면, 환자의 진정한 질병(dis-ease)은 무시된다; 그것은 분석가의 꿈 해 석에 대한 고집으로 인해 가려진다. [(1960년 8월), 1992, p. 184 원서 강조].

이 마지막 구절을 내 나름대로 해석하자면, 분석가가 환자와의 상 담에서 일어난 사건을 꿈꾸면, 의식적으로 지각한 경험을 무의식적 경험으로 변형시킨다. 혁명적 사고가 여기에 있다: 꿈꾸기는 프로 이트(1900)가 말한 것처럼 무의식을 의식화하는 과정이 아니라, 비 온에게 있어서 그것은 의식을 무의식화하는 과정, 즉 외부 대상과의

'의식적이고 이성적인' 경험을 내적 대상 관계로 변형시키는 과정이며, 이를 통해 의식적이고 이차 과정 사고로 조직된 경험을 무의식적인 심리적 작업에 사용할 수 있게 하는 과정이다.

따라서 분석가는 분석가로서의 역할에서 회기의 사건을 꿈꾸고 싶은 "느낌적 욕구"를 경험한다. 회기를 꿈꾸는 것은 분석가의 "꿈의 해석"에 의해, 즉 언어적 상징화를 통해 무의식을 의식화하려는 분석가의 조급한 욕구에 의해 질식된다. 다시 말해, 모든 것은 의식적이고 생생한 경험을 무의식화하는 데서 시작하여, 꿈꾸기(무의식적 생각하기)를 통해 무언가를 할 수 있도록 한다. 그 시점에서야 비로소 생생한 경험에 대한 무의식적 이해가 해석을 통해 때로 의식화된다.

비온(1962a, 1987, 1992)의 전통에 따라 나는 꿈꾸기를 무의식적 생각하기와 동의어로 생각한다. 무의식적 생각하기(꿈 생각하기 [Ogden, 2010])는 우리의 가장 풍부한 생각하기 형태이다. 무의식적 생각하기는 태양의 눈부심으로 별이 보이지 않더라도 별이 계속 빛을 발하는 것처럼 우리가 깨어 있을 때나 잠자는 동안에도 중단 없이 계속된다. 꿈의 생각하기는 경험을 여러 정점에서 동시에 바라보는 생각하기의 한 형태이다: 예를 들어, 일차 및 이차 과정 사고의 정점에서, 성숙한 상징 형성 및 상징적 동등화의 관점에서, 경험을 생성하는 편집 분열 및 우울 및 자폐-접촉(Ogden, 1989) 모드의 관점에서; 인생 사건에 대한 성인 구성 및 아동 구성의 관점에서; 통시적(순차적) 및 공시적(비역사적) 시간 감각의 관점에서; 선형적 인과 관계 생각하기 및 비선형적 생각하기의 정점에서—그 외에도 여러 가지를 들 수 있다(비온의 꿈꾸기 개념에 대한 자세한 논의는 Ogden[2003, 2004a] 참조).

나는 꿈꾸기(무의식적 생각하기)가 본래부터 치료적이라고 생각하며, 이는 비온(1962a)이 "성격의 정신분석적 기능"이라고(p. 89) 부르는 것의 핵심을 구성한다. 그는 "꿈이 없으면 정서적 문제를 생각할 수 있는 수단이 없다."고(1967, p. 25) 썼다. 프로이트도 동의한다: "결국 꿈은 수면 상태의 조건에 의해 가능해지는, 특정한 형태의 생각하기에 지나지 않는다. … 꿈은 우리의 심리 생활이 직면한 문제를 해결하려는 시도와 관련이 있다"(1900, pp. 506-507, 원서 강조).

자기 이해의 정신분석적 기능을 수행하기 위해 자신의 꿈을 기억할 필요는 없다. 그것은 심리적 성장의 토대이다. 그롯슈타인(2000)은 꿈의 정신분석적 기능을 꿈을 꾸는 무의식적 꿈꾸는 자와 꿈을 이해하는 무의식적 꿈꾸는 자 사이의 서로를 풍부하게 하는 대화로 기술한다. 샌들러(1976)는 그러한 정신분석적 기능을 무의식적 꿈 작업과 무의식적 이해 작업의 상호작용으로 기술한다.

분석 회기 과정에서 자기 이해가 이루어질 때와 마찬가지로, 꿈꾸기는 "[정서적] 문제를 한꺼번에 해결"하는 데(Freud, 1900, pp. 506-507) 성공하지 못한다. 오히려 꿈꾸기는 종착점('해결책')에 도달하지 않고 정서적 문제를 조금씩 해결해 나가는 데 기여한다. 꿈을 꿈꾸는 경험으로 인해 조금이라도 변화되지 않는다면, 나는 이 "꿈"을 꿈이 아닌 꿈, 즉 무의식적 심리적 작업을 성취하지 않고 심리적 성장으로 이어지지 않는 시각적 이미지의 형태로 주조된 무의식적 사건으로 보고 싶다. 꿈이 아닌 꿈에는 환자나 분석가가 아무런 연상을 할 수 없는 "꿈", 수면 중 환각, 꿈꾸는 자의 변화 없이 밤마다 반복되는 외상 후 악몽 등이 있다.

내 생각에 심리적 건강은 사람이 자신의 생생한 경험을 진정으로 꿈꿀 수 있는 정도를 반영하는 것이다. 자신의 경험을 "완전히" 꿈꿀 수 있다는 것은 불가능할 뿐만 아니라, 그 사람이 비인간적이 될 수 있다는 점에서 바람직하지도 않다: 그 또는 그녀는 작업할 수 있는 심리적인 문제가 없을 것이다.

이러한 관점에서 볼 때 정신분석은 프로이트보다 훨씬 이전부터 시작되었다. 그것은 자기 이해에 대한 인간의 욕구로(진리에 대한 인간의 욕구의 한 형태로[Bion, 1992, p. 99]) 시작되었는데, 꿈꾸기 경험에 의해 무의식적으로 매개되는 심리적 성장을 위한 것이다. 이런 식으로 꿈꾸는 것은 마음의 의식적 측면과 무의식적 측면의 분화를 만들어 내며, 이는 인간의 의식 성취와 분리될 수 없다(Bion, 1962a). 정신분석은 프로이트가 생각할 수 있을 때까지(더 정확하게는 프로이트가 글을 쓸 수 있을 때까지[Civitarese, 2013]) 수천 년 동안, 생각하는 자가 없는 사고였다.

앞서 언급했듯이 우리는 깨어 있을 때나 잠잘 때나 항상 꿈을 꾸고 있다(Bion, 1962a). 깨어 있을 때 우리는 꿈꾼 꿈의 극히 일부만 기억하지만, 기억하지 못하는 꿈도 기억하는 꿈만큼이나 심리적 성장에 기여한다. 깨어 있을 때 꿈을 기억할 수 있든 없든 꿈꾸기는 자기 이해를 위한 시도이며, 성공하면 심리적 성장으로 이어진다. 꿈을 꾸는 사람이 꿈꾸기 과정에서 자기 이해와 심리적 성장을 성공적으로 달성하는 정도는 두 가지 요인에 달려 있다: 첫째, 자신의 생생한 경험을 무의식적으로 컨테인할/생각할 수 있는 개인 역량의 발달 정도(Bion, 1962a, 1970; Ogden, 2004b), 둘째, 개인이 생각할 수 없거나 꿈꿀 수없는 사고를 (레브리 상태에서) 컨테인하고, 이를 스스로 생각할 수 있고/느낄 수 있는 사고/감정으로 변형시키하는 데 있어서 (예를 들어, 어머니 또는 분석가로부터) 받을 수 있는 도움이 있다(Bion, 1962b).

개인이 생생한 경험을 꿈꿀 수 없을 때, 이것은 무의식적 사고의 중단을 반영하는 것이 아니라, 환자의 무의식적 측면이 해리에 의해 그리고 자기의 분열하기 측면 같은 다른 급진적 형태의 수단에 의해 무의식적 생각하기와 단절되었다는 사실을 반영한다(이 장의 세 번째 치료 예시에서 볼 수 있는 것과 같다). 이렇게 분열되어 나간, 무의식의 "생각할 수 없는" 측면은 악몽의 소재이다―꿈이 아닌 꿈이다(이에 대해서는 곧 논의하겠다).

자아의 분열되어 나간(생각하지 못했거나 꿈꾸지 못한) 측면이 다시 통합되기 시작하는 것은 항상 환자의 심리적 평형을 방해한다―종종 마음이 파편화될 위협을 받을 정도에 이른다(곧 제시할 두 번째 치료 예시에서와 같다). 환자의 성격 구조의 강도와 환자가 받고 있는 도움의 정도와 유형에 따라 통합 과정의 결과는 크게 달라지며 예상하기 어려운 방식으로 나타난다.

상담실에서 깨어 있는 동안 꿈꾸기(깨어 있는-꿈꾸기)는 주로 분석가와 환자가 함께 꾸는 레브리의 형태로 나타난다. 깨어 있는-꿈꾸기를 통해 분석가는 분석 회기의 특정 순간에 무의식적으로 일어나는 일의 "흐름"을(Freud, 1923, p. 239) 포착할 수 있다. 내가 알기로 레브리는 배우자와의 다툼에 대한 생각, 노래 가사, 두 살짜리 아이가 최근에 넘어진 것에 대한 생각과 감정, 어린 시절 기억, 식료품 목록 등과 같은 일상적인 형태로 예상치 않게 나타난다(Ogden, 1994). 분석가는 그런 생각들을 무시하게끔 유혹되는데, 그것들이 분석가 자신의 "하찮은 생각"처럼 느껴지기 때문이다. 하지만 이런 생각들과 감정들을 무시하면, 그는 **환자와 함께** 회기를 꿈꿀 수 있는 기회를 낭비할 것이다.

나는 레브리를 환자와 분석가가 함께 무의식적인 제3의 주체(분석적 제3자)를 만들어 내는 무의식적 구성으로 본다. 이 주체는 레브리를 꿈꾸는 사람이며, 레브리는 환자와 분석가가 각자의 분리된(의식적이고 무의식적인) 주관성의 렌즈를 통해 경험하는 것이다(Ogden, 1994). 분석가는 환자에게 자신의 레브리 경험에 관해서가 아니라 거의 항상 그 경험의 감정 톤과 이미지로부터 환자에게 이야기한다(Ogden, 1997).

내 자신이 정신분석적 기획을 기술하기 위한 시도에서(Ogden, 2004a, 2005), 나는 환자가 스스로 처리할 수 없는 혼란스러운 정서적 경험을 꿈꿀 수 있는(무의식적 심리적 작업을 할 수 있는) 역량을 발달시키는 데 분석가가 기여하는 과정에 환자와 분석가가 참여하는 것으로 생각하는 것이 유용하다는 것을 발견했다. 환자는 종종 자신의 경험을(잠들었을 때와 깨어 있을 때 모두) 부분적으로 꿈꿀 수 있지만, 그가 꿈꾸는 경험이 너무 불안해져서 꿈꾸기가 중단되고 "악몽"으로 인한 공포 상태에서 "깨어나는" 지점에 도달한다. 증상 형성은 개인이 더 이상 자신의 경험을 꿈꿀 수 없는 지점에서 발생한다. 환자와 분석가가 한 회기에서 참여하는 꿈꾸기로부터 "깨어나는" 이러한 경험은 꿈의 경험이 분석 쌍의 구성원 중 한 명 또는 두 명 모두가 견디기에는 너무 혼란스럽다는 사실을 반영한다(이러한 유형의 꿈 중단에 대한 예시는 이 장의 첫 번째 치료 예시 참조).

대안적으로, 환자가 자신의 경험을 전혀 꿈꾸지 못할 수도 있는데, 이 경우 환자는 꿈이 없는 잠에서, 즉 혼란스러운(종종 끔찍한) 정서적 경험을 심리적으로 작업할 수 없는 잠에서 깨어날 수 없는 밤-공포와 비슷한 상태에 있다. 개인은 분석 회기에서(종종 분석가의 도움을 받아) 자신의 끔찍한 경험을(꿈꾸지 못한 꿈을) 꿈꿀 수 있게 될 때만 진정으로 밤-공포에서 깨어날 수 있다.

밤-공포(꿈꾸지 않은 꿈)와 악몽(중단된 꿈)에 해당하는 심리적 상태는 모든 분석의 배경이 된다. 분석가는 환자가 꿈꿀 수 없거나 불완전하게 꿈꿀 수 있었던 꿈을 꿈꾸는 환자의 노력을 촉진하기 위해 회기에서 일어나는 정서적 경험을 꿈꾸는 자신의 역량을 활용한다. 환자가 이전에는 꿈꾸지 못했거나 부분적으로만 꿈꿨던 꿈을 분석가와 환자가 함께 꿈꾸는 이러한 경험은 내가 분석 과정을 생각하는 한 가지 방법이다(Ogden, 2004a). 꿈꾸지 않은 꿈은 아직까지 "살지 못한 삶"으로(Ogden, 2014) 구성된다─환자의 삶에서 일어난 사건은 너무 혼란스러워서 환자가 그 사건에 정서적으로 현존할 수 없었던 시기에 환자의 삶에서 일어난 사건들이다(Winnicott, 1971).

실제

이어지는 세 가지 치료 논의에서 분석 회기를 꿈꾸는 "기법"에 관한 중요한 이론적 원리나 기법은 나오지 않을 것이다. 나는 이것이 근본적인 패턴을 인식하지 못한다는 것을 의미한다고 생각하지 않는다. 오히려 그 반대이다. 내가 기술할 분석 회기를 꿈꾸는 경험은 각 분석 쌍에게 고유하며, 이 회기에서 가장 생생하고, 가장 진실하고, 가장 놀랍고, 가장 성장을 촉진하고, 가장 어렵고, 가장 고통스러운 것을 구성한다.

전화 통화

분석 초기에 T씨는 주로 어머니로서, 아내로서, 기업 임원으로서 자신에 대한 큰 실망감에 대해 이야기했다. 그녀는 사랑한다고 말하는 두 자녀가 있지만 그들과의 관계에서 무언가 부족하다고 느꼈다. 그녀는 자녀 중 한 명이 참가하는 스포츠 행사나 연극 공연에 참석할 때에도 마음이 다른 곳에 가 있고, 주로 직장 문제를 떠올린다는 사실에 부끄러움을 느꼈다.

T씨는 내가 거기 있으면서 들어주는 것 외에는 아무것도 기대하거나 원하지 않는 것 같았다. 휴가도 그녀를 괴롭히지 않는 것 같았다. 그녀는 내가 없는 동안 분석비를 아낄 수 있어서 좋다고 말해도 내 마음이 상하지 않기를 바란다고 말하곤 했다.

분석이 진행되면서 T씨는 점점 더 절망에 빠졌다. 때때로 그녀는 자신이 죽어서 자신의 실패를 끊임없이 상기시키는 것을 멈출 수 있었으면 좋겠다고 생각했다. T씨는 꿈이 거의 없었고, 꿈을 꾼다고 해도 깨어 있을 때와 별반 다르지 않았다. 예를 들어, 그녀는 해고를 당하고 책상에 있는 물건을 정리하는 모습을 동료들이 지켜보는 것에 수치심을 느끼는 꿈을 꾸었는데, 이는 깨어 있는 삶에서 곧 일어날 것이라고 종종 상상하고 생각했던 장면이었다. 이러한 꿈은 내게 진부하게 느껴지는 생각을 이끌어 냈다, 즉 분석의 모방처럼 느껴진다는 아이디어였다.

대부분의 상담은 5분에서 10분 정도 침묵하는 시간으로 시작되었고, 그 시간 동안 T씨는 소파에서 불편하게 몸을 움직였다. 이 침묵은 고통스럽게 공허했다. 때때로 이렇게 침묵하는 동안, 나는 환자의 어린 시절 사건을 떠올리곤 했는데, 마치 정서적 의미를 담고 있는 무언가를 찾는 것 같았다: 알코올 중독인 부모가 술에 취해 서로 다투고 소리를 지르던 일, 환자가 "집이 폭발했다."고 생각할 정도로 큰 소리 나게 아버지가 문을 쾅 닫던 일, 어머니가 한 번도 입지도 않을 옷과 신발을 끊임없이 우편 주문으로 사던 일.

T씨는 어린 시절에 대한 이야기를 하는 것이 고통스러웠다. 이 한 줌의 기억이 그녀가 성장기에 대해 내게 말한 거의 모든 것이었다. T씨의 과거는 마치 자식이 부모에게 안전하게 보관해 달라고 주는 작은 돌멩이 수집품처럼 느껴졌다. 나는 그것들을 받은 것이 영광스러웠지만, 그것들을 어떻게 활용해야 할지(어떻게 분석적으로 활용해야 할지) 몰랐다.

분석 3년째 되던 어느 날 오후, T씨는 매우 이례적으로 회기에 늦었다. 환자들이 회기에 지각할 때와 마찬가지로, 나는 환자가 (무의식적으로) 그 시간 동안 나와 함께 상담실에 있지 않기로 "선택"했더라도 회기가 예정된 시간에 시작된 것으로 간주한다. 환자를 기다리는 동안 나는 종종 회기에서 일어난다고 느끼는 일을 기록하는 "과정 노트"를 작성한다. T씨를 기다리면서 작성한 과정 노트에는 "방이 안에서부터 뻗어나가는 것처럼 기형적으로 보인다. 방이 터질까? 교통 체증으로 인해 지체된 걸까? 사고라도? 걱정하지마. 조금 걱정되네. 매우 걱정되네." 당시에는 충분히 깨닫지 못했던 강도의 압박감이 내게 그리고 분석 관계에 쌓여갔다(상담실이 한계점까지 뻗어나갔다는 이미지와 교통사고를 떠올린 것에서 반영된 것과 같다).

상담이 시작된 지 15분쯤 지나서 대기실로 통하는 통로를 무거운 발걸음으로 빠르게 걸어가는 T씨의 소리가 들렸다. 대기실 문을 열었을 때 T씨는 문에서 멀지 않은 곳에 서 있었다. 머리는 헝클어져 있었고, 코트의 단추가 부분적으로 채워져 있었다―부분적으로 잘못 채워져 있어서 마치 어린 소녀처럼 보였다. 상담실에 들어서자 그녀는 마치 이물질을 털어내듯 손을 빠르게 움직여 드레스를 다듬었다. 소파에 누운 그녀는 "늦어서 미안해요. 마쳐야 할 보고서가 있었어요."라고 말했다.

나는 그녀가 거짓말을 하는 것은 아니지만, 분석 회기의 초기 부분에(그녀가 내 사무실에 도착하기 전에) 일어난 일에 대해 완전한 진실을 말하고 있지 않다는 것을 우리 둘 다 알고 있다고 느꼈다.

잠시 후 환자의 핸드백에서 휴대전화가 울리기 시작했다. 놀랍게도 T씨는 아무런 설명도 없이 자리에서 일어나 바닥에서 핸드백을 집어 들고는 가방 안쪽 어둠 속으로 손을 집어넣었다. 휴대폰을 발견하자 그녀는 가방에서 휴대폰을 꺼냈고 가방은 쿵 소리와 함께 바닥에 떨어졌다.

그런 다음 T씨는 감각적인 제스처와 뺨을 때리는 듯한 제스처로 휴대폰 화면을 집게손가락으로 쓸어 넘겼다. 그녀는 소파에 앉은 자세로 몸을 끌어당겨 전화기를 귀에 대고 "여보세요."라고 말했다. 마치 수축된 기도를 통해 공기를 억지로 밀어 넣는 것처럼 높은 톤이었다. T씨는 발신자에게 "응응."이라고 십여 차례 대답하고 가끔씩 다음과 같은 짧은 문장으로(대부분 질문으로) 응답했다: "왜요?" "다시 말해봐요." "아니요." "이해가 안 돼요." "어떻게요?"

전화 통화가 계속되는 동안 환자의 목소리에서 애원하는 듯한 어조가 들려와서, 나는 깊은 슬픔을 느꼈다. 이전에도 그 환자가 불쌍하다고 느낀 적은 있었지만 이번의 슬픔은 달랐다. 내가 다녔던 초등학교 길가에 대여섯 살 정도의 아이가 혼자 서 있는 모습이 떠올랐고, 그 아이의 성별은 잘 구분되지 않았다. 다른 아이들은 모두 어머니가 데리고 갔다. 그 아이는 춥고 겁에 질린 채 혼자 서 있었다. 교사와 다른 어른들은 사라졌다. 공중전화가 있었지만 아이는 어떻게 사용하는지 몰랐다.

한 나이 많은 소년 또는 남자가 이제 나타났다. 아이는 이 사람을 보고 안도하면서도 두려움에 떨었다. 아이는 그에게 걸어서 집으로 갈 수 있는 길을 물었다. 어렸을 때 겁에 질렸을 때 느꼈던 뱃속의 그 아픔이 느껴졌다.

내가 아직 레브리에 사로잡혀 있을 때, T씨가 "통화해서 미안해요. 어디까지 얘기했죠?"라고 말했을 때 깜짝 놀랐다.

내 입에서 나오는 말을 듣기 전까지는 무슨 말을 해야 할지 몰랐다. 나는 "당신이 말하는 동안 백일몽을 꿨어요. 학교가 끝난 후 누군가가 데리러 오기를 기다리는 어린 소녀가 있었어요. 바람 불고 추운 날이었어요. 다른 아이들은 모두 갔어요. 소녀는 선생님을 찾았지만 선생님도 가셨어요. 소녀는 공중전화를 사용하려고 했지만 작동시킬 수 없었어요. 아이는 겁에 질렸어요."

나는 말을 마치자마자 말한 것을 후회했다. 나는 환자에게 레브리 경험의 내용을 말하는 경우는 거의 없었다. 나는 왜 이 경우에 그렇게 했는지 스스로에게 물었다.

내가 균형을 잡기도 전에 T씨는 "날 무섭게 했어요."라고 말했다.

"나도 알아요."라고 대답했다. 그 후 잠시 침묵이 흐르던 순간, 어린 시절의 상실, 두려움, 불가능할 정도로 단절된 느낌의 아동기 장면이 내가 최근 친한 친구의 죽음을 겪으며 다시 느꼈던 감정과 매우 흡사하다는 사실이 떠올랐다.

T씨는 "그 소녀에 대한 이야기가 무서운 것이 아니라 당신이 그 이야기를 하는 것이 무서웠어요. 왜냐하면 당신은 나에게 그런 이야기를 한 번도 해 준 적이 없었기 때문이에요. 당신이 그런 식으로 말하는 걸 들어본 적이 없거든요." 나는 T씨의 부모님이 술에 취해 다투고 문을 쾅쾅 두드리며 환자가 한 번도 들어본 적 없는, 환자가 알지 못하는 소리를 지르던 모습이 떠올랐다.

우리는 1분 정도 침묵했다. 침묵이 흐르는 동안 나는 환자에게 내 레브리를 이야기하면서 환자와 나 사이의 경계를 모호하게 만들었다는 생각이 들었다. 나는 환자에게 사과하고 싶었지만, 그렇게 하면 죄책감이 조금은 해소될지 모르지만 환자가 나에 대한 두려움과 분노를 이야기하는 것을 자를 수 있을 것 같다는 생각이 들었다.

"어디 아프세요?" 그녀가 물었다. 나는 이 질문이 T씨가 해야 할 적절한 질문이라고 생각했다. 그 질문을 함으로써 그녀는 자신과 나 사이의 경계를 다시 정립하고 내가 그 경계를 모호하게 만들었다고 말하고 있는 것이었다.

"아니요, 내가 아는 한 아프지 않아요. 하지만 당신은 내가 아플까 봐 두려워하네요." 이 대답은 내가 말하는 동안에도 나답지 않게 들렸다. 돌이켜보면 내가 이 환자와 함께 뭔가를 꿈꾸고 있었다는 것을 알 수 있다. 내가 내 자신이 아니었던(환자에게도 나 자신에게도) 꿈이었고, 나는 나 자신으로 돌아갈 길을 찾지 못했다.

"좋지 않은데도 좋다고 말하며 나를 안심시키지 마세요. 제발 사실대로 말해줘요. 무서워요. 제발 진실을 말해 주세요." 환자는 나에게 우리 사이에 일어난 일에 대해 솔직하게 이야기해 달라고 간청하고 있었다.

"뭔가가 당신을 무섭게 만들었다고 얘기하시는군요. 나라고 생각했던 그 사람이 사라졌다고요. 마치 누군가가 나와 자리를 바꾼 것 같네요. 나는 당신이 믿을 수 있다고 생각했던 사람이지만 지금은 믿을 수 없네요."라고 말했다. 마침내 나는 T씨에게 솔직해졌고, 그녀에게 말할 때 목소리도 나 자신처럼 들렸다.

"그만해요. 나는 가야겠어요."

나는 말했다. "당신이 내게 얼마나 겁먹고 화가 났는지 이해하지만, 나는 당신이 머물러 주길 바라요." 당신이 느끼는 감정을 혼자

감당할 필요는 없어요. 당신은 살면서 그런 일을 너무 많이 겪었잖아요." 여기서 나는 T씨에게 내가 상담 초기에 그녀가 필요로 하는 분석가 역할을 그만두었음에도 불구하고 계속 그녀의 분석가가 될 수 있게 해달라고 부탁하고 있었다. 나는 또한 그녀의 부모와의 경험을 암시하고 있었지만, 회기에서 함께 꾸었던 꿈에서 그녀가 나에 대해 경험하고 있던 두려움과 분노를 그녀의 부모님에게 돌리지 않기를 바랐다.

"아프지 않다고 약속할 수 있나요?"

"당신이 통화를 하던 중 내게 떠오른 이야기를 당신에게 들려주었을 때, 내가 정신이 나갔다는 의미에서 내가 아픈 게 아니냐고 물어보신 것 같은데, 당연히 그렇게 생각할 수 있어요."

"나는 그래요…. 선생님은 정신이 나갔었어요? 나는 알아보지 못했어요."

"내가 무슨 생각을 하는지 말했을 때 당신이 필요로 하는 분석가가 아니었어요. 그래서 당신이 나를 알아보지 못한 것은 당연해요."

잠시 후 T씨는 훨씬 더 차분하고 사무적인 억양과 어조로 "내가 그 전화를 받았다는 게 믿기지 않아요. 정말 무례한 행동이었어요." 환자가 이 말을 하면서 회기의 분위기가 확연히 달라졌다. 마치 우리가 꿈꾸기 하던 꿈이 갑자기 중단된 것처럼 느껴졌다. 그림을 그리다가 너무 화가 나서 크레파스를 탁자에서 쓸어버리는 아이의 모습을 떠올리게 하는 방식이었다. T씨와 내가 꿈꾸기하던 꿈은 무서울 정도로 형체를 알아볼 수 없게 된 꿈이었다. 우리는 서로에게 할 수 있는 한 솔직하게 말하려고 시도한 결과, 그 꿈은 회기의 사건과 어린 시절의 사건을 동시에 꿈꿀 수 있는 잠재력이 있다고 생각되는 방향으로 발전하고 있었다. 사건들이 일어나는 당시에는 그녀가 사건들을 경험할 수 없었다.

방금 기술한 회기에서 환자와 나는 회기에 관해(about) 꿈꾸거나 회기를(of) 꿈꾸거나 회기에서(in) 꿈꾸지 않았다. 우리는 회기를 살아있는 꿈으로 만드는 방식으로 꿈꾸고 있었다. 그것은 환자가 회기에 지각하는 것에서 시작되었다(나는 내가 작성한 '노트'의 형태로 그것을 꿈꾸었다: 상담실이 곧 터질 것 같은 상황, 교통 체증? 사고?—두려움).

환자가 도착했을 때 꿈이 계속되었다: 코트의 단추가 잘못 채워진 어린 소녀, 난데없이 걸려온 전화, 겁에 질린 길을 잃은 아이에 대한 레브리—나의 레브리, 그녀의 레브리, 우리의 레브리. 내가 그녀에게 그 이야기를 한 것은 나를 위해서였고, 내가 길을 잃은 느낌에 대한 응답이었다. 그녀는 진실되게 무슨 일이 있었는지를 말하며 내게 그것에 대해 솔직하게 이야기해 달라고 요구했다: 나는 사라졌었다, 그녀를 두렵게 만들었었다, 나는 나였었던 분석가가 되지 못했었고, 그녀가 필요로 하는 분석가, 그녀가 마땅히 받을 만한 분석가가 아니었다. 그리고 마침내 T씨는(그리고 아마도 나 역시) 그날 더 이상 함께 꿈을 꾸지 못했다. 대신 그녀는 다른 상태, 다른 목소리 톤으로 나에게 복종하는 듯한 방식으로, 우리가 꾸었던 꿈의 강렬한 현실성이 결여된 채 나와 함께 있는 방식으로 사과했다.

일

17세 소년 J와의 분석을 시작하기 전에 나는 그의 어머니를 한 번 만났었다. 그녀는 아들이 지난 7~8개월 동안 점차 "다른 사람이 되어 가고" 있으며, 최근 한두 달 동안은 "현실과 완전히 단절"되었다고 말했다. 그녀는 아들이 예전에는 학교 공부를 매우 잘하고 열두 살짜리 남동생을 보호하는 큰형이었던 착하고 마음씨 좋은 소년이었다고 말했다.

"이제 그는 거의 말을 하지 않고 다른 사람들과 거의 어울리지 않아요. 그냥 방에 틀어박혀 TV만 보죠. 그는 동네 산책을 나가지만 거의 항상 길을 잃고 이웃이나 경찰이 집으로 데려와요. 집에서는 가끔 현관에 얼어붙은 채로 서서 이해할 수 없는 혼잣말을 해요."

J의 어머니는 그를 정신과 의사에게 데려갔고, 정신과 의사는 편집성 조현증이라는 진단을 내리고 약을 처방했지만 그는 복용을 거부했다고 말했다. 그다음 주에 정신과 의사를 만나러 갈 시간이 되었을 때 J는 가기를 거부했다. 그는 다른 두 명의 정신과 의사를 만났지만 두 번째 만남은 다시 거부했다. 아들에 대해 이야기하는 J의 어머니의 목소리는 이상하게 밋밋하고 감정이 없는 톤이었다.

대기실에서 J를 처음 만났을 때 나는 오그던 박사라고 소개했다. J는 나를 쳐다보지도 않고 갑자기 의자에서 일어나 상담실로 나를 따라 들어왔다. 그는 그레이트풀 데드 로고가 새겨진 티셔츠를 입은 덩치 큰 소년이었다. 사무실에 들어서자마자 J는 재빨리 안락의자 쪽으로 걸어가 경직되게 앉아 있다가 잠시 후 일어서서 방 안을 둘러보고는 특별히 아무에게도 아니게 "난 일하면서 햄버거를 먹어야겠다."고 말했다.

나는 "여기 내가 갖고 있는 걸로 뭘 할 수 있는지 알아볼게요."라고 말했다.

"여기는 먹을 게 없나요?"

"대부분 여기서 그건 나예요."

"텔레비전은 어디 있어요?"

"그것 역시도 나예요."

"선생님은 의사가 아닌가요?"

"나는 의사이지만, 당신이 최근에 만났던 의사 중 한 명은 아니예요."

이 대화는 영어로 진행되는 것 같았지만 J가 사용한 단어 중 어떤 단어도 보통의 의미를 담고 있지 않았다: "햄버거" "일" "텔레비전" "의사" 등이었다. 나는 이 단어들이 무슨 뜻인지 몰랐지만, 그럼에도 불구하고 그의 미친 언어로 그와 대화를 시도했다.

J는 바닥에 등을 대고 납작하게 누웠다. 그는 몇 분 동안 침묵하다가 "저 위에 악어가 눈을 감고 있어요."라고 말했다. 그런 다음 그는 "당신은 어떤 의사입니까?"라고 까다로운 방식으로 물었다.

"말하는 의사. 나는 길을 잃고 자신이 누군지 모르는 사람들에게 말을 걸죠."

J는 자리에서 일어나 방 맞은편에 있는 책장으로 걸어갔다. 그는 책 제목이나 내용보다는 책의 무게와 질감에 더 관심이 있는 듯 책장에서 책 한 권을 꺼내 손에 쥐었다. 그는 자신이 하고 있는 일에 매우 진지했다. 나는 그 모습을 보면서 내가 어떻게 생겼는지 알아내려고 시각장애인이 내 얼굴을 만지는 듯한 느낌을 받았다.

J는 조심스럽게 책을 원래 책장에 다시 올려놓았다. 황폐함 속에서도 질서가 있었고 다정함의 암시도 있었다. 나는 그 다정함에 놀랐다. 나는 그가 책을 방 밖으로 던질 거라고 반쯤 예상했었다.

여전히 책장을 바라보고 있던 J는 "당신은 어떤 의사입니까?"라고 다시 말했다. 겉으로는 나를 향해 말하는 것 같았지만, 마치 내가 모르는, 확실히 내가 아닌 사람에게 말하는 것처럼 느껴졌다. 그는 기괴한 목소리 톤으로 말했고, 그래서 그의 말과 행동이 더욱 이상하게 느껴졌다.

나는 "당신이 찾고 있는 것을 찾을 수 있도록 도와줄 수 있는 의사예요."라고 대답했다.

긴 침묵.

"어머니가 죽어가고 있어요."

"유감이군요."

"나는 그걸 냄새 맡을 수 있어요." 그가 말했다.

잠시 멈춘 이후 그는 "어떻게 생각하세요?"라고 물었다.

나는 "혼란스러워요."라고 말했다. 우리는 서로 다른 언어로 대화하고 있었기 때문에 내가 질문하면 J가 알아듣지 못할 뿐만 아니라 내가 그를 전혀 모른다는 것을 보여 줄 수 있기 때문에 질문을 하지 않으려고 노력했다. 그래서 나는 "무슨 말인가요?"라고 묻는 대신 내가 생각하고 느끼는 바를 조금 이야기했다: "혼란스러워요."

나는 또한 내가 생각하는 것에 대해서만 진술하려고 했다. 그가 생각하고 있는 것이 내가 생각하는 것과는 다르고, 그가 무엇을 생각하고 있는지 내가 안다는 인상을 주지 않기 위해 그렇게 했는데, 이는 그의 마음은 오로지 그의 것이고 그만의 것이라는 것을 알리는 것이 중요하다고 생각했고, 그의 생각을 훔치거나 내 생각을 그의 머릿속에 집어넣는 데는 관심이 없었기 때문이다.

그는 "여기 오는 사람들에게"라고 말하며 자신의 질문을 알아듣지 못하는 나에게 불만을 표시하며 "뭐라고 말하나요?"라고 물었다.

나는 "지금 당신과 이야기하고 있으니까, 내가 당신에게 말했던 그대로 하죠."라고 말했다. 내 입에서 나오는 말을 들으면서 정말 형편없는 대답이라고 생각했다. 마치 우리가 서로에게 이야기하면서, 무언가, 어떤 것이라도, "통할 수 있기를", 상대방이 알아들을 수 있기를 바라는 것처럼 느껴졌다. 나는 J와 내가 서로에게 길을 잃었다는 것 외에는 무슨 일이 일어나고 있는지 알지 못했다. 우리 둘 다 길을 잃었지만, 나는 우리가 길을 잃는 경험을 꿈꾸는 아주 초기 단계에 있는 것 같았다.

책장에서 돌아서서 처음으로 내 눈을 바라보고 J는 "당신 누구요?"라고 소리쳤다.

잠시 멈춘 후, 나는 "J, 나는 당신과 대화를 나누고 싶은 사람이에요."라고 말했다.

나는 보통 대화를 할 때 환자의 이름을 사용하지 않는다. 그런데 내가 직접 J라는 단어를 말하는 것을 들었을 때, 내게는 J가 더 이상 환자의 이름처럼 느껴지지 않았다. J는 이제 내게 이름이 아니라 그냥 소리처럼 느껴졌다. 마치 그 경로에 있는 모든 것을 파괴할 수 있는 힘을 가진 연쇄 반응이 시작된 것처럼 느껴졌다. J와 (나는) 그가 얼마간 유지할 수 있었던 부서지기 쉬운 심리 구조가 무너지는 것을 경험하는 과정에 있는 것 같았다.

그는 자리에 앉더니 분노를 간신히 가린 부드러운 위장된 화해의 목소리로 "누구요?"라고 물었다.

나는 그가 무엇을 묻는지 몰랐다. 나는 다시 질문을 잊어버렸다. "나는 또 길을 잃었어요."라고 말했다.

그는 나를 노려보며 거칠고 약간 위협적으로 물었다. "당신 누구요?"

나는 말했다. "나는 당신 자신이 누구인지 알 수 있도록 도와줄 수 있는 사람이에요."라고 말했는데, 그 말이 공허하게 느껴졌다.

그는 서서 천장을 바라보며 매우 흥분한 상태로 "당신 누구요!"라고 외쳤다. 그런 다음 그는 목 근육과 힘줄이 찢어질 만큼 위험하게 격렬한 힘으로 스트레칭하는 듯한 자세로 얼굴을 천장으로 향하게

실제 / **169**

한 채 굳게 서 있었다.

나는 단호하고 침착하게 말했다. "J, 나는 대화하는 의사라고 말했어요. 난 뭔가를 하지 않아요, 폭력적인 일도 하지 않고요, 당신도 그렇게 해 주길 바라요. 내 생각에 당신은 지금 당신을 하나로 묶어 주고 당신을 당신답게 만드는 모든 것이 찢어지고 있다는 것을 보여 주고 있다고 생각해요. 여기서 그런 일이 일어나게 두지 않을 거예요." 그 순간 나는 J가 자신을 하나로 묶어주기도 하고 찢어버리기도 하는 내면의 어머니/나와 생사를 건 전투를 벌이고 있다는 것을 보여 주고 있는 것 같았다.

그는 1분 정도 같은 자세를 유지한 채 침묵을 지키다가 무릎을 구부리고 바닥으로 몸을 낮춘 다음 다시 천장을 바라보며 누웠다. 그 방에는 몇 달 전 건물에 화재가 발생한 후 상담실에서 연기 냄새를 제거하기 위해 사용했던 과산소 처리된 공기 냄새가 났다.

나는 "나는 당신이 누구인지 말할 수 없고 말하지도 않겠지만, 당신이 그렇게 하도록 도울 수 있다고 생각해요."라고 말했다. 그제야 이렇게 하는 것이 내가 느꼈던 감정과 말하고자 했던 바를 제대로 표현할 수 있는 방법이라고 느껴졌다.

J는 기괴하지 않은 톤으로—내가 말을 알아들었다는 느낌을 주는 인간적인 목소리 톤으로 "오"라고 말했다. 그 후 이어진 침묵 속에서 평소와 다른 특이한 생각이 떠올랐다. 그가 "오"라고 말한 것은 내 이름의 첫 글자인 O를 사용하여 내 이름을 과묵하게 말하는 것 같았다. 이것이 단순히 내가 느끼는 극심한 고립감에서 비롯된 내 소망인지, 아니면 J와 내가 꾸고 있는 꿈의 일부인지 알 수 없었다. 아마 둘 다일 거라고 생각했다.

어머니에게 아기 건네기

V씨의 상담시간은 친구, 직장 상사, 친척과의 문제 해결("이해")에 단단히 집중되어 있었다. 한동안은 조금의 변화 기미도 없이 같은 이야기를 반복하고 있다는 느낌이 들었다. V씨는 나와 현실적이고 생생한 방식으로 소통할 수 없는 것 같았다. 그녀와 나는 이 시점에서 3년 동안 함께 작업하고 있었다.

이 분석 기간 중 한 회기에서 나는 치료시간이 얼마나 남았는지 확인하기 위해 내가 얼마나 시계를 자주 들여다보고 있는지 발견했다. 시계 바늘이 움직이지 않는 것 같았다. 배터리가 다 된 것은 아닌지 의심이 들었다. 시계의 배터리를 교체하는 모습을 상상할 때, 배터리를 고정하는 금속 갈래에서 금속 냄새가 났다; 방전된 배터리를 한쪽 끝을 작은 스프링 쪽으로 눌렀을 때 손가락 감각을 느끼며 손가락을 배터리 밑에 넣고 들어올려 휴지통에 던져 넣을 수 있었다. 생생하고 매우 혼란스러운 일련의 시각적 이미지들이 그 순간 떠올랐는데, 그것은 내가 상심하고 자식이 없는 어머니의 사산한 아기를 분만하여, 스테인리스 팬에 던지는 것이었다.

V씨의 반려견이 심각한 질병에 걸렸을 때 분석은 갑작스럽고 예상치 못한 강도를 띠게 되었다. 그제야 V씨가 성인의 삶에서 느낄 수 있었던 가장 강렬한 사랑은 현재 열네 살이 된 반려견에 대한 사랑이었다는 사실이 완전히 실감이 났다. 개는 매우 아팠고 식욕도 없었으며 다리로는 거의 지탱할 수 없었다. V씨는 약 점적기로 물을 먹였다. 그녀는 반려견에게 먹이를 줄 때 물에 넣는 약초 요법에 대해 자세히 설명했다(그녀는 반려견의 이름을 한 번도 언급하지 않았다). V씨는 잠을 거의 자지 못하고 한밤중에 몇 시간 동안 인터넷을 뒤지

며 반려견의 병을 치료할 수 있는 방법을 찾아다녔다.

환자와 나는 주 5회를 만났고, 주말에 대화하고 싶으면 전화하라고 권유했지만 전화가 오지는 않았다. 나는 V씨가 무력감으로 인해 우울증에 빠질까 봐 걱정했다. 성인이 된 후 두 번이나 그랬었던 것처럼—스물여섯 살 때 어머니의 죽음 이후와 서른다섯 살 때 할아버지의 죽음 이후.

나는 이러한 우울증이 세 살 위 언니를 잃은 슬픔을 애도하는 데 실패해서라고 생각했다. 언니는 환자가 다섯 살 때 "사라졌다." V씨는 언니를 "흠모하고 숭배"했다(언니 이름을 말한 적이 없다). 어느 날 언니가 사라졌는데, 부모님은 이에 대해 단 한마디도 하지 않았다; 그들은 아무 일도 없었다는 듯이 행동했다. 환자는 언니가 어디 있는지 물어보면 안 된다는 것을 알고 있었다. 10대가 되어서야 이모로부터 언니가 급성 백혈병으로 입원했다가 사망했다는 사실을 알게 되었다.

이전 분석에서 V씨의 언니의 부재를 부모가 인정하지 않았다는 사실은 "전혀 떠오르지 않았다." 나는 일찍이 환자가 사망 경위에 대해 비정상적으로 모호하게 말할 때 환자의 언니에 대해 질문한 적이 있었다. 어렸을 때나 어른이 되어서나 언니를 잃은 경험에 대해 무심한 환자에 대해 많은 이야기를 나눴다. 나는 내가 아무 일도 없었다는 듯이 행동하지 않는 것이 중요하다는 것을 알았다.

상담 중 한 회기에서 나는 V씨에게 "당신은 개와 여동생 모두를 살리려고 노력하는 것 같아요."라고 말했다. 그녀는 거의 감정이 없는 목소리로 동의했다.

상담을 받는 동안 V씨는 장의자에 축 늘어져 누워 있으면서 점점 더 침묵을 지켰다. 시간이 지날수록 나는 점점 더 놀랐다. 나는 그녀에게 "언니가 사라진 것처럼 당신도 침묵 속에서 사라지고 있는 것 같아요. 점점 더 살이 빠지면서 육체적으로도 사라지고 있는 것 같아요."라고 말했다. 지난 몇 달 동안 살이 빠진 탓에 V씨의 옷은 이제 늘어져 걸려 있었다. 나는 환자의 사라짐을 무력하게 지켜보는 관찰자 역할에 동원되고 있다는 생각이 들었다. 그것은 언니의 사라짐과 반려견이 사라질 두려움과 떼려야 뗄 수 없었다. 환자는 죽음/사라짐에 대한 두려움을 물리치겠다고 결심하고 있었다.

한 분석 회기에서 나는 V씨와 말없이 앉아 있을 때, 나이 많은 한 친구가 떠올랐다. 그는 사산아의 어머니에게 죽은 아기를 안아보고 싶은지 물어보는 몇 안 되는 산부인과 의사 중 한 명이었다. 그는 단 한 명의 산모도 거절하지 않았다고 말했다. V씨가 언니의 죽음에 대해 아직 경험해 보지 못한 슬픔이 내가 무의식중에 분만을 요청받고 있는 사산아인 것 같았다.

나는 V씨에게 말했다. "내가 걱정하는 건, 당신이 개의 생명을 구하려고 애쓰다 보면, 개가 죽어가는 동안 당신이 함께 있고 곁을 지켜주는 것을 놓치게 될 것이고—당신의 개도 그것을 놓치게 될 것이며—개에 대한 당신의 사랑과 개가 죽어가는 동안 당신이 느끼는 고통을 개가 느낄 수 있게 해 주는 것을 놓치게 될까 봐 입니다."

V씨는 "그런 일이 일어나지 않기를 바라요."라며 울먹였다.

나는 "당신이 그렇다는 것을 알아요."고 말했다. 사산아를 산모에게 건네준 나의 친구에 대한 생각은 마치 V씨와의 분석 회기를 꿈꾸기하는 것의 재개처럼 느껴졌다. 분석 회기를 꿈꾸기 하는 것은 내가 시계 바늘이 움직이지 않는 시계에서 방전된 배터리/아기를 꺼내서(분만해서) 버리는 레브리로 시작되었다. 그 레브리의 측면은 이제 새로운 형태로 살아나고 있었는데, 그것은 사산된 아기를(환자가 아직 경험하지 못한 슬픔을) 환자가 안고, 느끼고, 슬퍼할 수 있도록 넘겨주는 것이었다.

다음 만남인 월요일 회기에서 V씨는 한 번에 몇 마디밖에 내뱉지 못할 정도로 눈물에 목이 메인 목소리로 "개가 주말에 죽었어요. 내가 거실 바닥에 누워 있는 동안 내 가슴 위에 있던 개가 죽었어요. 우리는 몇 시간 동안 거기 누워 있었어요. 그동안 졸기도 했고요. 개가 죽었을 때도 알았어요."

먼저 죽음이 있었다: 시간의 죽음, 끝없는 시간, 시간이 지나간 시간, 그러나 사실은 지나가지 않은 시간이었다. 즉 과거도 없고, 역사도 없고, 죽음도 없는 시간이었다. 대신 공허함이 있었다. 즉 환자 안의 부재, 환자의 부재가 있었다. 우리는 회기를 꿈꾸기 시작할 수 있었다—석화된 시계 바늘과 버려진 배터리의 꿈. 필사적인 마술적 시도는—약을 떨어뜨려 먹이기, 약초 요법, 인터넷 치료법 등은—사산한 아기를 안고 어머니에게 건네주는 의사의 꿈을 꾸는 데까지 나아갔다. 그리고 죽어서도 사라지지 않았던 그녀의 개/언니를 가슴에 안고 있는 환자의 경험까지 나아갔다.

결론

분석 회기를 꿈꾸는 것은 환자와 분석가가 창조하는 경험이다. 때때로 환자나 분석가가 꿈을 꾸는 사람처럼 보이지만 이러한 느낌은 착각이다. 환자나 분석가 중 누구도(그리고 다른 어떤 사람도) 환자가 분석에 가져오는 꿈꾸지 못한 꿈이나 중단된 꿈을 꿀 수 있는 능력이 없다. 이러한 꿈은 환자와 분석가가 창조해 내고 환자와 분석가가 각자 별도로 경험하는 무의식적인 분석적 제3자의 꿈이다. 정신분석이라는 단어는 복합명사로, 똑같은 두 개의 분석은 존재하지 않는다.

나는 회기를 꿈꾸는 세 가지 예시를 제시했다. 모든 분석가는 환자와 함께 두 사람만의 독특한 방식으로 회기를 꿈꿀 수 있는 방법을 찾아야 한다. "기법"을 채택하는 것은 그러한 과정이 일어나지 못하게 하는데, 회기를 비인간적이고 일반적인 것으로 만들기 때문이다. 회기를 꿈꾸는 것은 우리가 작업하는 것이 아니라 회기를 방해하지 않으려고 노력하는 것이다.

참고문헌

Bion, W. R. (1962a). *Learning from Experience*. London: Tavistock.

Bion, W. R. (1962b). A theory of thinking. In *Second Thoughts*. New York: Jason Aronson, 1967, pp. 110-119.

Bion, W. R. (1967). Notes on the theory of schizophrenia. In *Second Thoughts*. New York: Aronson, pp. 23-35.

Bion, W. R. (1970). *Attention and Interpretation*. London: Tavistock.

Bion, W. R. (1987). Clinical seminars. In *Clinical Seminars and Other Works*, edited by F. Bion. London: Karnac, pp. 1-240.

Bion, W. R. (1992). *Cogitations*, ed. F. Bion. London: Karnac.

Civitarese, G. (2013). Bion's "evidence" and his theoretical style. *The Psychoanalytic Quarterly*, 82:615-633.

Freud, S. (1900). *The Interpretation of Dreams*. SE, 4/5.

Freud, S. (1923). Two encyclopaedia articles. SE, 18.

Grotstein, J. (2000). *Who Is the Dreamer Who Dreams the Dream? A*

Study of Psychic Presences. Hillsdale, NJ: Analytic Press.

Ogden, T. H. (1989). On the concept of the autistic-contiguous position. *The International Journal of Psychoanalysis*, 70:127-140.

Ogden, T. H. (1994). The analytic third-working with intersubjective clinical facts. *The International Journal of Psychoanalysis*, 73:3-20.

Ogden, T. H. (1997). Reverie and interpretation. *The Psychoanalytic Quarterly*, 66:567-595.

Ogden, T. H. (2003). On not being able to dream. *The International Journal of Psychoanalysis*, 84:17-30.

Ogden, T. H. (2004a). This art of psychoanalysis: dreaming undreamt dreams and interrupted cries. *The International Journal of Psychoanalysis*, 85:857-877.

Ogden, T. H. (2004b). On holding and containing, being and dreaming. *The International Journal of Psychoanalysis*, 85:1349-1364.

Ogden, T. H. (2005). *This Art of Psychoanalysis: Dreaming Undreamt Dreams and Interrupted Cries.* London: Routledge.

Ogden, T. H. (2010). On three forms of thinking: magical thinking, dream thinking, and transformative thinking. *The Psychoanalytic Quarterly*, 79:317-347.

Ogden, T. H. (2014). Fear of breakdown and the unlived life. *The International Journal of Psychoanalysis*, 95:205-224.

Sandler, J. (1976). Dreams, unconscious phantasies, and "identity of perception." *The International Review of Psycho-Analysis*, 3:33-42.

Winnicott, D. W. (1971). Fear of breakdown. In *Psychoanalytic Explorations*, edited by C. Winnicott, R. Shepherd & M. Davis. Cambridge, MA: Harvard Univ. Press, 1989, pp. 87-95.

6장

분석적 생각하기와 실제의 개정된 형태를 향하여: 마음에 대한 분석적 이론의 진화

나는 마음의 출현과 마음의 개념에 관한 프로이트, 클라인, 페어베언, 위니콧, 비온의 연구를 새롭고 생성적인 정신분석적 감수성과 실제 모드의 진화에서 중요하다고 보게 되었다. 이에 대해 이 책의 앞 장들에서 논의해 왔었다. 이 장에서 나는 이러한 저자들의 연구에서 경험을 처리하는 '심리 장치'로서의 마음 개념으로부터(프로이트, 클라인, 페어베언의 연구) 경험하기 행위 자체에 위치한 과정으로서의 마음 개념으로(위니콧과 비온의 연구) 이동을 추적해 보려고 한다. 이러한 가닥의 사고의 진화는 명사로서의 마음 개념에서 동사로서의 마음 개념으로, 즉 끊임없이 존재하는 행위인, 살아있는 과정으로서 마음 개념으로의 이동으로 생각할 수 있다.

나는 심리적 삶의 시작에 관한 이들 분석가들의 이론이나 가설 또는 이야기의 요소에 대한 개요를 제공할 것이다. "이론"과 "가설"이라는 용어에 "이야기"라는 용어를 추가한 이유는, 아무도, 가장 헌신적인 어머니조차도 신생아의 심리-신체 안에 있는 것이 무엇인지 모르기 때문이다. 최근 몇 년 동안 유아 관찰을 통해 어머니와 유아의 경험을 감지할 수 있는 기회를 얻었지만, 우리는 유아의 내적 생활에 대해 추론하고 은유하는 것 이상을 할 수 없다. 우리는 여전히 눈이 없이 태어난 사람이 시각 경험을 상상하는 입장에 놓여 있다. 눈이 없는 사람은 다른 감각을 사용하여 시각이 '어떤 것'인지에 대한 은유를 만들 수 있지만, 이러한 은유는 보기 경험을 더하지는 않는다.

나는 마음의 출현에 관한 이들 각 이론가들의 가설을 연구하는 것이 인생의 이후 단계에서 마음이 작동하는 방식에 대한 각 이론가들의 더 넓은 개념을 볼 수 있는 또 다른 관점을 만들어 내고, 이는 결국 인간이 된다는 것이 무엇인지를 밝혀 준다는 것을 발견했다.

각 이론가들은 하나 이상의 발생론을 가지고 있기 때문에, 나는 그들의 아이디어를 표현할 때 반드시 한 가지 버전의 '시작'에 대한 이야기를 들려주어야 하며, 어떤 의미에서 나는 각 이론가들의 이야기꾼이 된다. 또한 나는 논의 중인 아이디어에 대한 내 나름의 해석과 확장을 제시할 것이며, 그중 일부는 각 저자의 연구에 함축되어 있다고 생각하며, 다른 일부는 내가 그 사람의 연구를 나름대로 정교화한다.

몇 년에 걸쳐 이 장을 쓰면서 나는 다섯 이론가들의 마음의 출현에 대한 이야기를 다음 질문에 대한 답변의 형태로 말할 수 있다는 가설에서 시작했다: "마음의 출현이 해결책이 되는 문제는 무엇인가?" 이것은 프로이트, 클라인, 페어베언의 연구와 관련하여 유용한 것으로 판명되었지만 위니콧과 비온의 연구에서 마음의 출현과 마음의 개념에 대한 개념화에는 유용하지 않았다. 이를 통해 나는 프로이트, 클라인, 페어베언의 연구에 뿌리를 두고 위니콧과 비온의 연구에서 결실을 맺은 분석적 생각하기에서 급진적 변화를 인식하게 되었다. 이 장의 초점은 바로 분석적 생각하기에서 이러한 변화의 진화이다.

프로이트

마음의 탄생에 대한 프로이트의 개념은 그가 40여 년에 걸쳐 만들어 온 콜라주 같은 것이다. 콜라주의 조각들은 시간 순서대로 조립된 것이 아니다. 사실 프로이트가 "대양감"이라고(1929, p. 54) 불렀던 마음의 가장 초기 상태에 대한 개념은 친구인 로맹 롤랑이 1927년에 쓴 편지에서 제시했던 아이디어이자 용어이다.

프로이트(1929)는 문명 속의 불만에서 가장 초기의 심리적 상태를 설명하기 위해 대양감이라는 용어를 사용했다: "[대양감]은 외부 세계 전체와 하나가 된, 분해될 수 없는 유대감이다"(p. 65).

자아가 외부 세계와 더욱 분화되는 동안, 자아는 배경 상태로서 대양감의 '잔여물'을 유지한다:

> … 원래 자아는 모든 것을 포함하지만 나중에는 외부 세계와 그 자신을 분리한다. 우리의 현재 자아의 느낌은, 그러므로, 훨씬 더 포괄적인—실제로 모든 것을 포용하는—느낌의 축소된 잔여물일 뿐이다. 그 느낌은 자아와 그에 관한 세계 사이의 더 친밀한 유대감에 해당한다. … 내 친구가 같은 아이디어를 대양감이라고 밝혔다. (1929, p. 68)

프로이트(1929)는 여기서 "자아"라는(p. 67) 용어를 사용하지만 (das Ich, "나[the I]"로 번역하는 것이 더 좋다), 이 용어에 대한 정의는 제공하지 않는다. 대신, 그는 매우 특별한 언어 사용을 통해 간접적으로 "모든 것을 포용하는" "대양적" 감정 상태에 이어 발달 과정에서 발생하는 '나−다움(I-ness)'(주관성)의 변화를 전달한다:

> 젖먹이 유아는 아직 자신의 자아를 자신에게 유입되는 감각의 원천인 외부 세계와 구분하지 못한다. 유아는 점차 다양한 자극에 반응하여 그렇게 하는 법을 배운다. 유아는 일부 흥분의 다양한 원천이—나중에 그것은 자신의 신체 기관으로 인식하게 될 것이다—언제든지 자신에게 감각을 제공할 수 있는 반면, 다른 원천은—그중에서도 그가 가장 원하는 것은, 어머니의 가슴은—때때로 그를 피하고, 도움을 구하려고 비명을 질러야만 다시 나타날 수 있다는 사실에 매우 강한 인상을 받을 것이 분명하다. 이런 식으로 처음으로 자아에 대항하여 어떤 '대상'이 설정되는데, 그 형태는 "외부"에 존재하고 특별한 행동에 의해서만 나타나도록 강요되는 것이다. (1929, pp. 66-67)

여기서 프로이트는 주체의 탄생을 기술하고 있다. 대상("외부"에 존재하는 무언가)의 "탄생"과 함께 바로 그 순간에 주체의 탄생이 있다: 대상을 경험하는 주체("나")가 없는 상태에서 분리된 대상("나 아닌 것")도 있을 수 없다; "나 아닌 것"으로 경험되는 대상을 만나지 않는 주체("나")도 있을 수 없다.

마음의 출현에서 다음 "단계" 또는 그 측면에 대한 개념을 발달시킬 때, 프로이트는 거의 20년 전에 "심리 기능의 두 가지 원칙에 대한 공식화"(1911a)에서 소개했던 사고 노선을 채택한다: 즉 자아는 "내적 욕구의 충족을 환각"함으로써 쾌락을 성공적으로 달성하거나 고통을 피할 수 없다는 생각이다(pp. 219-220). 예를 들어, 쾌 원칙에

만 근거하여 작동할 때 음식에 대한 소망적 환각은 배고픔을 만족시키지 못한다. 이것은 자아가 "현실 원칙"과 "쾌락 원칙"에(1911a) 기초하여 작동하기 시작하고 실제 외부 대상과 대상-관계를 맺도록 하는 원동력이다:

> 일반적인 감각 덩어리로부터 자아가 분리되는 것에 대한—즉 "외부", 외부 세계를 인식하는 것에 대한—추가적인 동기는 빈번하고 다양하며 피할 수 없는 고통과 불쾌의 감각에 의해 제공된다. … 우리는 어떤 절차를 배우게 되는데, 그것에 의해 사려깊은 행동을 통해 내적인 것과—자아에 속한 것과—외적인 것을—외부 세계에서 나오는 것을—구분할 수 있다. (1929, p. 67)

방금 인용한 구절에 반영된 것처럼, 자아(나)가 존재하는 것은 신체 감각이라는 매개체에서 비롯된다: "자아는 무엇보다도 신체 자아이다"(Freud, 1923, p. 26).

프로이트에게 있어 마음의 가장 초기 상태에 관한 앞서 언급한 일련의 아이디어는 의식적 및 무의식적 마음의 형성과 정교화에 대해 개념화한 것의 배경이 된다. 원초적 마음은 신체에서 나오는 추동 압력의 혼란스러운 영향을 처리해야 하는 문제에 직면하게 되는데, 프로이트에게 추동이란 "마음이 일을 하도록 [신체가] 요구하는 것"이다(Freud, 1915a, p. 122). 그런 "심리 장치"(Freud, 1900) 개념의 시작은 추동(처음에는 주로 성적 추동[Freud, 1905])에 대한 "심리적 표상"을(1915a, p. 122) 만들어 내는 역량 발달의 형태를 취한다. 다시 말해, 마음은 추동에서 비롯된 신체적 경험을 심리적 표상을 만들어 처리하기 위한 구조, 즉 "심리 장치"이다.

형성된 성 추동의 심리적 표상과 파생물(생각, 감정, 환상, 충동)은 그 자체로 문제를 생성한다. 즉 사실상 생성된 많은 환상과 충동이 용납될 수 없고, 위협적이고, 수치스럽고, 무시무시하고, 압도적이다. 이러한 정서적 문제는 마음의 무의식적 및 의식적−전의식적 측면을 분리하고 연결하는 인간 의식의 구분이 만들어짐으로써 충족된다. 역동적인 무의식적 마음이란 개념은 필연적으로 무의식과 의식이 서로 다른 원칙("쾌 원칙"과 "현실 원칙")에 따라 작동한다는 개념을 수반한다(Freud, 1911a). 무의식적 마음 개념이나 의식적 마음 개념은 서로 분리되어서는 의미를 갖지 않으며, 각각은 서로를 창조하고 유지하며 부정한다(Ogden, 1992a). 이것은 일반 심리학의 발전에 대한 프로이트의 가장 중요한 공헌일 수 있다: "프로이트의 발견을 한 단어로 요약해야 한다면, 그 단어는 의심할 여지 없이 '무의식'이 되어야 할 것이다"(Laplanche and Pontalis, 1973, p. 474).

프로이트의 의식적 및 무의식적 마음 개념의 본질은 억압 개념이다: "억압 이론은 정신분석의 전체 구조가 놓여 있는 주춧돌이다"(Freud, 1911b, p. 16). 억압은 마음의 의식적−전의식적 및 무의식적 측면의 분리와 그 사이의 소통을 생성하고 보존하는 심리적 기능이다. 억압이 없으면 무의식적(또는 의식적) 마음도 존재하지 않는다. 따라서 프로이트에게 있어 마음의 생성은 유아기에 시작되는 강력한 동물적 추동(특히 성 추동)의 문제에 대한 "해결책"이다. 이 추동은 매우 혼란스러워서 "심리 장치"가 발달해서 성 추동의 심리적 표상을 처리해야 한다.

마음의 생성에 대한 프로이트의 관점을 논의하는 이 시점에서 나는 그의 저술에 대한 내 나름대로의 해석을 끼워 넣으려 한다. 추동 압력에 대한 반응으로 만들어진 심리 장치는 우리 자신으로부터 (우리의 무섭고 용납될 수 없는 충동과 환상으로부터) 우리를 보호하는 동시에 우리 자신의 추방된 부분을 보호한다. 억압은 우리 자신의 일부를 추방하는 동시에 같은 부분을 우리 가까이에 두어 완전히 침묵하게 두지 않고, 우리 자신의 부인된 부분과 우리가 두려워하는 우리의 부분들에 대해 끊임없이 상기시킨다. 사실상 우리는 억압된 무의식 속에 "살아서 묻히고" 있으며, 묻힌 자기의 측면은 억압 장벽의 "문을 계속해서 두드리고 있다"고 할 수 있다"("억압된 것의 귀환"이라는 항상 존재하는 위협이자 약속[Freud, 1915b, p. 154, 원서 강조]).

그렇게 생각된, 억압 작업은 우리 자신의 측면을 부인하고 어떤 영역(무의식)으로 강등시키는 나누어진, 그러면서도 하나인 의식의 한 형태를 만들고 보존하는 것이다. 이 영역은 플라톤의 우화에 나오는 동굴 밖의 인물들처럼, 그림자로만, 반사로만 "지각"된다. 정신분석적 무의식은 우리 자신의 신비한 측면이다—결코 완전히 이해할 수 없으며 꿈, 증상, 실언, 예술 창작 등과 같은 파생적인 형태로만 "반영"되어 "알게 될" 뿐이다.

우리의 이원적 의식을 통해 우리는 서로 변증법적 긴장 관계에 있는 두려움과 포용의 공존, 즉 "두 가지 방식을 모두 갖게 되는 것"처럼 보인다. 하지만 내 생각에는 억압을 사용함으로써 우리는 비유적으로 우리 자신을 산 채로 묻어버리기 때문에 우리가 두 가지를 모두 갖는 데 성공했다고 말하는 것은 매우 정확하지 않다. 억압은 우리가 견디기에는 **과도한 것**을 무의식적으로 보존하지만, 또한 우리를 우리 자신으로부터 단절시킴으로써 우리를 고갈시킨다. 우리는 덜 온전해진다. 이러한 관점에서 볼 때, 환자가 스스로를 회복하도록 돕는 노력이 정신분석의 치료 목표라고 할 수 있다. 프로이트(1900)는 정신분석의 목표를 무의식을 의식화하는(그리고 이차 과정 사고가

가능하게 하는) 것으로 가장 자주 표현했지만, 나는 이 개념을 다음과 같이 다시 말하겠다: 정신분석의 치료 목표는 아직 죽지 않고 살아서 묻혀 있던 자신의 측면을 환자에게 "안전하게 돌려주는 것"이다.

클라인

프로이트에게 심리적 세계가 낑낑거림(whimper)으로—"외부 세계 전체와 하나가 되는 분해될 수 없는 유대"로—시작된다면, 클라인에게 있어서는 마음의 생성은 쾅(bang) 소리와 함께 시작된다. "자아는 태어날 때부터 존재하고 작동하며"(Klein, 1963, p. 300) 즉시 긴급한 정서적 문제에 직면하게 된다.

자아가 "처음부터" 싸워야 하는 문제의 본질에 대한 클라인(Klein, 1952a, p. 57)의 이해는 프로이트(1905, 1940)의 초기 불안, 즉 성적 추동의 심리적 표상과 관련된 불안에 대한 이해와는 완전히 대조적이다. 프로이트에게 그것은 삶의 시작부터 작용하지 않는다.

클라인(1952a)은 말한다.

> 그러나 내가 프로이트와 다른 점은, 불안의 일차적 원인이 내면의 죽음 추동의 작용에서 비롯된 소멸과 죽음에 대한 두려움이라는 가설을 제기한다는 점이다. … 소멸에 대한 원초적 두려움이 자아를 행동에 옮기고 최초의 방어를 발생시킨다. (p. 57)

클라인의 관점에서 볼 때 유아가 직면하는 가장 초기의 정서적 문제는 죽음 추동의 작용에서 비롯된다. 그리고 죽음 추동이 불러일으키는 불안에 대응하여 자아가 "행동"을 하게 되면서 마음의 가장 초기 발달이 이루어진다. 원초적 자아가 취하는 "행동"은 "무의식적 환상"을(1952a) 만드는 것인데, 이는 본질적으로 "전언어적"이며 "언어가 표현할 수 있는 것보다 훨씬 더 원시적인 방식으로 유아가 느끼는 것이다"(Klein, 1957, p. 180, 주 1). 예를 들어, 환상은 한편으로는 죽음 추동에서 비롯된 "극단적이고 강력한"(Klein, 1952b, p. 64) 공격적인 감정과 충동, 다른 한편으로는 삶의 추동에서 비롯된 어머니를 향한 사랑스러운 ("리비도적인", [Klein, 1952b, p. 62]) 감정 사이의 갈등에 의미를 부여하는 형태이다.

환상이 "소멸에 대한 원초적 두려움"에 대한 자아의 반응이라는 생각은 마음의 출현과 마음 개념에 대한 정신분석적 개념에 놀라운 공헌을 하고 있다: 환상은 모든 무의식적 의미가 경험되고 표상되고 구조화되는 형태이다.

유아의 내적 세계는—무의식적 마음은—대상과 관련된 환상의 세계이다. 다시 말해, 무의식적 마음 전체는 내적 대상관계의 환상화된 형태를 취한다(Klein, 1934). 예를 들어, 시기심, 즉 "죽음 추동의 가장 초기 직접적인 외재화는"(Segal, 1964, p. 40) 내적 대상 간의 환상화된 관계로서 내적 세계에 존재한다. 시기심은 유아와 "젖을 주는 가슴 간의 주요한 정서적 연결이다. "가슴은 … [유아의 환상에서] 그가 욕망하는 모든 것을 소유하고 있고 … 젖이 무한히 흐르고 가슴이 그 자신의 만족을 위해 보유하는 사랑이 있다"(Klein, 1957, p. 183). 그러나 이 "해결책"은(무의식적 환상의 형태로 경험되는 내러티브 구조의 생성은) 그 자체로 문제를 일으킨다. 가슴은 유아의 생명을 유지하는 젖과 사랑의 원천이라는 사실로 인해 환상을 통해 공격할 수 있는 위험한 대상이 된다. 그러면 자아는 가슴을 좋은 가슴과 나쁜 가슴으로 분열시키는 환상의 형태로 추가적인 방어 조치를 취해야한다. 이를 통해 유아는 좋은 가슴을 안전하게 사랑하고 나쁜 가슴을 안전하게 미워할 수 있다. 따라서 이러한 방어 역시 대상과 관계된 환상이다(Isaacs, 1952; Klein, 1957).

초기 불안이 제기한 문제에 대한 유아의 주된 '해결책'인 환상하기는 프로이트의 무의식 개념을 혁명적으로 변형한 것이다. 클라인은 다음과 같이 가정한다. 즉, 생의 초기부터 의식적 및 무의식적 마음의 분화가 존재하며, 그 안에서 무의식적 환상이 그 내용과 구조의 전체를 구성하고, 이는 다시 생각하기의 발달과 외적 대상과의 관계 방식에 강력한 영향을 미친다:

> 내적 대상의 상태에 대한 환상과 감정은 자아의 구조에 큰 영향을 미친다. …
>
> 바로 환상에서 유아는 대상과 자기를 분열시키지만 이 환상의 영향은 매우 현실적인 것이다. 왜냐하면 그것은 사실상 서로 단절된 감정과 관계로(그리고 나중에는 사고 과정으로) 이어지기 때문이다. (Klein, 1946, p. 6, 강조 추가)

심리적 삶이 시작될 때부터 자기와 대상의 분열은 **환상**에서 발생하지만, **환상**의 영향은 "매우 현실적"인데, 그것이 사실상 서로 단절된 내적 및 외적 대상관계로 이끈다는 점 때문이다. 내적 세계의 관점에서 무의식은 환상 속에서 대상관계의 집합이 다른 대상관계의 집합과 단절되면서 그 구조 자체가 변하게 된다. "나중에는" 내적 및 외적 대상관계가 정서적으로 단절될 뿐만 아니라, 생각하기의 다른 측면("사고 과정")이 "사실상 서로 단절"된다. 예를 들어, 일차 및 이차 과정 생각하기가 서로 "단절"되면 놀이하기, 꿈꾸기, 배우기, 창의적 생각하기가 심각하게 제한되거나 아예 소멸된다. 또한 자아의 온전성을 (덧붙이자면, 자신이 누구인지에 대한 감각을) 유지하기가 매우 어렵다. 클라인(1955)은 「동일시에 대해」라는 논문에서 투사적 동일시가 과도할 때 심리가 고갈되고 궁극적으로 죽는다고 기술한다.

태어날 때 발생하는 마음의 출현에 대한 클라인(1958)의 개념의 근본적인 부분은 다음과 같은 그녀의 생각이다. 유아기에 심리적으로 어떻게 지내느냐는 대체로 삶의 추동과 비교하여 타고난 죽음 추동의 강도에 의해 결정된다는 것이다.

> 두 추동의 융합 상태를 반영하는 자아의 강도는 체질적으로 결정된다고 생각한다. 융합에서 사랑의 능력의 상승을 의미하는 삶의 추동이 우세하면 자아는 상대적으로 강하고, 죽음 추동에서 발생하는 불안을 더 잘 견디고 이에 대응할 수 있다. (1958, pp. 238-239)

물론 그 반대도 마찬가지다. 죽음 추동이 삶의 추동보다 강하면 자아는 상대적으로 약해져 "죽음 추동에서 발생하는 불안을 견디고 이에 대응하는 능력"이 떨어지고 결과적으로 병리적인 방어적 심리구조가 발달하거나 심리 구조가 파편화되기 쉽다.

무의식이 환상에 의해 구조화되어 있다는 클라인의 생각은 프로이트(1923)의 구조 모델과는 상당히 다르다. 그것은 마음을 원초아, 자아, 초자아라는 은유적 위원회로 구조화된 것으로 생각한다. 즉, 자아가 외부 현실을 현실적으로 다루고 이를 통해 실제 외부 세계에서의 삶에서 최대한의 즐거움과 만족을 얻으려는 노력에서 자기의 충동적인 측면과(원초아) 자기의 판단적인 측면을(초자아) 관리하려

한다. 클라인은 "자아"라는 용어를 계속 사용하지만 프로이트가 이 용어를 사용한 것과는 다른 의미를 가지고 있다. 클라인의 연구에서 태어날 때부터 존재하는 자아("나")는 무의식적 환상의 창조자이자 그 환상들 속의 인물이다─환상들은 죽음 추동의 심리적 표상이자 "죽음 추동의 작용으로 인해 발생하는" 소멸에 대한 두려움에 대응하여 생성되는 방어이다.

페어베언

마음의 탄생에 대한 페어베언의 개념은 클라인의 개념과 근본적으로 다른데, 마치 클라인의 개념이 프로이트의 개념과 다른 것과 같다. 페어베언에게 있어 유아가 생애 초기에 직면하는 가장 어려운 정서적 문제이자 무의식적 및 의식적 마음이 생성되는 원동력은 유아가 어머니를 사랑스럽기도 하고 사랑스럽지 않기도 한("불만족스러운"[Fairbairn, 1940, p. 13]) 어머니로 경험하는 것이다. 이 "문제"는 "재앙"이라고 부르는 것이 더 나은데, 유아의 심리적, 신체적 생존이 그것에 대처하는 능력에 달려 있기 때문이다. 이 정서적 위기는 (현실의) 어머니와의 초기 관계의 보편적인 측면이면서도, 체질적 요인과 어머니의 유아 돌봄의 질에 따라 강도가 크게 다르다(Fairbairn, 1940, 1944). 페어베언이 현실 어머니와의 관계를 마음의 생성과 출생부터 시작하는 개인의 심리와 육체적 삶을 보존하는 핵심에 둔 것은 이 논문을 발표할 당시 의식적 및 무의식적 마음의 생성에 대한 정신분석적 개념을 변형시키는 기여를 한 것이나 다름없었다.

페어베언(1944)에 따르면, 실제 어머니로부터 사랑받을 수 없다고 느낀 유아의 경험은 "수치심"(1940, p. 113), "무가치함"(p. 113), "거지 같은 느낌"(p. 113), "무능감"(p. 113)을 불러일으킨다고 한다.

> 그리고, 더 깊은 수준에서(또는 더 초기 단계에서) 아이의 경험은 말 하자면 비효율적으로 폭발하고 리비도가[사랑이] 완전히 비워지는 것이 다. 그것은 따라서 붕괴와 임박한 심리적 죽음의 경험이다. ⋯
> 아이는 리비도 상실을 위협받는데(그에게 리비도는 자신의 선함을 구 성한다) 이는 궁극적으로 자신을 구성하는 자아 구조의 상실로 이어질 수 있다. (Fairbairn, 1944, p. 113)

페어베언은 ("태어날 때부터 존재하는"[Fairbairn, 1963, p. 224]) "자 아"라는 용어를 사용하여 의식적 및 무의식적 마음 전체뿐만 아니라 개인의 주관적인 상태를 포함한 성격 전체를("그 자신을") 지칭한다 는 점을 주목해야 한다.

페어베언의 관점에서 볼 때, 사랑받지 못한다고 느낄 때 유아의 심리적 반응은 마음이 출현하는 것인데, 어머니와의 관계에서 불만 족스러운 부분을 '내재화'함으로써 생겨난다. 여기서 **내재화한다는** 단어는 프로이트가 무의식이라는 단어를, 클라인이 환상이라는 단어 를 재창조한 것처럼 페어베언에 의해 새롭게 창조된 단어이다. 내재 화는 더 이상 클라인과 프로이트에서처럼 내사적 환상이 아니다. 페 어베언이 어머니와의 관계에서 초기의 불만족스러운 측면과 관련하 여 내재화라는 개념을 사용할 때, 그는 유아의 마음의 구조적 변화 를 언급하고 있다. 페어베인의 연구에서 자기와 동의어인 "자아"의 일부는 자아/자기의 본체에서 분열되어 억압된다. 자아/자기의 이러 한 억압된 **부분**은 현실 외부 대상인 어머니와의 불만족스러운 관계의 측면을 복제하는 방식으로 서로 (환상이 아닌) **실제 내적 대상관계**로 들어간다. 내적 대상은 환상이 아닌 현실인데, 그것들이 자아/자기의 다른 측면과 상호작용할 때, 그것들이 각각 그 자체로 생각하고, 느끼고, 관계 맺을 수 있다는 의미에서 그렇다(Fairbairn, 1944; Ogden 2010 참조).

어머니와 관계에서 불만족스러운 측면의 내재화는 무의식적 마음의 생성과 구조화를 위한 원동력이다. 무의식적 마음이 형성되면 정의상 의식적 마음과 억압 장벽이 형성되어 둘 사이의 정서적 내용(사고와 감정)의 이동을 조절한다. 페어베언(1940, 1944)은 억압을 무의식적 자아 기능으로 본다. 그것은 자신을 "거지 같은 느낌"으로 (Fairbairn, 1944, p. 113) 그리고 "무능감"으로(p. 113) 전락시킨 불만족스러운 어머니에 대한 유아의 분노를 표현한다.

페어베언(1944)에 따르면, 이렇게 만들어진 억압된 무의식적 마음은 (1) 그 사랑을 결코 돌려주지 않을 흥분시키는 내적 대상의 사랑을 끝없이 갈망하는 자아/자기의 한 측면과 (2) 거절하는 내적 대상의 사랑을 얻기 위해 끝없이 노력하는 자아의 한 측면 사이에서 쌍으로 이루어진 중독적인 내적 대상관계의 형태로 구조화되어 있다.

이 내적 대상의 세계는 "닫힌 체계"로서(Fairbairn, 1958, p. 385), 나쁜(감질나게 하고 거절하는) 내적 대상을 좋은(사랑스러운) 대상으로 바꾸려는 채워지지 않는(헛된) 노력이 주된 추동력인 것 같다(Ogden, 2010). 이 닫힌 체계에서 벗어나는 유일한 출구는 내적 대상에서(자아/자기의 분열되어 나간 부분에서) 실제 외적 대상으로 리비도적 유대의 방향을 전환하는 것이다. 내적 대상에 대한 중독적 유대를 실제 외적 대상과의 사랑의 유대로 전환하는 것은(실제 외적 대상의 감탄하고 사랑하는 측면과 관계 맺고 내재화하는 데 관여하는) 건강한 의식적 마음과 (내적 대상 간의 중독적 유대가 차지하는) 무의식적 마음의 형성에서 마지막 단계이지만 결코 완결되지 않을 단계이다. 이러한 마음 개념은 페어베언(1958)의 치료 기법에 반영되어 있다. 예를 들어, 그는 장의자 사용을 거부하고 대신 책상 뒤에 앉았고 환자는 페어베언과 약간 떨어진 의자에 앉았다(환자가 원할 경우 실제 대상은 항상 시야 내에 있다).

요약하자면, 페어베언은 마음의 출현에 대해 급진적인 개념의 변화를 도입했다. 클라인의 관점과 (좀 덜한 정도로) 프로이트의 관점에서는 추동의(각각 죽음 추동과 성 추동의) 압력은 유아에게 초기에 자아가 "행동하게"(Klein, 1952a, p. 57) 밀어붙이는 "문제"를 제시한다. 즉, 의식적 및 무의식적 마음의 정교화와 각각에 대해 구조를 생성하는 것이다. 이와는 대조적으로 페어베언은 유아가 직면한 "문제"를 외적 대상 어머니의 사랑하지 않는 측면에 대한 경험의 결과로서 심리적 죽음의 위협으로 생각했다. 이 문제에 대한 '해결책'은 자아/자기의 분열되어 나간 측면들 사이의 중독적인 관계로 구조화된 무의식적인 내적 세계를 형성하는 것이다.

위니콧

심리적 기원에 대한 탐구에서 프로이트, 클라인, 페어베언의 관점에서 이 주제에 대한 위니콧의 생각으로 옮겨가는 것은 내게는 마치 완전히 새로운 영역으로 들어가는 것처럼 느껴진다. 이 책의 첫 장에서 내가 논의하였듯이, 위니콧은 단순히 심리의 기원을 재개념화함으로써가 아니라, 정신분석 이론과 실제의 한 측면으로 존재했지만 위니콧처럼 정교하게 기술하고, 설명하고, 실천한 적은 없었던 분석적 생각하기("존재론적 생각하기")의 형태를 도입함으로써 정신분석에 혁명적인 변화를 도입했다.

유아의 초기 삶에 대한 위니콧(1949)의 개념을 연구하면서 우리는 즉시 한 가지 역설을 만나게 된다: "마음이 실체로서 존재하지 않는다는 역설이다"(p. 3). 위니콧에게 처음부터 존재하는 실체는 심리-신체이며, 여기서 심리와 신체는 전체에서 분리할 수 없는 부분이다.

> 개인의 심리-신체 또는 몸의 도식이 아주 초기 발달 단계를 만족스럽게 통과했다면 마음은 개인의 사물 도식에서 실체로서 존재하지 않는다; 마음은 그때 심리-신체 기능의 특수한 경우에 지나지 않는다. (1949, p. 244)

어머니가 "감질나게 할" 때(Winnicott, 1949, p. 246), 유아는

> 물 자체가 되어가는 심리 기능의 한 형태를 발달시킬 수 있다. 이는 실제로 좋은 어머니를 대체하고 불필요하게 만든다. … 개인의 심리는 원래 신체와 맺었던 친밀한 관계로부터 이런 마음으로 멀어지도록 "유혹"받는다. 그 결과는 병리적인 마음-심리(mind-psyche)이다. (pp. 246-247, 원서 강조)

따라서 위니콧의 연구에서 "마음"("마음-심리")은 병리적인 실체이기 때문에 "마음"의 생성에 대한 질문은 다시 생각해야 한다. 심리-신체는 일차적이다: 그것은 (환경 어머니의 보살핌 속에서) 출생 시 유아의 타고난 상태이다.

위니콧(1949)은 심리와 신체의 관계에 대한 자신의 생각을 발전시키면서 심리−신체, 자기 경험의 기원에 대해 내게는 놀라운 주장을 펼쳤다:

> 여기 몸이 있다. 그리고 심리와 신체는 우리가 바라보는 방향에 따라 다를 뿐 구별되지 않는다. 발달하는 마음이나 발달하는 심리를 볼 수 있다. 여기서 심리라는 단어는 신체적 부분, 감정 및 기능에 대한 상상적 정교화, 즉 신체적 살아있음에 대한 상상적 정교화를 의미한다고 제안한다. (p. 244, 원서 강조)

나는 항상 이 구절의 마지막 단어(신체적 살아있음)에 깜짝 놀란다. 나는 그 단어가 "신체적 살아있음"이 아니라 "심리적 살아있음"일 것이라고 예상한다. 하지만 위니콧이 말하고자 하는 요점이 바로 그것이다. "여기서 심리라는 단어가 의미하는 것은" 신체의 부분과 감정 및 기능을 상상적으로 정교화하는 것이다. 그리고 나는 반대로 덧붙이고 싶다: 여기서 신체라는 단어는 생각하고, 느끼고, 놀이하고, 상상하고, 환상하는 것에 대한, 즉 신체적 살아있음에 대한 심리적 기능에 신체성을 부여하는 의미라고 제안한다. 내 생각에 이것이 바로 위니콧이 "심리와 신체는 우리가 바라보는 방향에 따라 다를 뿐 구별되지 않는다."라고 말할 때의 의미라고 생각한다.

위니콧은 분석적 생각하기에서 새로운 방식으로 심리와 신체를 개념화하고 있다. 그는 이를 명사가 아닌 동사로 정의하고 있다. 심리는 더 이상 살아있는 경험을 처리하는 매개체, 즉 심리 장치가 아니다. 위니콧에게 심리는 신체를 상상적으로 정교화하여 신체적 살아있음을 창조하는 경험이다. 그리고 심리−신체를 다른 "방향"에서 보면, 신체는 심리적 경험에 신체성을 부여하는 경험, 즉 심리적 살아있음을 창조하는 경험이다. 심리는 더 이상 신체적(추동적) 압력이나(프로이트와 클라인) 어머니와의 불만족스러운 관계에 대한 방어적 반응이(페어베언) 아니다; 오히려 "처음에"(Winnicott, 1949, p. 244) 심리는 신체를 상상적으로 정교화하여 "신체적 살아있음"을 창조하는 바로 그 행위이다.

위니콧은 살아있음(aliveness)이라는 단어를 재창조한다. 그것은 프로이트가 무의식이라는 단어를, 클라인이 환상이라는 단어를, 페어베언이 내재화라는 단어를 재창조한 것과 같다. 신체적 살아있음과 심리적 살아있음의 결합된 경험의 창조는 심리-신체 탄생("새로 형성된 심리-신체의 요구에 적극적으로 적응하는 환경"에서만[1949, p. 245] 일어날 수 있는 탄생)을 정의하는 특징이다.

위니콧에게 있어 유아가 경험하는(심리적, 육체적 살아있음의 성취를 포함한) 모든 것의 본질적인 배경은 현실 어머니의 역할이다. 유아가 태어나기도 전에 어머니는 "일차적 모성 점유" 상태에 들어간다(Winnicott, 1956). 이 존재 상태에서는 그녀가 대체로 더 이상 아기와 분리된 사람이 아니며, "유아는 … 자신의 일부이다"(Winnicott, 1971a, p. 12). 다른 상황에서라면 아기의 출생을 준비할 때 그리고 출생 후 초기 어머니의 존재 상태는 "질병"으로(1956, p. 302) 간주될 수 있다. 일단 유아가 태어나면, 이 상태에서 어머니는 "유아의 자리에서 자신을 … 느낄 수 있다"(1956, p. 304). 그런 식으로 유아는 중단되지 않고 "계속해서 존재하는" 상태(아직 주체가 될 수 없지만, 유아의 살아있는 경험을 반영하는 주체 없는 단계)를 경험할 수 있다(Winnicott, 1949, p. 245). 여기에서 살아있음의 경험이 시작된다.

위니콧의 연구에 대한 논의에 함축되어 있는 생각은 유아의 탄생이 유아가 살아있다는 것과 동의어가 아니라는 것이다. 위니콧은 1949년 논문 「마음과 심리−신체와의 관계」에서 심리적 및 신체적 살아있음에 관한 아이디어를 소개했다. 4년 후, 그는 내 생각에 그의 가장 중요한 논문인 「중간 대상과 중간 현상」을 발표했다(1953년에 처음 발표되고 1971년에 수정되었다). 이 논문에서 그는 인간 경험에서 살아있음의 질이 우선적이라는 아이디어를 정교화했을 뿐만 아니라, 이전에는 정신분석에 존재하지 않았던 인간 경험에 대한 새로운 개념, 언어, 생각하기 방식을 도입했다(위니콧은 그 이전의 분석적 생각하기가 없었다면 자신의 아이디어를 발전시킬 수 없었을 것이라고 가장 먼저 인정했을 것이다). 그는 내가 보기에 조용한 방식으로 그렇게 했다.

그의 "중간 대상" 논문에서(Winnicott, 1971a) 그는 경험하기의 "중간 영역"이라는 개념을 소개한다:

> 태어날 때부터 … 인간은 객관적으로 지각되는 것과 주관적으로 생각되는 것 사이의 관계의 문제에 관심이 있으며, 이 문제에 대한 해결책에서 어머니에 의해 충분히 잘 시작하지 못한 인간에게 건강이란 없다. … 내가 말하는 중간 영역은 일차적 창조성[유아가 대상을 옳은 방식으로 창조한 것처럼 경험하는 것]과 현실 검증에 근거한 객관적 지각[유아가 대상을 발견으로 경험하는 것] 사이에서 유아에게 허용되는 영역이다. 중간 현상은 환상을 사용하는 초기 단계를 나타낸다. 그것이 없다면, 다른 사람들에게 그 존재가 외적인 것으로 지각되는 대상과의 관계라는 생각은 인간에게 의미가 없다. (p. 11, 원서 강조)

이러한 경험하기의 중간 영역을 생성하는 역량이 없다면, "인간에게 … 외적인 [대상 세계]와의 관계는 … 의미가 없다."고 할 수 있다.

따라서 심리적, 신체적 살아있음의 두 번째 시작이 있다고 말할 수 있다(첫 번째는 주체 없는 지속적인 존재의 상태에서 발생한다). 유아가 경험하기의 중간 영역으로 들어가면서 유아는 세계를 창조된 것과 발견된 것 둘 다인(또는 둘 다 아닌) 것으로, "살아있고 현실적인 것"으로서(Winnicott, 1971a, p. 9) 경험하기 시작한다. "존재하지만 존재할 수 없는"(Winnicott, 1971b, p. 107) 중간 현상의 중간 영역은 내적 대상도 아니고 외적 대상도 아니며, "내적 대상처럼 마술적 통제 아래 있는 것도 아니고 어머니처럼 외적 통제 아래 있는 것도 아닌"(Winnicott, 1971a, p. 10) 역설의 영역이다; 그것은 유아가 "생각한 것도 아니고 외부 세계로부터 유아에게 "제시된"(p. 12) 것도 아니다. 그리고 유아는 관찰자가 유아의 외부에 있다고 보는 대상과 분리된 주체이기도 하고 아니기도 하다. 이러한 역설은 "수용되고 관용되고 존중되어야 하며"(1971c, p. xii), 해결되어서는 안 된다. "이런 [해결]의 대가는 역설 자체의 가치를 상실하는 것이기 때문이다"(p. xii).

중간 영역에서 생성되는 존재 상태는 "상상적 자기의 핵심을 형성하기 위해 개인이 느끼는 것이다"(Winnicott, 1949, p. 244, 원서 강조), "우리가 사는 곳"(Winnicott, 1971b, p. 104), 즉 "모든 현실감"을 가진 방식으로 우리가 진정으로 살아나는 곳의(Winnicott, 1963, p. 184) 시작이다.

내가 마음의 탄생에 관해 프로이트, 클라인, 페어베언에게 던졌던 질문은 위니콧에게 접근할 때는 다시 생각해 보고 재구성해야 한다. 그에게 있어 그 질문은 더 이상 "마음의 출현을 어떻게 생각할 것인가?"가 아니다. 질문은 "유아가 어떻게 처음으로 살아나게 되고, 신체적, 심리적 살아있음을 경험하게 되는가?"가 된다.

삶의 초기에 대한 위니콧의 지식이 대부분 소아과 의사로서의 경험에서 파생되었다는 사실을 언급하지 않는 것은 삶의 시작과 마음의 시작에 대한 위니콧의 개념의 본질적인 차원을 생략하는 것이 될 것이다. 이는 그가 어머니와 아이들과 함께 존재하는 방식, 그것에 관해 글을 쓰는 방식, 그리고 최초의 인간 존재 상태에 대한 그의 개념을 강력하게 채색하였다.

갓난아기를 안고 있는 상상 속의 어머니와 대화하면서 그는 이렇게 쓴다,

> 단지 젖을 먹이기 위해 당신에게 아기를 건네주면 당신은 그[당신의 아기]에 대해 매우 수상한 인상을 받게 될 것이다. 이때 그는 불만투성이일 것이며, 확실히 인간이긴 하지만, 그 안에 성난 사자와 호랑이가 있을 것이다. 그리고 그는 거의 확실하게 자신의 감정을 두려워할 것이다. 아무도 당신에게 이 모든 것을 설명해 주지 않는다면, 당신도 두려움을 느낄 수 있을 것이다. (Winnicott, 1964, p. 23)

다른 논문에서 그는 이렇게 쓴다,

> 어머니는 아무것도 하지 않고도 아기를 미워하는 것을 견딜 수 있어야 한다. … 어머니의 가장 놀라운 점은 아기에게 많은 상처를 받고 아기에게 대가를 요구하지 않고도 그렇게 미워할 수 있는 능력과 나중에 올 수도 있고 오지 않을 수도 있는 보상을 기다릴 수 있는 능력이다. (Winnicott, 1947, p. 202)

이 구절을 인용하면서 나는 제임스 그롯슈타인이 우정을 쌓은 지 30년이 지난 후 내게 했던 말이 떠올랐다. 그는 내게 영어가 자신의

제2국어라고 말했다. 나는 깜짝 놀랐다. 우리가 서로를 알고 지낸 모든 시간 내내 그는 내게 이런 말을 한 번도 한 적이 없었다. 나는 그에게 모국어가 무엇이냐고 물었고, 그는 "아기 말"이라고 대답했다.

비온

심리의 기원과 마음의 개념에 대한 위니콧의 연구에 접근했을 때와 마찬가지로, 나는 비온의 작업에 접근하면서 근본적으로 새로운 생각하기 방식을 만나게 된다. 비온에 따르면 심리의 기원은 두 개의 독립적이지만 불가분하게 연결된 형태로 설명된다. 그것은 "이야기"를 전달하는 데 사용되는 내용에서뿐만 아니라 생각하기의 형태와 글쓰기의 형태에서도 서로 다르다. 비온의 생각하기 방식에서 큰 변화는 정신분석의 요소들(1963)에서 시작되었고, 이후 연구에서 더욱 고도로 발전된 형태를 취한 것으로 보인다. 내가 말하려는 "이야기"는 심리적 삶이 시작되는 상황에 대한 비온의 이야기를 내 방식으로 풀어낸 것이다. 나는 그 이야기를 말하는 데 있어서 "초기 비온"(1963년 이전)의 작업과 "후기 비온"(1963-1979년)의 작업 사이의 생성적 긴장감을 포착하는 방식으로 할 것이다.

"초기 비온"의 경우, 유아는 삶이 시작될 때부터 "죽어 가고 있다는 느낌으로"(Bion, 1962a, p. 116) 경험되는 원 감각인상으로 폭격을 당하는데, 나는 이것을 임박한 소멸의 느낌으로 받아들인다:

> 유아의 성격은 그 자체로는 감각-자료를[비온이 베타 요소라고 부르
> 는 원 감각인상을] 활용할 수 없으며, 이러한 요소들을 어머니에게 축출

해야 하며, 유아가 알파 요소로[생각하기와 꿈꾸기 과정에서 연결될 수 있는 초보적 사고로] 사용하기에 적합한 형태로 변환하는 데 필요한 모든 작업을 어머니에게 의존해야 한다. (Bion, 1962a, p. 116)

비온은 계속한다,

> 어머니의 레브리 역량은 유아가 자신의 의식에 의해[살아있는 정서적 경험에 의해] 획득된 자기 감각을 수확하게 하는 수용 기관이다. …
>
> 유아와 가슴의 관계가 유아가, 말하자면, 자신이 죽어가고 있다는 느낌을 어머니에게 투사할 수 있게 하고, 그 느낌이 가슴에 머무름으로써 유아의 심리가 견딜 수 있게 된 후에 다시 재내사할 수 있게 한다면 정상적인 발달이 뒤따른다. (p. 116)

따라서 처음에는 건강한 어머니와 유아의 관계에서 어머니의 "레브리 역량", 즉 유아의 경험을 꿈꾸기 하는 것은 유아가 아직 생각할 수 없는 생각과 감정을 유아의 초보적인 타고난 심리 "장치"가(Bion, 1962a, p. 117) 생각하기와 꿈꾸기 과정에서 활용할 수 있는 형태로 변형시키는 것이다(비온에게 꿈꾸기는 무의식적인 심리적 작업과 동의어이며, 이는 가장 풍부한 형태의 사고이다). 그러나:

> 만약 투사가 어머니에 의해 받아들여지지 않으면, 유아는 자신이 죽어 가고 있다는 느낌이 지닌 그러한 의미를 박탈당한다고 느낀다. 따라서 유아는 견딜 수 있게 된 죽음에 대한 두려움이 아니라 이름 없는 두려움을 재내사한다. …
>
> 초보적인 의식은 자신에게 부과된 그 부담을 감당할 수 없다. 투사적

동일시를―거절하는―대상이 내적으로 확립된다는 것은 유아가 [내적] 대상을 이해하는 것이 아니라 의도적으로 [내적] 대상을 오해한다는 것을 의미한다. (1962a, pp. 116-117)

"초기 비온"에게, 삶이 시작되는 상황은 (두 사람으로 경험되지 않는) 두 사람이 경험을 함께 살고/꿈꾸기하는 것을 포함한다. 수용적 레브리 상태의 어머니의 작업이 매우 요구되고, 유아의 "정서의 폭력성이"(Bion, 1962b, p. 10) 거주하는 것을 포함한다는 것을 명심해야 한다.

내 생각으로는, 포(1948)가 어떤 종류의 사고, 즉 "사고들의 영혼인 사고되지 않은 것 같은 사고"에(p. 80) 대해 기술한 것은 "원 감각 인상"(우리가 정서적 경험의 인상을 등록하는 즉각적이고 가공되지 않은 형태)에 대한 비온의 개념의 역설적인 본질을 잘 포착한다. 이러한 감각 인상은 생각하기 과정에 연결될 수 없다는 점에서―아직은 원 감각자료로 조직된 것이라는 점에서 "사고되지 않은 것 같다". 동시에 우리의 살아있는 경험과 유일하게 직접적으로 연결된다는 점에서 "사고의 영혼"이며, 따라서 이 원자료를 처리한 결과 발생하는 모든 사고와 감정의 살아있는 핵심("영혼")이다. 유아의 감각 인상은 그가 살아있다는 경험의 전부이며, 이는 평생 동안 계속 유지된다.

그러나 처음에 유아에게는 살아있는 정서적 경험에서 나온 감각자료로 흘러넘친다: "초보적인 의식은 자신에게 부과된 그 부담을 감당할 수 없다."유아는 감각 자료를 어머니에게 "축출"하는 것 외에 다른 선택의 여지가 없다. 어머니는, 적극적으로 수용하는 레브리 상태에서, 유아가 스스로 생각하거나 경험할 수 없는 것을 유아와 함께 살아낸다. 어머니와 유아가 경험을 함께 살아내는 이러한 경험을 통해, 유아가 자신의 경험을 스스로 생각하고 느낄 수 있는 방식으로 원 감각 자료를 변경할 수 있는 정서적 상태를 만들어 낸다.

그러나 어머니와 유아가 유아의 원 감각 자료를 변형할 수 없을 때, 유아의 "사고하지 않은 것 같은 사고"는 그것이 지닌 의미를 박탈당하게 된다. 어머니와의 이러한 경험은 생각하기 과정을 공격하는 유아의 일부로 내재화된다.

비온의 초기 작업에서 비온의 생각하기는 주로 해석학적 접근 방식으로 특징지어진다. 내가 해석학이라는 용어를 사용할 때 가리키는 해석 방법은, 텍스트나 상황의 일부를 전체와 관련하여 이해하고, 전체를 부분과 관련하여 이해함으로써 혼란과 잠정적인 염려 사이를 오가며 궁극적으로 더 깊은 이해에 도달하는 해석 방법이다(해석학적 과정으로서의 치료적 정신분석에 대해 Ricoeur[1988] 및 Habermas[1971] 참조). 해석학적 해석은 대화적이지만 본질적으로 선형적인 성격을 띠고 있다. 비온은 해석학적 방법을 예를 들면 다음과 같은 방식으로 사용한다. 즉, 어머니와 아기가 함께 일하고/살고/꿈꾸기한다는 것은 생각할 수 없는 사고와 감정을 유아의 생각하기 장치에서 활용할 수 있도록 만드는 것으로 생각한다는 것이다. (레브리에서 어머니의 역할이 유아와 함께 경험을 사는 것이라는 아이디어는 초기 모성적 레브리에서 일어나는 일을 이해하는 나만의 방식이지만, 나는 그것이 비온의 초기 작업에 함축되어 있다고 생각한다.)

초기 연구에서 마음의 출현에 관한 비온의 생각하기는 유아의 초기 생각하기가 문제에 대한 "해결책"이라는(Bion, 1962b, p. 80) 점에서 프로이트, 클라인, 페어베언의 생각하기와 유사점을 가지고 있다. 비온에게 있어 해결해야 할 문제는 생각할 수 없는 사고이다: 처음부터 "[생각할 수 없는] 사고에 대응하기 위해 생각하기가 존재하도록 요구된다"(Bion, 1962a, p. 29).

"후기 비온"에서 마음의 출현에 대한 이론은 그의 초기 연구의 아이디어와 모순되지는 않지만 상당히 다르다. "후기 비온"은 앎과 이해하기와 관련된 문제와는 반대로 현재의 순간에 존재하고 생성되는 것과 관련된 문제에 가장 근본적으로 관심을 가진 사상가이다. 그의 논문 「기억과 욕망에 관한 노트」(1967)는 이 주제에 대한 선언문과 같은 것이다. 그는 정신분석가에게 지시한다:

다음 규칙을 준수하라:

1. 기억: 지난 만남을 기억하지 마라. …
2. 욕망: 결과, '치유' 또는 심지어 이해에 대한 욕망도 [분석가의 마음속에서] 확산되도록 허용되지 말아야 한다. (Bion, 1967, p. 137)

그리고 그 논문의 뒷부분에서:

"정신분석가는 모든 회기에서 이전에 환자를 본 적이 없다고 느끼는 마음의 상태를 달성하는 것을 목표로 삼아야 한다. 만약 그가 본 적이 있다고 느낀다면 그는 잘못된 환자를 치료하고 있는 것이다." (p. 138).

과거를 재생하려 하는(아마도 이번엔 "그것을 제대로 하기 위해") 또는 미래의 자신을 상상하려 하는(이는 무슨 일이 일어날지 예측하고 통제할 수 있다는 전지전능한 환상에 기반한다) 우리의 반사적 소망은 개인이(환자, 분석가, 유아가) 존재하고 있고, **존재하게 되는** 유일한 순간인 현 순간의 현실에서 우리를 벗어나게 한다.

현실이 알려져 있거나 알 수 있다는 생각은 잘못된 것이다. 현실은 알려질 수 있는 뭔가가 아니기 때문이다. 현실을 아는 것이 불가능한 이유는 감자가 노래하게 하는 것이 불가능한 것과 같다; 감자를 재배하거나 캐거나 먹을 수는 있지만 노래하게 할 수는 없다. 현실은 틀림없이 "존재해 왔다": "현실"이라는 용어와 함께 사용하려면 특별히 타동사 "존재하다(to be)"가 있어야 한다. (Bion, 1965, p. 148)

이 구절에서 글쓰기 자체는 독자에게 읽기 경험에서 아이디어, 유머, 창의성이 살아있는 경험을 할 수 있는 기회를 만들어 준다. 만약 진정한 읽기 경험이 되려면 독자가 이 글을 읽는 현실이 되어야 한다. 교육, 정신분석, 양육은 분석 회기에서 읽기의 현실이 생성되거나 또는 "'현실'인 것이 '존재하는'" 경험과는 반대로, 너무 자주 알아가는 연습이 된다(Bion, 1965, p. 148).

다시 말해, "후기 비온"에게 살아있다는 것은(그리고 이것은 출생 시에 자신의 경험에 살아있다는 것을 포함한다) 자신이 살고 있는 순간의 현실이 생성되는 행위이다. 그 방식은 무엇이 일어날 것이라고 생각하는 것에 의해 또는 무엇이 일어났으면 하고 소망하는 것에 의해 가능한 한 방해받지 않는 것이다. 왜냐하면 그런 소망들은 감각을 둔화시키고, 그 순간에 일어나고 있는 일의 생생함과 현실성을 죽이기 때문이다. 모든 새로운 사고, 모든 "분기점(caesura)"(Bion, 1976, p. 296)은, 출생 분기점, 기쁨, 놀라움, 정서적 격동, 혼란 또는 붕괴의 모든 경험을 포함하는 데, 현실을 신선하게 살아갈 수 있는 기회이다.

비온은 그의 후기 연구에서 출생을 개인의 삶에서 가장 극적인 분기점 중 하나로 보고 있으며, 다른 모든 분기점과 마찬가지로 출생은 신선하고 격동적이며 절묘하게 살아있는 방식으로 현실을 살아갈 수 있는 기회이다. 출생은 불가피하게 "과도한 것으로" 경험된다 (Bion, 1976, p. 296). 그것은 어느 정도의 억압을 필요로 하며, "억압은 일종의 죽음"이다(p. 296). 그럼에도 불구하고, 불가피한 억압에도 불구하고, 출생은 "밀턴의 실낙원" 세 번째 책의 시작 부분에서 "빛의 기도"만큼 새로운 것으로 열리는 삶이다. "공허하고 형태 없는 무한으로부터 승리했다"(Bion, 1976, p. 296).

이러한 관점에서 볼 때, 유아는 마치 "초기 비온"에서 유아처럼, 단순히 형태없이 태어나서 자신의 경험을 조직하고 "컨테인"하기 위해 어머니의 도움을 필요로 하는 것이 아니다(Bion, 1962b, 1970). 비온은 이런 식으로 표현하지는 않았지만, 유아는 가장 좋은 의미에서 "무죄"라고 덧붙이고 싶다. 즉, 유아는 곧 어른이 될 것처럼, 어른이 확실히 그렇게 하듯이, '이해'의 무게에 짓눌려 있지 않다. 유아가 '이해'로부터 상대적으로 자유롭다는 점을 감안할 때, 그의 경험하기/생성되기 방식은 신선하고 즉각적이며 생생하다(초기 비온의 연구에서 기술된 것처럼 "생각할 수 없는 사고"에 대해 어머니의 도움을 받는다면). 그러나 출생 시 유아의 경험은 또한 격동적이고 고통스럽기 때문에 유아는 때때로 "일종의 죽음"인 억압에 의지하게 된다.

마음의 출현에 대한 이러한 개념은, 알지 않으려는 욕구, 이해하지 않으려는 욕구 및 그 대신 일어나고 있는 일의 현실이 되는 욕구를 강조하는데, 그것은 비온의 초기 연구에서 발견되는 마음의 출현에 대한 이해에 새로운 차원을 추가한다. 하지만 이전의 것을 대체하는 것이 아니다. 오히려 좀 더 선형적인(해석학적) 대응물과 변증법적 긴장 관계에 있다.

맺는말

마음의 출현에 관한 프로이트, 클라인, 페어베언, 위니콧, 비온의 이야기에는 내가 설명한 마음의 개념이 내재되어 있다. 나는 분석적 사고의 마음 개념이 (프로이트, 클라인, 페어베언의 연구에서) 생각하기 장치 및 내적 외적 압력에 대응하기 위한 장치로서 분석적 마음 개념으로부터 (위니콧과 비온의 연구에서) 현재 순간까지 살아있는 지속적인 경험인 과정으로서 마음 개념으로 이동하는 과정을 추적해 왔다. 이러한 분석적 사고의 진화는 정신분석의 발전에서 새롭고 중요한 단계에 필수적인데, (앎과 이해하기와 관련된) 인식론적 생각하기와 치료 실제에 대한 강조가 (존재하기와 생성되기와 관련된) 존재론적 생각하기와 치료 실제에 대한 강조로 변화하고 있다.

참고문헌

Bion, W. R. (1962a). A theory of thinking. In *Second Thoughts*. New York: Aronson, pp. 110–119.

Bion, W. R. (1962b) *Learning from Experience*. London: Tavistock.

Bion, W. R. (1963). *Elements of Psychoanalysis*. London: Tavistock.

Bion, W. R. (1965). *Transformations: Change from Learning to Growth*. London: Tavistock.

Bion, W. R. (1967). Notes on memory and desire. In *Wilfred Bion: Los Angeles Seminars and Supervision*, edited by Aguayo, J. & Malin, B.

London: Karnac, 2013, pp. 136-138.

Bion, W. R. (1970). *Attention and Interpretation*. London: Tavistock.

Bion, W. R. (1976). Emotional turbulence. In *Clinical Seminars and Other Works*, edited by Bion, F. London: Karnac, pp. 293-332.

Fairbairn, W. R. D. (1940). Schizoid factors in the personality. In *Psychoanalytic Studies of the Personality*. London: Routledge and Kegan Paul, 1952, pp. 3-27.

Fairbairn, W. R. D. (1944). Endopsychic structure considered in terms of object-relationships. In *Psychoanalytic Studies of the Personality*. London: Routledge and Kegan Paul, 1952, p. 82-132.

Fairbairn, W. R. D. (1958). On the nature and aims of psychoanalytical treatment. *The International Journal of Psychoanalysis*, 39:374-385.

Fairbairn, W. R. D. (1963). Synopsis of an object-relations theory of the personality. *The International Journal of Psychoanalysis*, 44:224-225.

Freud, S. (1900). The interpretation of dreams. SE, 4-5.

Freud, S. (1905). Three essays on the theory of sexuality. SE, 7.

Freud, S. (1911a). Formulations on the two principles of mental functioning. SE, 12.

Freud, S. (1911b). The history of the psychoanalytical movement. SE, 14

Freud, S. (1915a). Instincts and their vicissitudes. SE, 14.

Freud, S. (1915b). Repression. SE, 14.

Freud, S. (1923). The ego and the id. SE, 12.

Freud, S. (1929). Civilization and its discontents. SE, 21.

Freud, S. (1940). An outline of psychoanalysis. SE 22.

Habermas, J. (1971). *Knowledge and Human Interests*, Shapiro, J. (trans.). Boston, MA: Beacon Press.

Isaacs, S. (1952). The nature and function of phantasy. In *Developments in Psycho-analysis*, edited by Rivière. London: Hogarth Press, 1952, pp. 62-121.

Klein, M. (1934). A contribution to the psychogenesis of manic-depressive states. In *Contributions to Psycho-Analysis, 1921-1945*. London: Hogarth Press, 1958, pp. 282-311.

Klein, M (1946). Notes on some schizoid mechanisms. In *Envy and Gratitude and Other Works, 1946-1963*. New York: Delacorte Press/Seymour Laurence, 1975, pp. 1-24.

Klein, M. (1952a). The mutual influences in the development of ego and id. In *Envy and Gratitude and Other Works, 1946-1963*. New York: Delacorte Press/Seymour Laurence, 1975, pp. 57-60.

Klein, M. (1952b). Some theoretical conclusions regarding the emotional life of the infant. In *Envy and Gratitude and Other Works, 1946-1963*. New York: Delacorte Press/Seymour Laurence, 1975, pp. 61-93.

Klein, M (1955). On identification. In *Envy and Gratitude and Other Works, 1946-1963*. New York: Delacorte Press/Seymour Laurence, 1975, pp. 141-175.

Klein, M. (1957). Envy and gratitude. In *Envy and Gratitude and Other Works, 1946-1963*. New York: Delacorte Press/Seymour Laurence, 1975, pp. 176-236.

Klein, M. (1958). On the development of mental functioning. In *Envy and Gratitude and Other Works, 1946-1963*. New York: Delacorte Press/Seymour Laurence, 1975, pp. 236-246.

Klein, M. (1963). On the sense of loneliness. In *Envy and Gratitude and Other Works, 1946-1963*. New York: Delacorte Press/Seymour Laurence, 1975, pp. 300-313.

Laplanche, J. and Pontalis, J.-B. (1973). *The Language of Psycho-Analysis*, Nicholson-Smith, D. (trans.). New York: Norton.

Ogden, T. H. (1992). The dialectically constituted/decentred subject of psychoanalysis. I. The Freudian subject. *The International Journal of Psychoanalysis*, 73: 517-526.

Ogden, T. H. (2010). Why read Fairbairn? *The International Journal of Psychoanalysis*, 91:101-118.

Poe, E. A. (1848). To _____ _____ _____. In *The Complete Tales and Poems of Edgar Allan Poe*. New York, NY: Barnes and Noble, 1992, p. 80.

Ricoeur, P. (1981). *Hermeneutics and the Human Sciences: Essays on Language, Action and Interpretation*. Cambridge, UK: Cambridge University Press.

Segal, H. (1964). *Introduction to the Work of Melanie Klein*. London: Hogarth Press.

Winnicott, D. W. (1947). Hate in the countertransference. In *Through Paediatrics to Psycho-Analysis*. New York: Basic Books, 1965, pp. 194-203.

Winnicott, D. W. (1949). Mind and its relation to the psyche-soma. In *Through Paediatrics to Psycho-Analysis*. New York: Basic Books, 1965, pp. 243-254.

Winnicott, D. W. (1953). Transitional objects and transitional phenomena. In *Playing and Reality*. New York: Basic Books, 1971, pp. 1-25.

Winnicott, D. W. (1956). Primary maternal preoccupation. In *Through Paediatrics to Psycho-Analysis*. New York: Basic Books, 1965, pp. 300-305.

Winnicott, D. W. (1963). Communicating and not communicating leading to a study of certain opposites. In *The Maturational Processes and the Facilitating Environment*. New York: International Universities Press, 1965, pp. 179-192.

Winnicott, D. W. (1964). *The Child, the Family, and the Outside World*. Baltimore, MD: Pelican Books.

Winnicott, D. W. (1971a). Transitional objects and transitional phenomena. In *Playing and Reality*. New York: Basic Books, pp. 1–25.

Winnicott, D. W. (1971b). The place where we live. In *Playing and Reality*. New York: Basic Books, pp. 104–110.

Winnicott, D. W. (1971c). Introduction. In *Playing and Reality*. New York: Basic Books, pp. xi–xiii.

7장

정신분석에서 언어와 진실에 대해

료 과정으로서 정신분석은 환
자가 평생 동안 자신을 괴롭혀
온 진실, 즉 너무 견디기 힘들어서 생각하거나 느낄 수 없었던 진실
을 경험하고 말로 표현하도록 돕는 데 많은 에너지를 집중한다. 언
어는 이전에는 견딜 수 없었던 경험의 정서적 진실이 분석 치료시간
에 살아나게 하는 데 중요한 역할을 한다.

환자와 분석가는 서로 대화하는 방법을 개발하고 이러한 대화 방
법을 사용하여 치료시간에 생생하게 살아나는 진실에 도달한다. 나
는 세 가지 방식으로 환자와 대화를 나눈다. 나는 그것을 **직접 담화**
(direct discourse), **옆길로 새는**(tangential) 담화, **논점 이탈**(non sequiturs)
담화라고 부른다.

환자와 분석가가 서로 대화할 때 사용하는 언어는 모든 치료시간
에서 진실의 경험과 경험의 진실의 본질적인 부분이다. 약간 다른
말로 표현하자면, 환자와 분석가가 서로 대화하는 방식은, 말하지
않아도 목소리 톤이나 상상에 맡겨진 것으로 표현되는 모든 것을 포

함하여, 치료시간에 일어나는 일의 필수적인 부분이다.

나는 인간은 근본적으로 진실을 추구하는 동물이지만, 거의 비슷한 정도로 진실을 두려워한다는 생각을 이 논의의 출발점으로 삼는다. 나는 환자가 이전에 스스로 생각하거나 느끼지 못했던, 아니 말로 표현할 수 없었던 진실을 분석가와 함께 경험할 수 있도록 하는 특정한 형태의 담화에 대해 논의할 것이다. 치료시간의 진실은 종종 환자가 아직 경험할 수 없었던 사건을(Winnicott, 1974) 포함하며, 결과적으로 환자의 삶의 "살아있지 않은"(Ogden, 2014) 측면으로 남게 된다.

담화의 형태는 무수히 많다(나는 이 용어를 대화(dialogue)와 대담(conversation)과 혼용해서 사용한다). 내가 언급한 직접 담화, 옆길로 새는 담화, 논점 이탈 형태의 담화 등 세 가지만 다루겠다(이러한 담화 유형의 이름은 이러한 대화 방식 간의 유사점과 차이점을 논의하기 위해 일종의 약어 형태로 지은 것이다). 이 세 가지 형태는 모두 언어의 구조로부터, 즉 내재적으로 명시적 의미와 암묵적 의미의 활발한 상호작용을 포함하는 구조로부터 그 형태를 도출한다.

분석 세팅에서, 진실에 대한 경험은 언어에 의해 형성되고, 채색되고, 직조되고, 구조화된다. 환자와 분석가는 진실이 전달되는 매개체 역할을 하는 담화의 형태를 개발한다. 그뿐만 아니라 담화 자체가 치료시간의 특정 순간에 일어나는 진실의 결정적인 부분이다. 담화의 각 형태는 그 자체로 진실을 표현한다. 이 장에서 나는 단순히 세 가지 다른 형태의 분석 담화를 보여 주는 것이 아니라, 세 명의 환자와 내가 서로 다른 방식으로 대화하는 방식에 대한 감각을 전달하기를 희망한다. 그 방식은 내가 그들과 함께 진행한 작업에 고유한 것이었고, 우리 사이에 일어난 일의 진실이 생생하게 살아나게 할 수 있었다.

내가 논의할 세 가지 담화 형태는 각각 고유한 방식으로 진실을 표현하는 역할을 하지만, 내 생각에는 세 가지 모두 공통점이 있다. 그것은 진실을 전달하는 매개체는 주로 선언문에서, 전달되는 이야기에서 발견되는 것이 아니라 담화에서 생략된 부분에서, 담화의 중단(breaks)에서 발견되어야 한다는 점이다. 내가 담화의 중단을 언급할 때 염두에 두는 것은 단절(disjunction)이 있는 곳이다—때로는 단어와 그 일반적인 의미 사이의 일치 부족, 때로는 한 사람이 말하는 것과 다른 사람이 반응하는 방식 사이의 겉보기에 이해할 수 없는 간격, 또 다른 경우에는 기대되는 감정이나 생각과 실제로 언급되거나 암시되는 것 사이의 격차가 있는 곳이다.

환자와 분석가 사이의 담화에서 이러한 종류의 단절이 발생하면 두 참가자 모두 어느 정도의 상실감, 혼란스러움, 당황스러움, 어쩔 줄 모름을 경험하고 거의 항상 신비화되는 감정적 분위기가 조성된다. 예상되는 대화의 일관성이 깨지는 지점에서 환자와 분석가는 흔들리는 느낌을 받을 뿐만 아니라 미지의 세계, 예상치 못한 가능성에 직면하여 경이로움을 경험하기 때문에 신비감을 느낀다. 분석 쌍은 더 이상 자신이 알고 있다고 생각했던 것에 의존할 수 없는데, 그 이유는 그들이 알고 있던 것이 더 이상 현재 진행 중인 경험의 요소들을 의미 있게 담아내기에 충분하지 않다고 느끼기 때문이다. 그들은 그 중단에서 일어나는 일을 죽이고, 모호하게 만들고, 무시하려고 시도하거나, 아니면 현실, 진실, 일어나고 있는 일에 대해 자신을 열고 취약한 상태로 두려고 해야 한다.

그 중단에서 감지되는 진실은 단지 암시될 뿐인데, 마치 모양을 식별하기 모호하지만 의심할 여지없이 현실이고 의심할 여지없이 진실인 안개 속에서 지각되는 것과 같다. 불완전하게 지각된 진실을 통해 개인에게 남겨지는 것은 놀라움과 두려움의 조합이다. 순간적으로 떠오르는 개인의 경험의 진실은 한순간 깨달음으로 수동적으로 "받아들일" 수 없으며, 무의식적인 심리적 작업이 이루어져야 한다. 그 순간의 진실인 것은 심리적으로 창조되어야 한다—"꿈꾸어야 한다". 환자와 분석가가 함께 그 순간의 진실에 의해 변화되고 있는 의식적, 무의식적 경험에 참여하기 때문이다. 그 진실은 항상 움직이며, 그 과정에서 언어적으로 상징적 의미가 축적된다.

분석적 세팅—그것의 구조화되지 않은 대화 양상; 환자가 장의자를 사용함으로써 언어와 소리의 역할 극대화; 분석가와 환자를 이차 과정 사고의 헤게모니로부터 해방시키는 노력, 그렇게 함으로써 깨어 있는-꿈꾸기가(레브리가) 주관내적 및 상호주관적 의사소통의 한 형태가 될 수 있게 하기—이 모든 것은 함께 분석 쌍을 도와서 어떤 마음 상태로 들어가도록 돕기 위해 고안된 것이다. 즉, 진실의 경험과 그 경험의 진실은 무엇이 말해지는지 그리고 무엇이 생략되는지의 형태로 펼쳐질 수 있는 마음 상태이다.

다양한 형태의 담화에 대한 자세한 논의를 진행하기 전에 세 가지 명료화를 하려 한다. 첫째, 내가 환자와 분석가가 함께 "꿈꾸기"한다고 말할 때, 내가 말하고자 하는 것은 환자에게는 이전에는 생각할 수 없었던 경험의 진실을, 개별적으로나 집단적으로, 무의식적으로 생각하고 느끼는 것이다. 내 생각에는 환자와 분석가가 꿈꾸기 하는 것이 이렇게 겹치는 것이 분석적 경험의 핵심이다(환자와 분석가가 함께 경험의 진실을 "꿈꾸기하는" 것에 대한 논의와 예시는 Ogden 1997, 2004, 2007 참조).

둘째, 내가 이해하는 무의식은 내적 현실과 외적 현실을 현실적으로 지각할 수 있는 마음의 한 측면이며, 내가 경험의 심리적 진실이라고 생각하는 심리적 현실의 형태를 생성하는 과정에서 두 현실을 포괄하는 것이다.

셋째, 내가 논의할 세 가지 담화 형태에 붙인 이름을 과대평가하지 않는 것이 중요하다. 나는 용어에 얽매이지 않으며, 대화의 한 부분이 직접 담화에서 벗어나 옆길로 새는 담화가 되는 시점과 옆길로 새는 담화가 논점 이탈 담화가 되기 시작하는 시점을 정확히 나타내는 명확한 구분선을 알지 못한다.

직접 담화

일련의 직접적인 반응으로 구성된 대화의 명시적 수준은 당면한 주제와 관련된 질문과 진술로만 엄격하게 제한되는 것처럼 보인다.

내가 이런 대화를 직접 담화라고 생각하는 이유는 그 형태 때문이다—은유, 시각적 이미지, 아이러니, 위트, 구문의 다양성 등이 거의 없는 일련의 선언적 문장과 질문들이다. 하지만 직접 담화는 이러한 형태의 대화에서만 창조될 수 있는 진실을 전달하는 데 성공할 수 있다.

이제 분석 과정에서 진화한, 진실에 대한 경험을 창조하는 데 직접 담화가 두드러진 역할을 한 분석 경험으로 넘어가겠다.

분석 작업의 초기 단계에서, V씨는 어머니로부터 받았던 방임과 언어적 학대, 그리고 아버지가 강연 여행 사이에 잠시만 집에 있는 식으로 부재했던 것을 겪었던 고립감에 대해 기술했다. 그녀가 "회상할 수 있는" "역사"를 모두 말한 후, 그녀는 "더 이상 무슨 말을 해야 할지" 막막해했다. 그 후 그녀는 치료시간 사이에 일어난 사건들을 자세히 기술하는 패턴을 채택했다.

주 5회 분석이 1년 이상 진행된 후, 나는 V씨가 이야기하는 동안 내가 사랑했던, 지금은 고인이 된 멘토가 이런 종류의 일상 생활에 대한 기술이 너무 길어지면 "존스 부인, 강낭콩에 소금을 얼마나 넣었다고 했죠?"라고 말하고 싶은 유혹을 느낀다고 했던 말이 떠올랐다. 나는 V씨와의 치료시간에서 그 발언이 가상의 환자인 "존스 부인"에게 한 말이라는 사실에—물론 농담이었지만—처음에는 충격을 받았지만, 실제 환자에게 한 말이 아니라는 점에 관심이 갔다.

멘토의 말의 비하적인 특성은 이전과는 다른 방식으로 나에게 충격을 주었는데, V씨가 자신의 행동들을 나열한 것이 나에게 분노를 유발하기 위해서라는 이미 커져가던 내 느낌과 공명했기 때문이다. 환자는 자신의 감정들을 경험하지 못하고 대신 나에게 그 감정들을 불러일으키려고 하는 것 같았다—가장 두드러지게는 분노와 절망이라는 감정이다. 그 시점에 멘토의 말을 떠올린 중요성과 멘토를 그리워하는 강렬한 감정이 맞물리면서 나는 V씨와 함께 앉아 있는 동안 내가 얼마나 외로웠는지 집중할 수 있게 되었다.

2년째 분석 과정에서 이러한 생각과 감정이 떠오르면서, 나는 내가 평소와 다른 방식으로 V씨와 대화하고 있다는 것을 발견했다. 나는 그녀에게 그녀가 겉보기에 끝이 없는 일련의 사건들을 이야기하면서 그녀 자신이 무엇을 느꼈는지 말해달라고 반복해서 요청했다—예를 들어, "[6개월간 사귀었던 남자] J가 당신에게 소리를 질렀을 때 어떻게 느꼈어요?"

환자는 "화가 났다." "무섭다." "실망했다." "겁이 난다." 한 단어로 질문에 대답하곤 했다. 나는 한 번은 화가 나서 V씨에게 말했다. "당신이 어떤 감정에 이름을 붙이고 더 이상 아무 말도 하지 않는 것은 마치 나에게 분노를 유발하려는 것처럼 느껴져요, 그래서 당신이 자기 자신의 감정을 갖는 대신 내가 무언가를 느끼게 될 거예요."

V씨는 망설임 없이 말했다. "맞아요. 내가 자주 그러죠." 당시 나는 이 반응이 환자의 연속적인 도발로 보였다. 나는 V씨에게 끈질기게 질문하면서 내가 돌에서 피를 얻으려는 것임을 깨달았다. 마치 그녀가 어머니와 아버지로부터 사랑을 얻기 위해 헛되이 시도했던 것과 같았다. 내 말이 어떤 면에서는 정확했을지라도, 환자를 경멸하는 방식으로 말했기 때문에 그것은 그 순간의 진실을 포착하는 데는 실패했다.

이 분석 기간 중 어느 날, 환자의 한 친구가 그녀와 함께 행사에 참석할 수 없다고 말했을 때 "슬펐다."고 말하는 환자에게 "정말 슬펐나요?"라고 물었다.

V씨는 한동안 침묵을 지켰는데, 이는 그녀에게는 이례적인 일이었다. 그러자 그녀는 "선생님이 내 기분이 어떠냐고 물으면, 나는 사람이 당연히 느껴야 한다고 생각하는 감정이나 선생님이 내가 느낄 것이라고 생각하는 감정을 말해요. 하지만 나는 정말 아무것도 느끼지 못해요."라고 말했다. 나는 "지금 당신이 내게 하는 말은 당신이 그동안 내게 한 말 중 처음으로 진실한 말인 것 같네요."라고 말했다. 환자는 "네, 나도 그렇게 느껴져요."라고 말했다. 나는 "정말 그렇게 생각하세요?"라고 물었다. 환자는 "모르겠어요."라고 대답했다. 그 말을 하는 환자의 목소리가 내게는 슬프게도 진실처럼 느껴졌다.

V씨와 함께 작업하던 이 시기에는 직접 담화가 우세했다("어떤 느낌인가요?" "불안해요."). 환자와 나는 우리가 처한 상황의 공허함과 절

망의 진실로부터 우리 자신을 보호하는 여러 가지 방법이 있었다. 환자는 내게서 분노로 가득 찬 진술을 이끌어 내려고 노력했고, 때로는 성공하기도 했다. 그렇게 함으로써 그녀는 스스로 느낄 수 없고 느껴야 한다고 느끼는 정서가 표현된 것으로 내가 한 말을 경험하는 데 도움이 되었다. 나로서는 멘토와 상상 속의 대화를 나누었는데, 그와는 사고와 감정을 실제 대화 나눈 적이 있었었다. 하지만 중요한 것은, 이 '대화'가 죽은 사람과 나누었다는 점이다.

그녀가 정서를 느낄 수 없었던 느낌에 대해 V씨와 내가 서로 더 잘 이야기할 수 있게 되자, 우리의 대화는 더욱 현실적이고 생생하게 느껴졌다. 그녀는 어느 순간 "아버지는 대단한 사람이었지만 나는 아무것도 아니었어요."라고 말했다. 그 말이 입 밖으로 나오기 전까지 V씨는 "아무것도"라는 단어의 이중적 의미를 전혀 깨닫지 못하고 있었다. 이것은 이 분석 작업 기간 동안 V씨의 대화 방식이 더욱 흥미로워진 많은 사례 중 하나였다. 단어는 여러 층의 의미를 담고 있었다. 이전에는 단어가 문자적 의미만 담고 있거나 문자적 의미보다 적은 의미만을(빈 동사만을) 담고 있는 것처럼 느껴졌다. 직접 담화는 진실을 울리는 느낌으로("내가 한 말을 내가 믿는지 모르겠어요.") 이루어지면서, 그리고 아직 알려지지 않은 진실을 향해("그녀에게 아무것도 아닌 건 무슨 의미가 있나요?") 손짓하면서 생명력을 불어넣기 시작했다. 우리의 담화 형태는—이미지, 은유, 위트 등이 드문드문 등장하는 단순한 선언적 문장은—분석의 이 시점에서 크게 달라지지 않았다. 변화된 것은 이러한 꾸밈없는 문장을 말하는 방식과 그 문장을 통해 전달되고 이끌어 내는 감정과 아이디어의 범위였다.

옆길로 새는 담화

두 사람이 내가 **옆길로 새는 담화**라고 부르는 대화에 참여할 때, 두 참가자의 반응은 (단어의 두 가지 의미에서) '주제'에서 벗어나서, 다른 주제, 다른 의미, 다른 사람을 암시한다. 은유, 직유, 아이러니, 위트, 모호함, 과장, 예상치 못한 단어 선택, 구문의 변화, 문법 또는 동사 시제의 오류 등 언어의 이러한 모든 사건들과 더 많은 사건들이 **옆길로 새는 담화**의 영역에서 볼 수 있는 종류의 언어 사용을 구성한다. 이러한 유형의 담화는 은유의 영역에 산다. 즉 하나의 느낌이나 아이디어 또는 이미지가 다른 것과 연결되어 있는(전이된) 영역에 산다. 그렇게 함으로써 두 요소가 서로 연결되는 사이에 창조되는 공간에서 새로운 의미를 만들어 낸다.

은유(metaphor)라는 단어는 그리스어 **메타**(meta, 가로질러[across] 또는 넘어서[beyond])와 **페레인**(pherein, 품다[to bear] 또는 옮기다 [transfer])에서 유래했다. 옆길로 새는 담화에서 우리는 명백한 대화 주제의 경계를 가로지르거나 넘어서서 다른 주제로 의미를 실어나른다. 문학에서는 때때로 신조어가 이 은유적 작업을 수행한다. 예를 들어, 셰익스피어는 『폭풍우(The Tempest)』(1610)에서 **바다−변화** (sea-change)(1.2.400)라는 단어를 창작했는데, 내 생각에 이 단어에 대한 번역은 없다. 옥스포드 영어 사전(1993)에 따르면 바다−변화는 "급진적 변화"(p. 2742)를 의미하지만, 바다−변화라는 단어와 **급진적 변화**라는 문구는 전혀 동일하지 않다. 바다를 암시하는 단어인 바다−변화의 의미를 표현할 다른 단어를 찾는 것은 불가능하다. 바다는 아주 많은 것이다: 바다는 광대하고 강력하며, 흐르는 만큼 정확히 쇠퇴하며, 생명을 죽이기도 하고 주기도 한다, 등등. 은유는 비교되는 두 사물 사이에 공간을 만들고 그 공간에서 의미가 확산된다.

마찬가지로 꿈의 경우에도 꿈이 '실제로' 무엇을 의미하는지 말할 수 없다. 꿈은 꿈 그 자체이다. 바다—변화라는 단어에 내재된 은유처럼, 꿈은 의미를 암시하지만 한가지 의미나 의미의 집합으로조차 환원되기를 거부한다. 이것이 바로 꿈과 레브리에 대해 어렵고 놀라운 점이다. 꿈은 무의식적인 의미를 암시하지만 결코 그것을 정의하거나 철자를 말하거나 번역하거나 해독하는 역할을 하지 않는다. 꿈과 레브리는 주로 시각적 경험으로, 그 경험을 표현하는 데는 어떤 단어로도 충분하지 않다. 꿈과 레브리는 무의식적인 생각과 감정에 대한 은유이다. 우리는 깨어 있을 때나 잠잘 때나 항상 꿈을 꾸고 있으며(Bion, 1962), 결과적으로 우리는 항상 은유 만들기에 참여하고 있다.

꿈꾸기 행위에서 우리는 한 가지 경험하기 질서의 한계를(꿈을 꿈꾸기하는 시각적 경험을) 넘어 다른 것으로(꿈을 "이해하는" 주로 언어적 경험으로) "넘어서는" 의미를 실어나른다(Grotstein 2000; Sandler 1976). 하지만 나는 이해하기라는 용어는 우리가 꿈꾸기하는 경험을 잘못 명명한 것이라고 생각한다. 우리는 결코 무의식적 경험을 알거나 이해하지 못한다. 왜냐하면 무의식적 경험은 정의상 의식에 접근할 수 없기 때문이다. 내 생각엔 무의식의 은유적 표현을 경험할 수 있다고 말하는 것이 좀 더 정확할 것이다. 그것은 의미를 (종종 놀랍고 혼란스러운 의미를) 시간의 앞뒤로 분출한다. 시의 경우와 마찬가지로, 그것을 말하고, 설명하고, 이해하고, 번역하고, 의역할 수 있는 다른 단어는 없다. 시는 꿈과 마찬가지로 불변하는 그 자체이다.

이제 분석 세팅의 옆길로 새는 담화로 돌아가서, 환자 Q씨와 내가 수년간의 분석을 통해 서로를 꽤 잘 알게 되었을 때 있었던 분석의 한 부분을 제시하겠다. 그는 분석을 시작할 때만 해도 은둔형으로 내적 세계의 인물들과만 관계를 맺는 것처럼 보였다; 나와의 관계는 거의 전적으로 그 인물들이 나에게로, 그리고 내 안으로 투사되는 것으로 이루어져 있었다. 그래서 나는 종종 억압적인 방식으로 그들에게 장악당했다는 느낌을 받았다. 그가 처음에 나에게 말한 것은, 이상적으로는, 그가 자신이 하고 싶은 말을 적은 종이를 문 밑으로 슬쩍 내밀고, 내가 그것을 읽은 후 답장을 적은 종이를 문 밑으로 다시 슬쩍 내미는 형식으로 분석하는 것이라고 했다.

이 분석을 시작한 지 몇 년이 지난 후, 나는 대기실에서 Q씨를 만나 늘 하던 대로 "안녕(Hi)."이라고 말했다. 어느 날 아침 Q씨에게 ("안녕하세요(Hello)."가 아닌) "안녕."이라고 말했을 때, 이상하게도, 평소처럼 "안녕."이라고 말하면서 내 목소리에 생기를 불어넣으려고 노력했지만 내 시도가 밋밋하다는 것을 느꼈고, Q씨로부터 아무런 반응을 얻지 못할 것이라고 예상하고 있었다. 그날은 내가 환자의 이름을 사용하지 않고 인사한 것을 특별히 의식하고 있었다. 나는 이름이나 성 등 환자의 이름을 부르는 경우가 거의 없기 때문에 왜 그날 Q씨에게 그런 호칭을 사용하지 않는 이유를 의식하는지가 미스테리였다.

이 모든 일은 내가 "안녕."이라고 말하자 Q씨가 나를 쳐다보지도 않고 조용히 의자에서 일어나면서 일어났다. 내가 그를 바라보니 의자에서 마지못해 일어나는 모습으로 보였지만, 비록 내가 그에게 갇혀 있는 듯한 느낌을 받으면서도 나는 그를 좋아한다는 것을 느낄 수 있었다.

평소와 마찬가지로 내가 인사해도 그는 아무런 말을 하지 않았고, 서서 상담실로 들어올 때도 바닥에서 시선을 떼지 않았다. 그는 소파 쪽으로 반쯤 가서, 나에게 등을 돌리고 중얼거렸다. "안녕하세요 (How are you)?"

그가 이 말을 하면서 '당신'이라는 인칭 대명사를 사용할 때 어떤 의미에서는 처음으로 내 이름을 말한다는 생각이 떠올랐다. 그는 내가 어떤지에 대해 묻기는커녕 그런 식으로 대명사를 사용한 기억이 전혀 없었다. 내 입에서 나오는 말을 듣기 전까지는 무슨 말을 해야 할지 몰랐다.

나는 "좋아요(I'm good)."라고 말하며 시작했다. 하지만 그 말을 듣자마자 나는 나에 대한 환자의 반응 속에 담긴 모든 것을 인식했다고 환자에게 말해야겠다는 필요성을 느껴서 (다시 한번 미리 공식화하지 않고) "아주 좋아요(I'm very good)."라고 말했다. 나는 Q씨가 "안녕하세요?"라고 말했다고 해서 축하해 주는 것이 오만하게 느껴질 것이라고 생각했다. 그러나 내가 "아주 좋아요."라고 말함으로써, 그가 나를 인식하고 표현하는 데 있어서 감수한 위험과 나에 대해 관심을 느끼기 시작했다는 것을 내가 인식했다는 것을 (다소 위장된 방식으로) 말하고 있었다.

나는 Q씨의 질문에 대한 나의 "두 부분 반응"을 직접적인 반응에 뒤따르는 옆길로 새는 반응이라고 생각한다. 두 번째 부분인 "아주 좋아요."는 질문의 "주제"(나와 나의 안녕)에서 벗어나 새로운 "주제" (Q씨와 그의 질문)에 대해 무언가를 말하기 위한 것이었다.

대기실에서 Q씨에게 "안녕."이라고 인사하면서 나 자신에게 떠오른 질문은, 아마도 Q씨가 내 애정에 등을 돌려서 내가 굴욕감을 느낄까 봐 두려워서 Q씨에게 나 자신을 닫았던 방식의 진실을 직면하는 능력이 무의식적으로 흔들리고 있음을 반영하는 것이었다. 나는 Q씨가 어머니로부터 사랑을 무시당하고 거절당하는 굴욕을 경험했고 그 결과 그의 일부가 죽었다는 것을 "알고" 있었지만, 내가 직접 그런 굴욕을 당하기 전까지는 이런 식으로 굴욕을 당하는 것에 대한 그의 두려움을 실제로 느낀 적이 없었다.

"아주 좋아요."라는 나의 말은 (질문의 형태인) 그의 말의 무의식적 의미에 대해 대답을 한 것인데, 이는 내가 그 순간 일어나고 있는 매우 개인적인 사건의 진실을 느끼고 똑같이 개인적이고 진실한 응답을 해 주기를 바라는 그의 희망과 관련이 있었다. "좋아요."와 "아주 좋아요."라는 두 부분으로 구성된 나의 대답은 나름대로의 공간을 열어주었다(비록 Q씨의 질문/말이 열어준 만큼 인상적이고 놀라운 공간은 아니었지만). 두 번째 부분의 답변에서는 좀 더 개인적인, 마치 이런 상황에서 Q씨를 위해 특별히 만든 것처럼 느껴지는 반응에 도달했다. 두 부분으로 나뉜 내 대답이 열어준 공간은 Q씨와 나에게 그리고, 너무 많은 것을 너무 빨리 말하지 않고 이전에 말했던 것보다 더 많은 진실을 말하려는 우리의 공동 노력에 고유한 것이었다. 그것은 서로에 대한 감정의 진실을 말하기 위해 더 많은 노력을 기울이자는 공개적인 초대이자 우리 자신을 개방하라는 초대였다.

그 대화 이후 몇 년 동안 Q씨는 나에게 그 치료시간이 얼마나 중요한지 여러 번 이야기했다. 그는 말하기를 "그 질문"을 내게 말하기 전에 여러 번 자신에게 했다고 했다(그가 "질문"이라는 단어를 사용하는 것을 보고 나는 "청혼(popping the question)"이라는 프로포즈를 떠올렸다). 그제야 나는 Q씨의 질문이 문자 그대로 "안녕하세요?"가 아니라 은유적으로 "당신은 누구입니까?"라는 질문이라는 것을 깨달았다. 몇 년 전에 그가 내 안부를 물었을 때 그것을 감지하고 그에 대한 대답 방법을 찾았더라면 좋았을 텐데 하는 아쉬움이 남았다.

분석 후반에 진행된 치료시간에서 그는 "그때는 당신을 몰랐어요. 무엇을 기대해야 할지 몰랐어요. 만약 당신이 비인간적이거나 틀에 박힌 반응을 했다면 내가 다시 돌아올 수 없었을 거예요."라고 말했다. 그의 말이 끝나고 이어진 침묵 속에서 나는 격렬한 슬픔을 느꼈다. 나는 그가 어린 시절에 죽었고 다시는 완전히 "돌아올 수 없을 것"이라고 생각하고 있다는 것을 느낄 수 있었고, 그도 느낄 수 있었다고 생각한다.

그 후 몇 년이 지난 후, 이 긴 분석 과정에서 Q씨는 삐딱한 유머 감각을 키웠거나, 아니면 천천히 보여 주었다—어느 쪽인지는 결코 확실히 알 수 없었다. 우리는 함께 깊이 웃었다. 한 번은 치료시간 후반에 이전에 웃었던 분위기가 다시 돌아와서 웃음을 참을 수 없었다. 그때 우리 둘 다 그가 최근까지 한 번도 경험하지 못했던 진짜 살아있는 감정을 느끼고 있다는 것을 느낄 수 있었다.

논점 이탈 담화

분석적 세팅에서 논점 이탈 담화는 (겉보기에) 논점 이탈을 구성하는 두 생각이나 감정 사이의 연결이 이해의 한계를 넘어서는 옆길로 새는 담화의 한 형태이지만, 논점 이탈은 이전에 표현되지 않았던 생각과 감정을 소통할 수 있는 공간을 열어준다. 내가 **논점 이탈**이라는 용어를 겉보기에라는 단어를 사용해서 수식하는 이유는 논점 이탈을 구성하는 두 진술 사이의 간격이 의식적인 마음의 관점에서는 이해할 수 없지만 무의식적 마음의 관점에서는 어느 정도 이해할 수 있기 때문이다. 나는 **논점 이탈**을 수식하기 위해 겉보기에라는 단어를 항상 사용하지는 않겠지만, 이 말은 항상 함축되어 있다.

논점 이탈의 형태로 소통되는 진실을 환자와 분석가가 적어도 어느 정도는 무의식적으로 파악하고 있다는 사실은, 최소한 어느 정도는, 이런 식으로 소통된 심리적 진실이 환자와 분석가 모두에게 혼란스럽지 않다는 의미는 아니다. 오히려 그 반대이다—인식되지 않는 진실은 너무 고통스러워 견디기 힘들기 때문에 인식되지 않는다.

논점 이탈을 통한 의사소통은 의미가 완곡하게 암시되는 담화의 한 형태이다. 이 담화의 형태에(결코 순수한 형태로 일어나지 않는다) 참여하는 두 사람은 단절된 것으로 보이는 논점 이탈의 요소들을 한 쌍으로 아우르면서 무의식적으로 많은 심리적 작업을 수행해야 한다. 이러한 대화는 매우 친밀한 성질을 띠고 있다. 이런 종류의 담화에 참여하는 두 사람만이 그들이 언어를 사용하는 방식이 포괄하는 느낌의 전체 범위와 깊이를 경험할 수 있다. 이러한 형태의 대화를 엿듣는 상상적 인물은 주로 의사소통의 ("거의 의미가 없는") 의식적 수준을 듣게 되는데, 왜냐하면 환자와 분석가가 함께 자신들만이 알 수 있는 무의식적 의미를 생성하고 생각하기 때문이다.

논점 이탈은 분할을 만들고 가로지르지만, 그 분할이 명백한 방식으로 드러날 필요는 없다. 대화하는 두 사람에게는 **의식적으로** 눈에 띄지 않을 수 있지만 **무의식적으로** 눈에 띄지 않는 것은 결코 아니다.

다음은 대화의 한 부분인데, 여기서 논점 이탈 담화가 지배적이지만 결코 유일한 담화의 형태는 아니다. 나는 기억도 없고 욕망도 없이 작업한다는 아이디어와 관련하여 이전에 논의했던 훨씬 더 긴 대화의 일부를 발췌했다(Ogden, 2015). 여기서는 이 치료시간의 이 부분에서 일어나는 담화의 본질에 관한 내 생각을 괄호 안에 넣겠다.

이 대화가 이루어졌을 때 나는 C씨와 몇 년 동안 주 5회 분석 작업을 해왔다. 분석이 시작되기 약 1년 전, 자녀가 없던 C씨는 임신 4개월 반 만에 유산을 했고, 이로 인해 심하게 우울했었다. 그녀는 자신의 몸이 엄마가 되기에는 부적합하다고 말하고 있다고 느꼈다. 상담을 진행하는 동안 C씨의 우울은 현저하게 완화되었지만, 여전히 자신이 엄마가 되기에는 부적합하다는 믿음을 굳건히 고수하고 있었다. 그녀는 자신이 다른 사람을 사랑할 능력이 있는지, 누군가의 사랑을 특히 죽은 아기의 사랑을 받을 자격이 있는지 의심했다.

대기실에서 C씨를 만났을 때, 나는 그녀가 잘못 찾아온 것 같았고, 그녀가 만나러 온 사람이 같은 블록의 다른 건물에 있다고 정중하게 말해야 할 것 같은 느낌이 들었다. 나는 C씨를 좋아했고 거의 항상 상담 시간을 기다리고 있었기 때문에 이 느낌이 더욱 당황스러웠다.

그 날 환자가 장의자에 누워 있을 때 나는 "사랑해요."라고 말하고 싶은 충동을 느꼈다. [이러한 생각과 감정은 독자들에게 이상하게 보일 수 있을 것이다. 나도 그랬으니까. 하지만 또한 당시 내게는 자연스러운 일이었다. 나는 그 순간에는 환자가 잘못된 곳에 있고 그 블록 아래에 있는 치료자를 만나야 한다고 느끼는 것이 무엇을 의미하는지 파악하거나 사랑한다고 말하고 싶은 충동을 느낀 이유를 이해하려고 노력할 시간이 없었다. 나는 이해하지 못하는 무언가에 휘둘리고 있다고 느꼈지만, 동시에 이러한 생각과 감정이 어떤 방향으로 흘러가게 둘 수 있도록 열려져 있다고 느꼈다.]

C씨가 무언가를 잃어버렸지만 뭘 잃어버렸는지 모르는 꿈을 꿨다고 했을 때, 나는 "나를 사랑하는 것이 그렇게 끔찍해서 나를 보러 올 때 그것을 다른 곳에 두고 와야 하는 일인가요?"라고 말했다. [환자에게 이런 말을 할 생각은 없었지만, 막상 말을 하고 나니 진실로 느껴졌다. C씨와 나는 이제 (겉보기에) 논점 이탈 담화로 서로 이야기하고 있었다. 여

기서 무의식적 진실은 우리가 서로에게 말하는 것의 외현적 수준에서 배제
된 것을 연결했다.]

C씨는 망설임 없이 "선생님이 날 사랑한다고 한 번도 말한 적이
없잖아요."라고 대답했다. [물론 사랑한다는 말을 한 적은 없었지만, 사
실 사랑한다고 말하는 상상을 한 적은 있었다. 방금 인용한 문장에서 내가
실제로 그녀에게 했던 말은, 그녀가 '나를 사랑한다'는 말을 나와 함께 방으
로 가져오는 것이 '끔찍한 일'이라고 느껴져서 나를 만나러 오기 전에 다른
곳에 두고 왔다고 내가 생각한다는 것이었다. 이 말은 환자의 꿈에 대한 즉
흥적인 (논점 이탈) 반응이었다. 꿈에서 그녀는 무언가를 잃어버렸는데 그
게 뭔지 몰랐다. 내 말 역시 내가 대기실에서 느꼈던, C씨가 (그녀의 사랑
이) 잘못된 장소에 있고 "길 아래" 다른 사람과 함께 있어야 한다는 느낌에
서 나온 것이었다.]

나는 "내가 당신을 사랑한다면 내 사랑이 잘못된 곳에 있는 걸까
요?"라고 말했다. [이 논점 이탈은 (반은-수사적 질문의 형태로) C씨에게
말하는 나의 방식이었다. 그것은 그녀의 반대 감정에도 불구하고, 그녀는
내 사랑을 받을 자격이 있을 수 있으며, 그것은 이 순간 그녀의 죽은 아기의
사랑을 받을 자격이 있을 수 있는 것과 분리할 수 없을 수 있다는 것이었다.]

환자는 "네, 그럴 것 같아요. 하지만 되돌려주고 나면 공허할 것
같아요."라고 말했다. [여기서 환자는 내 사랑이 (그리고 죽은 아기의 사
랑이) 자신을 향한 것이라면 잘못된 곳에 있는 것일 거라고 말하고 있었다.
하지만 그녀는 그 이상을 말하고 있었다. 그녀는 매우 복잡하고 모호한 뭔
가를 덧붙이고 있었다. C씨는 내 사랑을 받지 못하면(즉, 내 사랑을 '되돌려
주고' 응답하지 못하면) 공허함을 느낄 것이다; 그리고, 내 사랑에 응답할
수 있다면('되돌려줄 수' 있다면) 역시 공허함을 느낄 것이라고 말하고 있었
다. 내 사랑과 아기의 사랑에 응답한다면 왜 그녀가 공허함을 느끼는지는

논점 이탈 담화 / **227**

여전히 미스터리였다.]

나의 설명이 (겉보기에) 논점 이탈의 흐름을 방해하기 때문에, 치료시간에 내가 경험한 것에 더 가깝게 되살리기 위해 중단 없는 대화를 제공하겠다:

C씨가 무언가를 잃어버렸지만 뭘 잃어버렸는지 모르는 꿈을 꿨다고 말했을 때, 나는 "나를 사랑하는 것이 그렇게 끔찍해서 나를 보러 올 때 그것을 다른 곳에 두고 와야 하는 일인가요?"라고 말했다.

C씨는 망설임 없이 "선생님이 날 사랑한다고 한 번도 말한 적이 없잖아요."라고 대답했다.

나는 "내가 당신을 사랑한다면 내 사랑이 잘못된 곳에 있는 걸까요?"라고 말했다.

환자는 "네, 그럴 것 같아요. 하지만 되돌려주고 나면 공허할 것 같아요."라고 말했다.

이 일련의 논점 이탈의 기저에 있는 무의식적 연결고리가 없다면 이 대화는 당황스러울 수밖에 없다. 그러나 환자와 내가 실제로 말한 문장을 덧붙인다고 해도—내 자신의 말하지 않은 생각과 감정, 그리고 이 대화에서 무의식적 수준에서 무엇이 일어나고 있는지에 대한 아주 잠정적인 파악을 덧붙인다고 해도—"설명할 수 없는" 부분이 많이 남아 있다. 그 이유는 무의식적인 생각과 감정은 "해명할 수 없는" 것이기 때문이다—의식적, 이차 과정의 내러티브로 번역할 수 없기 때문이다. 논점 이탈 담화는, 내 생각에, 무의식적 경험을 밀접하게 반영한다. 왜냐하면, 논점 이탈 담화에서는, 직접 담화나 심지어 옆길로 새는 담화보다 생생한 경험과 언어적으로 상징적인 의미 사이의 연결고리가 훨씬 적기 때문이다. 이러한 형태의 담화에서는 훨씬 더 많은 것이 상상에 맡겨져 있다. C씨와 나 사이의 아주 짧은 대화에 대한 논의에서 내가 제공한 "해설"은 이제는 사용하지 않는 고대 언어를 제대로 번역하지 않은 것처럼 읽힌다. 그럼에도 불구하고 그것은 현재 우리가 사용하고 있는 언어의 기초가 된다.

맺는말

환자와 분석가가 서로 대화하는 방식은(그들이 참여하는 담화의 형태는) 단순히 치료시간의 특정 순간에 일어나는 일의 진실을 전달하는 방식이 아니다. 특정한 방식으로 함께 이야기하는 경험(특정한 형태의 담화 경험) 자체가 치료시간의 그 순간에 무엇이 일어나는지에 대한 진실의 필수적인 부분이다. 나는 분석 세팅에서 직접 담화, 옆길로 새는 담화, 논점 이탈 담화라는 세 가지 형태의 담화에 대해 논의했다. 이러한 각 형태의 담화는 환자와 분석가 사이의 친밀감의 형태가 다르며, 반드시 다른 형태보다 더 큰 친밀감을 수반하는 것은 아니지만, 각각 다른 유형의 친밀감을 수반한다.

분석 세팅에서 진실은 경험하고 표현하기가 매우 어렵고 고통스럽다. 환자가 분석가에게 도움을 요청할 때 찾는 진실은 발생 당시에는 견딜 수 없었고 여전히 견딜 수 없는 경험의 진실이기 때문이다. 모든 분석 쌍은 처음부터 진실에 대한 환자의 두려움과 경험의 진실을 알고자 하는 환자의 욕구를 모두 표현하기에 적합한 대화 방식을 함께 만들어내는 작업에 참여한다.

참고문헌

Bion, W. R. (1962). *Learning from Experience*. London: Tavistock.

Grotstein, J. S. (2000). *Who Is the Dreamer Who Dreams the Dream? A Study of Psychic Presences*. Hillsdale, NJ: Analytic Press.

The New Shorter Oxford English Dictionary (1993). Oxford, UK: Clarendon Press.

Ogden, T. H. (1997). Reverie and interpretation. *The Psychoanalytic Quarterly*, 66:567-595.

Ogden, T. H. (2004). This art of psychoanalysis: Dreaming undreamt dreams and interrupted cries. *The International Journal of Psychoanalysis*, 85:857-878.

Ogden, T. H. (2007). On talking-as-dreaming. *The International Journal of Psychoanalysis*, 88:575-589.

Ogden, T. H. (2014). Fear of breakdown and the unlived life. *The International Journal of Psychoanalysis*, 95:205-224.

Ogden, T. H. (2015). Intuiting the truth of what's happening: On Bion's "Notes on Memory and Desire." *The Psychoanalytic Quarterly*, 84:285-306.

Sandler, J. (1976). Dreams, unconscious fantasies and "identity of perception." *The International Review of Psycho-Analysis*, 3:33-42.

Shakespeare, W. (1610). *The Tempest*. In *The Comedies of William Shakespeare*. New York: Modern Library, 1994.

Winnicott, D. W. (1974). Fear of breakdown. *The International Review of Psycho-Analysis*, 1:103-107.

8장

로버트 프로스트와 에밀리 디킨슨의 시를 경험하기

이 짧은 장에서 나는 시를 읽는 것이 정신분석을 실제로 할 때 환자와 자기 자신의 말을 듣는 방식에 어떤 것을 알려주는지, 그리고 정신분석 실제가 시를 읽는 방식에 어떤 것을 알려주는지에 관한 질문을 제쳐두고자 한다. 여기서 나의 관심은 시가 독자에게 영향을 미치는 방식과 어떻게 시가 그러한 효과를 만들어 내는지에 있다. 로버트 프로스트와 에밀리 디킨슨의 시에 대한 이어지는 논의에서 독자들이 이 시들에서 내가 발견한 순수한 즐거움과 경이로움을 경험하기를 바란다(그중 상당 부분은 죽음의 모습에 관한 것이다).

로버트 프로스트의 시

내가 소개할 첫 번째 시인 프로스트(1923)의 "눈 내리는 저녁 숲가에 멈춰서서"는 의외의 시 선택처럼 보일 수 있다. 이 시는 학교 아

231

이들이 외우고 암송하던 시이다. 이 시를 비롯한 프로스트의 다른 "잘 알려진" 시들은 그가 오랫동안 문단에서 "일반 독자들이 별 어려움 없이 좋아하고 별 어려움 없이 이해할 수 있는 좋은 시를 쓴" (Jarrell, 1953, p. 26) 비주류 시인으로 여겨지게 하는 데 기여했다. 랜달 자렐은 "다른 프로스트"(p. 26)를 발견한 최초의 주요 문학 평론가였다. 프로스트의 최고의

> 시는 이런 세상과 같다, "우리가 행복을 찾거나 전혀 찾지 못하는 세상", 동물과 식물이 있고, 무엇보다도 사람들이 있는 세상: 사람들이 일하고, 사물에 대해 생각하고, 사랑에 빠지고, 낮잠을 잔다; 이런 시들에서 사람들은 세상의 영광과 농담과 수수께끼일 뿐만 아니라 또한 세상의 습관, 그것의 이상한 평범함, 그것의 평범한 이상함이다, 그리고 그들은 또한 행성들이 움직이는 궤도의 틀을 따라 터벅터벅 걸어 내려간다. (Jarrell, 1953, p. 61)

Stopping by woods on a snowy evening

Whose woods these are I think I know.

His house is in the village though;

He will not see me stopping here

To watch his woods fill up with snow.

My little horse must think it queer

To stop without a farmhouse near

Between the woods and frozen lake

The darkest evening of the year.

He gives his harness bell a shake
To ask if there is some mistake.
The only other sound's the sweep
Of easy wind and downy flake.

The woods are lovely, dark and deep.
But I have promises to keep,
And miles to go before I sleep,
And miles to go before I sleep.

눈 내리는 저녁 숲가에 멈춰서서

이 숲이 누구네 숲인지 난 알 듯해.
숲 주인은 마을에 집이 있어서;
내가 지금 여기 멈춰 선 채
눈 덮이는 자기 숲 바라보는 것도 모를 테지.

내 어린 말은 이상하게 여길 거야
농가도 없는 데서 이렇게 멈춰 선 것을
한 해 중 가장 어두운 날 저녁
숲과 꽁꽁 얼어붙은 호수 사이에 서서.

어린 말이 방울을 딸랑이며

무슨 일이냐고 묻네.

말방울 소리 말고는 스쳐가는 바람 소리뿐

폴폴 날리는 눈송이 소리뿐.

숲은 무척이나 아름답고, 어둡고, 깊지만.

난 지켜야 할 약속이 있고,

잠자리에 누우려면 한참 더 가야 하네,

한참을 더 가야 한다네.

(번역본 출처: 이상희 역, 2013, 살림출판사)

시의 첫 번째 행인 "이곳이 누구네 숲인지, 난 알 듯해."는 완전한 문장으로, 이 행에 권위를 부여한다. 그러나 그 권위는 동시에 행의 마지막 단어에 의해 약화된다: "난 알 듯해."(현재 시제의 사용은 시에 즉시성과 조용한 강렬함을 준다. 우리는 밤에 숲속에서 화자와 함께 있다.) 두 번째 행인 "숲 주인은 마을에 집이 있어서"의 효과는 이번에는 주인의 부재라는(주인의 집이 마을에 있다) 형태로 광활한 어둠 속에 홀로 있는 경험으로 일련의 미묘하게 하강하는 것의 시작이다. 두 번째 연의 마지막 행에 이르면 (시의 제목) "눈 내리는 저녁"이라는 단어의 부드러움은 "한 해 중 가장 어두운 저녁."이라는 훨씬 더 불길한 단어로 대체된다.

세 번째 연에서 뭔가 잘못되었다는 느낌으로 시작된 것은—"어린 말이 방울을 딸랑이며"는—무서운 질문으로 바뀐다: "무슨 일이냐고 묻네." 나에게는 이 질문이 불치병에 걸렸다는 말을 듣는 이미지가 떠오르며, 이 진단이 단지 "뭔가 [끔찍한] 실수"일 수 있는지 간절히 묻고 있다.

세 번째 연의 마지막 행인 "말방울 소리 말고는 스쳐가는 바람 소리뿐. 폴폴 날리는 눈송이 소리뿐."은 화자와 독자를 어둠과 "꽁꽁 얼어붙은 호수" 속으로 끌어들이는 효과가 있는 일련의 잔잔한 소리와 이미지의 시작이다. 각 행의 무거운 4음절(다 덤(da dum), 다 덤, 다 덤, 다 덤)과 첫 세 연 각각의 첫 번째, 두 번째, 네 번째 줄의 마지막 단어의 딱딱한 운율이 합쳐져 멈출 수 없는, 피할 수 없는 것을 향한 강요된 행진이라는 느낌을 자아낸다.

네 번째 연은 첫 행이 완전한 문장의 권위를 지니고 있다는 점에서 첫 연과 유사하다: "숲은 무척이나 아름답고 어둡고 깊다." 알 수 없는("어두운") 모든 것을 집어삼키는("깊은") 숲의 매혹적인 ("사랑스러운") 유혹이 이제 완성되었다. 하지만 이어지는 문장은 "하지만"이라는 항변으로 시작된다: "난 지켜야 할 약속이 있고" 화자는 기꺼이 가지는 않을 것이다—죽음에 굴복하기 전에 해야 할 일이 너무 많기 때문이다. 항의의 허무함과 어두운 숲의 끌어당기는 절대적인 힘에 대한 감각은 놀랍도록 단순하고 절대적인 최종 방식으로 이루어진다: "잠자리에 누우려면 한참 더 가야 하네."가 반복된다. (이 시는 프로스트가 쓴 시 중에서 마지막 행의 반복으로 끝나는 유일한 시이다.) 이 반복이 절대적인 최종성을 만들어 내는 힘은 마지막 연의 네 줄이 모두 마지막 선포의 느낌을 주는 단단한 운율로 끝나기 때문에 더욱 강화된다: "deep" "keep" "sleep" "sleep"

시를 마무리하는 반복되는 "sleep"이라는 단어는 반대를 판결로, 항의를 묘비명으로, 일시성을 무시간성으로 바꾸어 놓는다.

에밀리 디킨슨의 시

에밀리 디킨슨의 시는 독자가 시 속에 창조된 세계에 살도록 요구한다. 나는 거의 항상 그녀의 시의 첫 줄에 흥미를 느끼고 때로는 전율을 느끼기도 한다(모든 시가 제목이 없기 때문에 첫 줄은 마치 불쑥 튀어나오는 것 같고, 특히 나에게 큰 충격을 준다). 그 첫 줄을 따라 이어지는 행에서 나는 내 자신이 종종 내가 잘 알지 못하는 곳에 있는 것을 발견하거나, 아마도 더 정확하게는 나 자신에게서 알아볼 수 없는 곳을 발견한다.

디킨슨의 시 "어떤 비스듬 빛 하나 들어오는"은, 1861년경에 쓰여 1890년에 처음 발표되었는데, 수십 년 동안 나를 괴롭히고 불안하게 만들었다. 이 시는 놀라운 첫 줄로 시작하여 복잡하고 수수께끼 같은 성질을 더욱 심화시키는 행으로 이어진다:

> There's a certain Slant of light,
> Winter afternoons—
> That oppresses, like the Heft
> Of Cathedral Tunes—
>
> Heavenly Hurt, it gives us—
> We can find no scar,
> But internal difference,
> Where the Meanings, are—

None may teach it—Any—

'Tis the Seal Despair—

An imperial affliction

Sent us of the air—

When it comes, the Landscape listens—

Shadows—hold their breath;

When it goes, 'tis like the Distance

On the look of Death—

어떤 비스듬 빛 하나 들어오는

겨울 오후—

그 빛 내리누르니 묵직함이

마치 대성당 선율 같아요—

그것이 천상의 아픔을 우리에게 주니—

아무런 상처도 안 보여

하지만 내면의 차이에—

그 의미들이 있지요—

이를 가르쳐줄 사람 없겠죠—아무도—

그것은 봉인 절망—

공중에 띄워 우리에게 보낸

지고의 고통—

그것이 올 때, 풍경은 귀를 기울이고—

그림자들은—숨죽이고—

갈 때는 마치 멀리 드리운

죽음의 표정—

(번역본 출처: 박혜란 역, 2018, 파시클출판사)

누구나 겨울 오후의 비스듬한 햇빛을 본 적이 있지만, 디킨슨이 아니면 누가 이 시를 자신만의 방식으로 "어떤 비스듬 빛 하나 들어오는"이라고 표현할 수 있었을까? 이 시는 생략하는 대화적인 ("There is" 대신 There's) 단순함과 음악성을(세 번 반복되는 부드러운 s음과 느슨한 약강 운율을) 지니고 있다. 이 시에서 유일한 시각적 이미지인 비스듬한 빛의 시각적 이미지는, 디킨슨이 사용한 형용사가 "어떤"이라는 단어뿐이라는 사실을 감안할 때, 거의 전적으로 우리의 상상력에 맡겨져 있다. 그리고 그 형용사는 예상대로 빛이라는(소문자 l이 붙은) 단어가 아니라 비스듬(Slant)(대문자 S를 머리에 썼다)이라는 단어를 수식한다. 다음과 같이 읽으면 그 행은 얼마나 달라질까?: "어떤 비스듬해진(Slanted) 빛이 있다." 또는 "어떤 비스듬한(Slanting) 빛이 있다."라고 하면 어떨까? 두 경우 모두 운율은 변하지 않지만 명사 Slant는 형용사(Slanted 또는 Slanting)가 된다. Slant는 명사로서 훨씬 더 흥미롭고 예상치 못한 단어이다. 이미 우리는 우리와 다른 세계, 빛이 여전히 눈부시지만 그 힘의 일부를 아래를 향한 시선에 넘겨준 세계에 살고 있다. (디킨슨은 이 시에서 마침표를 사용하지 않고 마침표가 있어야 할 곳에 이중 대시로[긴 대시로] 대체하거나 구두점을 전혀 사용하지 않아 개방적이고 공기가 잘 통하지만 단절된 느낌을 준다.)

첫 줄의 천상의 아름다움에 대한 반응인 경외감과 어우러진 아래로 향한 비스듬의 신비함은 빛이 "마치 대성당 선율 같아요" "내리누르니"라고 말하면서 어두워진다. "마치 대성당 선율 같아요"가(네 단어 모두 대문자로 무게가 실려 있다) 거의 들릴 것만 같다─오르간 음악에('선율'로 격하됨) 끌려가는, 둔감한 찬송가를 부르며 움직이는, 회중의 느린 걸음걸이, 종교는 아래로 향한 비스듬 빛의 경험 앞에서 별다른 위안을 주지 못한다.

두 번째 연에서는 "천상의 아픔을"이라는 구절에서 비스듬 빛이 주는 아름다움과 억압감이라는 두 가지 감정이 서로 얽혀 있다. 그 상처는 눈에 보이는 상처를 남기지 않지만, 그 상처가 남기는 것은 "하지만 내면의 차이에─/그 의미들이 있지요─"이다. "내면의 차이에"는 (아마도 죽음과 관련된) 깊은 정서적 고통이 우리 내적인 상태들 사이의 관계를 변화시키는 형태로 지속적인 흔적을 남기는 방식에 대한 감각을, 그것을 이름 붙이지 않고도 전달하는 매우 특별한 방법이다. 이러한 변화된 관계는(내적인 차이는) "그 의미들이 있지요"이다. 이번에는 대문자가 정중하고 경건하지만 동시에 아이러니하게 느껴진다─결국 의미가 정말 중요할까?

이 시는 용서할 수 없는 시이다. 첫 줄 이후 독자에게 "단어 음악"의 즐거움을 부인한다. 이 시는 그러한 즐거움을 억제하려는 의도로 보인다. 이 시는 예상치 못한 쉼표로 인해 소리내어 읽기가 매우 어려운 시이다─예를 들어, "그 의미들이 있지요" 행의 "의미들" 뒤의 쉼표와 세 번째 연 첫 줄 "이를 가르쳐줄 사람 없겠죠─아무도─"에서 "아무도" 앞뒤로 긴 대시. 후자는 "아무도 아무것도 가르칠 수 없다"라는 말의 운율 흐름을 부정하지만, 예상되는 마지막 박자를 뺌으로써 아무도라는 단어는 그 자체로 존재하며, 그로 인해 엄숙한 권위를 부여한다.

　세 번째 연의 "그것은 봉인 절망—"이라는 행은 그 어떤 겨울 오후의 비스듬 빛을 볼 때 경험하는 고통의 성질을 처음으로 명명한다. 하지만 수수께끼처럼 "천상의 아픔"이라고 명명하여, 이 특별한 절망의 상처가 개인적인 성질뿐만 아니라 "천상의", 단순한 개인적 차원을 훨씬 뛰어넘는 규모와 힘을 지닌 뭔가에서 파생되는 성질도 있음을 시사한다.

　마지막 연의 첫 세 줄은 "그것이 올 때"와 "갈 때는" 사이에 걸려 있다. 겨울 오후의 비스듬 빛이 오면 무생물이 반응한다—"풍경은 귀를 기울이고—그림자들은—숨죽이고—"(다시 긴 대시는 우리가 가볍게 읽는 것을 막고 대신 "풍경은 귀를 기울이고—"라고 말하면서 잠시 멈춰서 보고 듣게 한다).

　시인은 그림자가 숨을 멈추고 있는 **풍경**보다 덜 상상적인 단어를 선택할 수 없었을 것이다—이 시는 잎이 없는 나무도, 황량한 언덕도, 풍화된 헛간도 우리에게 주지 않는다; **그림자들은**—동물도, 바람도, 바다도 아니다—숨죽이고. 화자가 기술하는 느낌은 세상을 멈춰 서게 만든다. 그러나 놀라운 것은 마지막 두 줄에 있는데, 이 시가 처음부터 시 자체와 독자를 준비시켜 온 읽기 경험이다. 절망을 경험할 때 더 큰 어려움은 절망이 오는 것이 아니라 떠나가는 것이다: "갈 때는 마치 멀리 드리운 죽음의 표정—". 우리는 단어의 의미를 파악하려고 노력하는 대신 그 단어의 소리와 느낌에 이끌려야 한다. 읽기 경험에서 발생하는 것은 이미지의 중첩이 아니라(단 하나의 이미지가 있다—아래로 향한 비스듬 빛이 있다) 단어와 구를 중첩함으로써 발생하는 힘이다: "멀리 드리운(Distance)"이—(발광체[glower]나 눈부심[glare] 같은 단어를 기대할 수 있는 곳에서)—일상적인 용법에서 포착되고 특정한 표정으로 새롭게 만들어진 단어 문자 그대로 그리고 비유적으로 "죽음의 표정" 위에 놓여서 나에게는 시에서 가장 기억에 남는 단어를 만들어 낸다: "멀리 드리운/ 죽음의 표정—".

멀리 드리운이라는 단어는 이 시점에서 그 어떤 상상적인 또는 기술하는 단어보다 더 무서운 단어가 되었다. 이 단어는 절망의 얼굴을 ("멀리 드리운/ 죽음의 표정—") 만들어 낸다. 그것은 상상할 수 없고, 뚫을 수 없고, 말로 다 할 수 없지만, 그 단어의 소리에서 매우 현실적이고 만져질 듯하다. 그 방식은, 멀리 드리운과 죽음이라는 단어의 (대문자) "D"의 소리와 모습의 반복이 뇌리를 떠나지 않는 두근거리는 소리를 만들어 낸다.

또한 마지막 단어인 죽음은(절망의 경험이 우리에게 남기는 것은) '숨'과(연의 두 번째 줄의 마지막 단어와) 운율이 맞다. '그것'이 올 때 풍경은 듣고, 그것이 갈 때 화자와 우리 독자는 시가 마침표가 아닌 긴 대시로 끝나는 것처럼 "죽음"이라는 말소리가 무로(nothingness) 사라지면서 무가(nothing) 되기 직전의 경계에 놓이게 된다. 역설적이게도 우리는 절망에 집착한다: "어떤 비스듬 빛 하나 들어오는/ 겨울 오후—"에서 느끼는 임박한 무에 대한 유일한 대안이 바로 절망이기 때문이다.

이 시를 읽으려면, 나는 그 맹렬함, 잔혹함, 그리고 절망을 꼭 붙잡고 있는 그 괴로운 세계에 아낌없이 내 자신을 열어야 한다. 절망이 내 손아귀에서 빠져나가는 동안에도, 대안인 무에 대한 두려움 때문에. "멀리 드리운/ 죽음의 표정—"

프로스트와 디킨슨의 시를 읽으면서 우리는 그들이 비위맞추기를 거부하는 것, 미묘함과 분쇄하는 힘이 결합된 것을 경험한다: 프로스트의 시는 죽음 앞에서 항의의 허망함을 경험하고, 디킨슨의 시는 죽음의 순수하고 비인격적인 불가피성 앞에서 절망에 매달리고 싶은 충동의 허망함을 경험한다.

참고문헌

Dickinson, E. (1890). There's a certain Slant of light. In *The Complete Poems of Emily Dickinson*, edited by Johnson, T. H. New York: Back Bay Books/Little Brown, 1960, pp. 118–119.

Frost, R. (1923). Stopping by woods on a snowy evening. In *Robert Frost: Collected Poems, Prose and Plays*, edited by Poirier, R. and Richardson, M. New York: Library of America, 1995, p. 207.

Jarrell, R. (1953). To the Laodiceans. In *Poetry and the Age*. New York: Vintage, 1955, pp. 34–62.

9장

픽션의 형태로서 분석적 글쓰기

글쓰기는 꿈꾸기와 마찬가지로 다른 어떤 형태로도 할 수 없는 방식으로 나 자신과 생각하고 대화할 수 있는 매개체이다. 또한 꿈꾸기와 마찬가지로 정신분석가로서 내 작업에서 나를 살아있게 해준다. 왜냐하면 다른 사람이 자신만의 무언가를 만드는 것을 돕기 위해 노력하는 것에 몰두하면서, 나는 자신만의 무언가를 만들어야 한다는 것을 깨달았기 때문이다.

분석 에세이를 쓰는 것은 매우 어려운 일이며 많은 시간과 노력, 고뇌가 필요하다. 어려운 점 중 하나는 모든 종류의 글쓰기가 자전적이라는 점이다—결국 우리의 감정, 생각, 반응이 우리 자신이 아닌 다른 어디에서 비롯되겠는가? 따라서 분석적 작가는 자신의 사적인 세계를 페이지에 담아야 한다. 분석 논문이 우수할수록 이러한 경향이 더욱 두드러진다. 나는 자신의 삶에 대한 정보가 아니라 글쓰기의 삶에 대해 이야기하고 있다. 분석적 작가는 글쓰기 행위 자체에서 단순히 특정 문학 장르의 예술 작품을 만드는 것이 아니다; 더 온전한 자기 자신으로 존재하고 생성되어 가는 과정에 참여하고 있다.

글쓰기 행위에서 자신을 개방하는 것만으로는 충분하지 않다. 자신의 글쓰기에 독창적인 무언가를 해야 한다. 자신만의 방식으로 상황을 바라보는 방법, 자신만의 표시를 남기는 방법을 찾아야 한다. 바로 여기서 언어의 참여가 시작된다: 오직 언어 사용을 통해서만 "자신만의 표시"를 창조한다. 모든 종류의 작가가 직면하는 문제는 경험이 말로 표현되지 않는다는 것이다. 또한 아이디어는 체계적인 문장이나 문단으로 표현되지 않으며, 내부 구조를 갖춘 논문의 형태로는 더더욱 표현되지 않는다. 경험을 전달하고 단어와 문장, 문단으로 아이디어를 발전시키려면 새로운 뭔가를 창조해야 한다.

환자와 함께 작업하면서 내가 경험한 것을 말로 전달하려고 할 때, 직접 인용하는 것보다 더 강력한 것은 없다는 것을 알게 되었다. 분석적 작가는 회기를 기록하지 않기 때문에(나는 회기 중에 메모를 하지 않는다) 분석적 작가는 일종의 픽션 작가가 되어야 한다. 분석적 논문에(또는 슈퍼비전 회기 또는 자문 집단에) 제시된 환자는 분석가의 장의자에 누워 있는 사람이 아니라 말이라는 매체로 만들어진 가상의 환자, 즉 픽션이다. 마치 초상화 화가가 초상화를 위해 포즈를 취하는 사람과 별개로 그 자체로 하나의 예술 작품, 픽션, 실체를 창조하는 것과 같다. 이를 다른 말로 표현하자면, 글로 쓰인 치료 예시는 분석가의 상담실에서 환자와의 경험이 아니라 그 경험과 같은 것이고, 그것에 대한 은유이자 픽션이다.

분석 작가는 자신의 환자와의 분석에서 **파생된** 문장과 언어적 대화를 창조해야 한다. 분석의 필사본이 아니다. 환자와의 대화에서 파생된 문장을 만들어야 한다. 녹음된 분석 회기의 녹취록을 읽는 것보다 더 생동감 없는 읽기 경험은 거의 없다.

분석적 작가는 우리가 쓰는 거의 모든 대화를 창조해야 하므로 이런 의미에서 앞서 말했듯이 우리는 픽션 작가라고 할 수 있다. 내가 픽션이라는 용어를 사용할 때, 분석 작업을 위조하는 것을 의미하는 것이 아니다. 나는 이 용어를 분석의 특정 순간에 환자와 함께 있는 경험에 대해 무엇이 현실적이고 살아있는 것인지, 또는 비현실적이고 죽은 것인지를 전달하려는 글쓰기를 가리킬 때 사용한다. 이런 의미에서 분석적 작가가 쓰는 픽션은 회기의 녹취록보다 더 진실에 가깝다.

나는 환자와의 경험에 대해 글쓰기할 때 설명하기보다는 기술하려고 한다. 분석 회기에서 무엇이 일어나는지 설명하는 것은 인과적 생각하기에 크게 의존하는 경향이 있어 결과적으로 지나치게 단순화되는 반면, 기술은 환자와의 생생한 경험의 비선형성과 엄청난 복잡성을 더 잘 전달할 수 있다.

설명은 또한 우리의 마음 모델이 단순한 은유에 불과하다는 사실을 잊게 만들 수 있다. 자아나 초자아 같은 것은 존재하지 않으며, 이는 단지 아이디어이자 픽션일 뿐이다. 베타 요소 같은 것은 없다. 심지어 내적 세계도 없다—무엇 안에? 우리 머리 안에? 우리 귀 사이에? 우리는 "심리 장치"에 대한 이야기를 끊임없이 만들어 내고 있다—그리고, 너무 자주 우리는 우리의 이야기를 믿고 있다. 우리는 은유를 창조하고 픽션을 쓰고 있다는 사실을 잊고 있다. 하지만 우리가 만들어 낸 픽션은—그것이 픽션이라는 것을 알고 있을 때—우리의 생각하기를 조직할 수 있는 관점, 유리한 지점을 만들어 낸다. 그러나 모든 은유와 마찬가지로 마음의 모델도 한계가 있으며, 특히 과도하게 사용되거나 복음처럼 취급될 때 궁극적으로 무너져 우리의 생각하기 능력을 방해한다.

이제 글쓰기 과정 자체와 관련하여 몇 가지 구체적인 요점을 말하고 싶다. 나는 전문 용어는 가능한 한 적게 사용하려고 할 것인데, 그것들이 표현하기보다는 오히려 모호하게 하기 때문이다. 또한 남용되는 분석적인 단어와 문구를 포함한 모든 종류의 진부한 표현도 피하려고 노력한다. 그것들은 "그 이야기"에서 생명력을 빼앗아가기 때문이다.

"내 의견으로는(in my opinion)" 및 "나는 생각한다(I believe)"와 같은 문구는 논문에 제시된 임상 자료 또는 확립된 연구 자료(예: 프랑스의 심리신체학파 또는 볼비의 연구)와 밀접하게 연관되어 있어야 한다. 그러한 근거가 어느 정도 상세하게 제공되면 "의견" 또는 "생각"은 더 이상 단순히 의견 또는 생각이 아니다.

마지막으로, 나로서는 정신분석적 경험에서 치료적인 것은 내용보다는 과정의 문제라고 생각하기 때문에, 내가 경험하는 것을 기술하는 데 사용하는 언어도 명사보다 동사, 형용사보다 부사를, 수동태보다 능동태를 더 많이 사용한다.

독자들에게 분석적인 논문이나 책을 쓰는 것이 그저 넘어야 할 절벽이라는 인상을 남기지 않기 위해서, 분석적 에세이 장르는 문학적 예술 형식이라고 말하는 것이 중요하다. 따라서 자기 표현의 모든 성취 가능성을 담고 있다: 자신의 창의성을 경험하는 기쁨, 자신만의 고유한 것을 만들어 냈다는 만족감, 자신이 가치 있게 생각하는 사고 체계에 기여하고 있다는 느낌. 나는 대부분의 경우 글쓰기에서 큰 즐거움을 경험한다. 가끔 화창한 봄날 아침에 책상에 앉아 글을 쓰는 일이 정말 내가 가장 하고 싶은 일인지 스스로에게 물어보면 보통 대답은 그렇다이다…. 작가가 되는 것이 탈출구도 치료법도 없는 저주처럼 느껴질 때도 있지만, 다시 한번 앉아서 글을 쓰는 것밖에 없다고 느낄 때가 있다.

찾아보기

내용

저자 소개

토마스 H. 오그던(Thomas H. Ogden) 박사는 정신분석의 이론과 실제에 관한 12권의 에세이를 저술했으며, 가장 최근에는 『살아있지 않은 삶 되찾기(Reclaiming Unlived Life)』 『창조적 독서: 중요한 분석 작품에 대한 에세이(Creative Readings: Essays on Seminal Analytic Works)』 그리고 『정신분석 재발견하기(Rediscovering Psychoanalysis)』가 있다. 그는 정신분석에 기여한 공로로 2012년 시고니 상을 수상했다.

역자 소개

김정욱(Kim Jungwook)
서울대학교 대학원 심리학과 박사
한국심리학회 공인 상담심리사 1급
전 연세대학교 객원교수
　서울정신분석상담연구소 부소장
현 마인드앤소울 심리상담센터 소장

정신분석
생생한 존재로의 여정
새로운 분석적 감수성을 향해
Coming to Life in the Consulting Room:
Toward a New Analytic Sensibili

2025년 3월 20일 1판 1쇄 인쇄
2025년 3월 25일 1판 1쇄 발행

지은이 • Thomas H. Ogden
옮긴이 • 김정욱
펴낸이 • 김진환
펴낸곳 • ㈜ **학지사**

　　　　04031 서울특별시 마포구 양화로 15길 20 마인드월드빌딩
대표전화 • 02-330-5114　　팩스 • 02-324-2345
등록번호 • 제313-2006-000265호

홈페이지 • http://www.hakjisa.co.kr
인스타그램 • https://www.instagram.com/hakjisabook

ISBN 978-89-997-3306-2　93180

정가 16,000원

출판미디어기업 학지사

간호보건의학출판 **학지사메디컬** www.hakjisamd.co.kr
심리검사연구소 **인싸이트** www.inpsyt.co.kr
학술논문서비스 **뉴논문** www.newnonmun.com
교육연수원 **카운피아** www.counpia.com
대학교재전자책플랫폼 **캠퍼스북** www.campusbook.co.kr